跨文化视域下城市"语言景观"研究
——以青岛为例

陈昕 王惠 著

东南大学出版社
SOUTHEAST UNIVERSITY PRESS
·南京·

图书在版编目(CIP)数据

跨文化视域下城市"语言景观"研究：以青岛为例 / 陈昕，王惠著. — 南京：东南大学出版社，2023.4
 ISBN 978-7-5766-0728-4

Ⅰ.①跨… Ⅱ.①陈… ②王… Ⅲ.①语用学-研究-青岛 Ⅳ.①H030

中国国家版本馆 CIP 数据核字(2023)第 068153 号

责任编辑：胡中正　　责任校对：张万莹　　封面设计：毕　真　　责任印制：周荣虎

跨文化视域下城市"语言景观"研究——以青岛为例

著　者	陈　昕　王　惠
出版发行	东南大学出版社
社　址	南京市四牌楼 2 号　邮编：210096　电话：025-83793330
网　址	http://www.seupress.com
电子邮箱	press@seupress.com
经　销	全国各地新华书店
印　刷	广东虎彩云印刷有限公司
开　本	700 mm×1000 mm　1/16
印　张	13.25
字　数	210 千字
版　次	2023 年 4 月第 1 版
印　次	2023 年 4 月第 1 次印刷
书　号	ISBN 978-7-5766-0728-4
定　价	45.00 元

(本社图书若有印装质量问题，请直接与营销部联系。电话：025-83791830)

前言 PREFACE

通过对国内外"语言景观"研究的梳理,我们看到相关城市"语言景观"的研究是多维度、多视角和多学科交叉性的,尤其是其文本的英文部分,由于涉及文化差异和语言习惯等因素很容易出错。不同的翻译理论,虽能解决一部分实际问题,但无法从宏观角度对其所联系的社会文化乃至政治因素等跨文化交际困境进行描写和分析,更无法加深我们对于城市"语言景观"涉及的语言文化现象的理解和认识。

因而,从跨文化视角分析城市双语"语言景观"能够有效地帮助人们跨越文化障碍,深入理解"语言景观"的内涵。由于其表现形式上的差异反映了制定者或阅读者内部不同文化的价值取向,跨文化交际语境中的社会语言学研究在研究城市双语"语言景观"方面显得尤为重要。

青岛,作为建设中的国际化大都市,其国际化进程需要本土传统文化外化,获得认可,乃至融入世界,发扬光大。在这一进程中,由于文化差异、语言不同,跨文化交际中的误读和误解现象时有发生。虽然相关"语言景观"的研究很多,可是以跨文化交际为角度切入的研究相对欠缺;针对北京等大城市进行的城市景观研究较多,但基于地域的特色性,尤其是针对青岛的本土化研究还是相对比较匮乏的。

"语言景观"作为一个新兴的研究领域,虽然获得多个学科的关注,但在理论和方法论层面还面临不少问题和困难,需要加以解决才能走得更远。我国研究者对不同城市"语言景观"进行过不少考察,主要集中在语言规范、修辞特色、外语使用错误等方面,对于其背后的跨文化因素的研究却鲜有提及,尤其是如何从跨文化的维度,对于城市双语"语言景观"的准确性研究十分缺乏。

跨文化语境中,双语"语言景观"中英文文本内容的得体表达,涉及社会文本理解和文化内涵解读。正确得体的语言使用,能够展示城市文化底蕴,提升城市品牌意识。本项研究正是以跨文化交际角度为切入点,以青岛市双语"语言景观"为研究素材,既拓展和延伸了"语言景观"这一社会语言学话题,又将研究成果直接助力于青岛市双语"语言景观"的优化,服务于青岛市国际化发展进程。

因此,本书以青岛市的城市双语"语言景观"作为研究素材,通过调查、取证青岛中英文双语"语言景观"的现状,从跨文化角度分析其"语言景观"面貌和存在的问题,并提出相应的建议和对策,提升城市形象,促进青岛国际化大都市的发展进程。本书共分成五章:

第一章:文化与跨文化研究。这一章着重从文化和跨文化研究的角度入手,阐释什么是文化,什么是跨文化研究,从涵义和内容上对这两个概念进行介绍,从跨文化传播角度入手分析跨文化研究的涵义及研究意义,进而探讨城市文化的涵义及青岛的城市文化特色。

第二章:"语言景观"研究。这一章从"语言景观"的概念、研究内容、研究框架,以及"语言景观"的国内外研究状况来分析该项研究的意义以及存在的问题和不足之处,为后面的论述奠定理论基础。

第三章:"语言景观"的发展方向和未来。这一章通过分析目前我国"语言景观"治理的发展现状,认识"语言景观"资源的重要性,进而提出"语言景观"构建策略和完善"语言景观"治理的方式方法,发挥"语言景观"的价值和规范"语言景观"翻译的正确度。

第四章:"语言景观"案例分析。这一章选取了少数民族地区、部分省会城市和新农村地区,使用案例分析的方法将收集选取的语料进行分析,进而了解国内不同特色区域的城市"语言景观"建设和发展情况及其中存在的问题和不足之处。

第五章：青岛国际化进程中城市双语"语言景观"建设规划。这一章通过分析青岛城市固有文化因素进而探讨如何以"语言景观"建设促青岛城市国际化进程，并针对促进青岛城市国际化建设背景下城市"语言景观"建设提出相应的对策与建议，以期望通过此项研究为青岛市政府改进和完善城市"语言景观"建设出谋划策，从城市文化方面助力青岛城市国际化进程，使青岛早日跻身于国际化大都市的行列！

本书在撰写过程中参考和借鉴了同行研究者的众多文献和相关研究成果，在此深表谢意。

由于作者水平有限、时间仓促，本书撰写过程中存在的错误和疏漏之处，敬请读者批评指正。

该书受 2020 年度青岛市社会科学规划项目：青岛国际化进程中城市双语"语言景观"跨文化研究（项目编号：QDSKL2001163）资助。

陈　昕

2023 年元月

目 录 CONTENTS

第一章　文化与跨文化研究 …………………………………… 001
 1.1　文化的涵义与界定 ……………………………………… 006
  1.1.1　西方对文化的理解 ………………………………… 006
  1.1.2　中国对文化的理解 ………………………………… 009
  1.1.3　文化的分类 ………………………………………… 010
  1.1.4　文化与文明的区别和联系 ………………………… 011
  1.1.5　文化的特征和文化的特性 ………………………… 012
  1.1.6　文化的构成 ………………………………………… 014
  1.1.7　文化的功能 ………………………………………… 019
 1.2　跨文化传播及跨文化研究 ……………………………… 021
  1.2.1　跨文化传播的涵义、内容及现实问题 …………… 021
  1.2.2　跨文化研究的涵义及研究意义 …………………… 029
 1.3　城市文化的涵义 ………………………………………… 034
  1.3.1　城市文化的定义 …………………………………… 035
  1.3.2　城市文化的特征 …………………………………… 037
  1.3.3　城市文化的功能 …………………………………… 039
  1.3.4　青岛的城市文化特色 ……………………………… 040

第二章　"语言景观"研究 …………………………………… 043
 2.1　"语言景观"研究简介 ………………………………… 049
  2.1.1　"语言景观"的涵义 ……………………………… 050
  2.1.2　"语言景观"研究的理论架构 …………………… 052
 2.2　"语言景观"的研究现状与研究意义 ………………… 059
  2.2.1　"语言景观"研究的现状 ………………………… 059

2.2.2 "语言景观"研究中存在的问题及"语言景观"的研究意义 …… 072

第三章 "语言景观"的发展方向和未来 …… 077
  3.1 目前我国"语言景观"治理的发展现状 …… 078
  3.2 认识"语言景观"资源的重要性 …… 079
    3.2.1 "语言景观"是一种旅游资源 …… 079
    3.2.2 "语言景观"提升城市文化形象 …… 080
    3.2.3 "语言景观"促进语言文字的教育教学 …… 080
    3.2.4 "语言景观"保护传承民族语言文字 …… 081
  3.3 "语言景观"构建策略 …… 082
    3.3.1 倡导多样化"语言景观"构建 …… 082
    3.3.2 保护本土"语言景观" …… 083
    3.3.3 语用失准"语言景观"的调整 …… 084
    3.3.4 官方标牌整齐化建设 …… 084
  3.4 完善"语言景观"治理 …… 085
    3.4.1 提升社会的语言文字素养 …… 085
    3.4.2 完善"语言景观"管理体系 …… 089
  3.5 发挥"语言景观"的价值 …… 093
    3.5.1 "语言景观"的沟通宣传价值 …… 094
    3.5.2 "语言景观"的艺术欣赏价值 …… 097
    3.5.3 "语言景观"的历史文化价值 …… 101
  3.6 规范"语言景观"翻译 …… 105

第四章 "语言景观"案例分析 …… 109
  4.1 少数民族地区城市"语言景观"案例分析 …… 111
    4.1.1 丽江市古城区"语言景观"案例分析 …… 111
    4.1.2 满洲里市"语言景观"案例分析 …… 113
    4.1.3 丹东市"语言景观"案例分析 …… 115
  4.2 省会城市"语言景观"案例分析 …… 121
    4.2.1 成都市"语言景观"案例分析 …… 122
    4.2.2 呼和浩特市"语言景观"案例分析 …… 124

  4.2.3 长沙市"语言景观"案例分析 ·················· 125
  4.2.4 乌鲁木齐市"语言景观"案例分析 ·············· 129
  4.2.5 郑州市"语言景观"案例分析 ·················· 131
  4.2.6 西安市"语言景观"案例分析 ·················· 132
  4.2.7 广州市"语言景观"案例分析 ·················· 136
  4.2.8 济南市"语言景观"案例分析 ·················· 140
 4.3 新农村"语言景观"案例分析 ······················ 142
  4.3.1 西咸新区新农村"语言景观"案例分析 ·········· 142
  4.3.2 义乌淘宝村"语言景观"案例分析 ·············· 144

第五章 青岛国际化进程中城市双语"语言景观"建设规划 ······ 147
 5.1 青岛城市固有文化因素分析 ························ 149
  5.1.1 青岛传统文化之齐文化成分 ·················· 149
  5.1.2 青岛传统文化之崂山道教文化成分 ············ 151
  5.1.3 青岛传统文化之节庆民俗文化成分 ············ 152
  5.1.4 青岛传统文化之海洋文化成分 ················ 154
  5.1.5 青岛传统文化之建筑文化特色 ················ 156
  5.1.6 青岛传统文化之西方工业文化成分 ············ 160
  5.1.7 青岛传统文化之啤酒文化成分 ················ 161
 5.2 以"语言景观"建设促青岛城市国际化进程 ·········· 163
  5.2.1 青岛市"语言景观"建设现状 ·················· 165
  5.2.2 促进青岛城市国际化建设背景下城市"语言景观"建设
    的对策与建议 ································ 172
 5.3 青岛城市语言景观之著名景区中英双语案例分析
  ——青岛崂山风景名胜区景区导览语言景观 ··········· 175
  5.3.1 太清游览区 ································ 175
  5.3.2 九水游览区 ································ 180
  5.3.3 巨峰游览区 ································ 184
  5.3.4 仰口游览区 ································ 189

参考文献 ··· 194

第一章 文化与跨文化研究

文化是人类特有的产物，同时也是人类社会的特有象征。据人类学家们的统计，文化相关的定义达160多种。这也从一个侧面说明人类的文化现象是纷繁复杂的，人类对于文化的认识和理解也是千差万别的。

在西方，"文化"一词来源于拉丁文"cultura"，原意是指农耕及对植物的培育，15世纪以后，逐渐将对人的品德和能力的培养也囊括在内，统称为文化。在中国，"文"指文字、文章、文采等方面，同时也指礼乐制度、法律条文等，而"化"指教化、教行等。因而，结合"文化"一词的来源以及在国内的解释，我们可以这样理解文化：每一种文化都如同某种植物，其生长和繁荣需要人为的耕种和培育；而培育文化的主体就是人，在这一主体需要在社会化的进程中被文化塑造，反之也受到文化的规训。因此，我们认为文化是民族性的产物，文化在人与文化的相互作用下共同推动社会文明进步。

中国古代文献中，"文"和"化"通常是被分开来解释的。"文"主要指文字文章，也指道德、礼乐、典章等制度；"化"则指感化、教化，合起来看，"文化"就是用一定的道德、礼乐去教化人民。从中国古文献看，"文化"一词大约在春秋战国时期才在中国出现，最早见于《易传》"观乎人文以化成天下"一语。不过，彼时的"文化"已是文明时代的定义，可以理解成"文治教化"，后来的学者们很多都是从这个含义上使用"文化"的。如汉代刘向《说苑》中说："凡武之兴，谓不服也，文化不改，然后加诛"；晋代束晳《补亡诗》云："文化内辑，武功外悠"；或者是南齐王融《曲水诗序》所载："设神理以景俗，敷文化以柔远"。很明显，该种文治教化含义上的"文化"虽然不失"文化"的本来含义，但却和"文化"的古义相去甚远。在远古时代，"文"与"化"是分立的两个字，并非像周代以后的并称。

在《说文》的释文中出现的"错画"，即指代远古的文字。世界各民族在文字产生之前，都有一段刻痕记事的历史。此种刻痕也就是所谓的"错画"。正是出于这种原因，在远古时代，中国的汉文字"文"与"纹"是同一个字。"纹"即纹饰，也可以理解为"错画"。而"化"也是纹饰的意思。"化"又同"华"与"花"，而"华"又与"夏"同义，因而"华夏"连称，作为远古汉民族的统称。由此可见，在中华民族的祖先那里，"文化"是一种符号性的东西。德国哲学家卡西尔说"人是符号的动物"，人类的文化创造，主要是创造一个符号的世界。也可说，中华民族的祖先们对文化的理解，最符合"文化"本源的涵义。只是到了周代以后，由于政治和社会伦理的需要，对"文化"一词的解析才偏重于文治教化方面,也就是后来在先秦诸子那里有了所谓的"文野之辨"。

在西方,英语中"文化"是"culture",源于拉丁文"cultura",原意为耕耘、耕作,可见从其最初的含义看,就有人们对自然界的开拓之意。西文中的"文化",英文和法文为"culture",德文为"kulture",都是源于拉丁文"cultus"。根据研究,"cultus"来自词根"col"。"col"词根在希腊文中意思是"koa"。例如,"boukolos"的意思就是农夫,而"agricola"的意思就是"农业",再如"in-colo"的意思是"居住",这都是从"col"这个词根演化而来的。在拉丁文中,"cultus"(文化)的含义虽然说是有多种,如修饰、耕作、居住、练习、教谕甚至说敬神等方面,但文化的主要意思却是指农业耕作。正因为这样,英文中的"农业"被翻译成为"agriculture",丝织业为"silkculture"。从中我们可以清楚地看到在古代西方人那里"文化"主要体现于物质技术层面上,虽然也会有教谕或敬神等方面的含义,但却不是它的本义,很可能只是它的衍生词义。

到了文艺复兴时期,人们将农业、手工业、商业、教育等活动统统都归入文化的范畴,凡是与自然状态、天然状态相对应的都属于文化现象。德国学者普芬多夫曾这样定义"文化":文化是社会人的活动所创造的东西和有赖于人和社会生活而存在的东西的总和。按这一说法,文化既包括物质因素,也包括非物质因素。

人类原本只是自然界万千生物中的一个种属,由于有了自己的文化而使自身脱离纯自然的生物状况,并进而发展成为所谓的"高等生物"。所以从本质上来说,"人"是文化的动物。如果没有我们所创造的文化,人类就不成其为人类,更不可能拥有"人类中心主义"的优越感。

正因为人是文化的动物,人与文化是同步产生和发展的。有了人,也就有了文化。反之,正是因为有了文化,也就有了人。对于人的定义,西方学术界众说纷纭,比如亚里士多德的"人是政治的动物",赫尔德的"人是历史的动物",马克思的"人是各种社会关系的总和",卡西尔的"人是符号的动物",以及近代启蒙学者所普遍认为的"人是理性的动物"等等。其实,通过这些定义我们看到,就文明时代的人类而言,像"政治的动物""历史的动物""理性的动物"这些定义是不能用于指代文明产生之前的人类的。

人与文化虽然可以认定是同时产生的,但两者产生和发展的方式却极为不同。由猿到人,进化的过程十分缓慢,但是标志着"人"这一生物产生的文化的产生却是突变性的。按照通常说法,当某一个体的猿将一块自然界中的石头有意识地砸成带刃口的石刀作为工具使用的时候,就意味着"人"这种生物完成了从"猿"到"人"的转化过程,而他们通过"砸"而制造出来的石器工具也就是他们最原始的文化成果。自此之后,他们便在文化创造这条道路上越走越远,同时成果也越来越多,一路发展到今天的工业信息时代。

针对人类文化史的宏观研究,最权威的学者莫过于19世纪中叶美国人类学家摩尔根。摩尔根在《古代社会》这一经典文本里将人类从低级阶段到高级阶段的发展分为蒙昧、野蛮、文明三个时期。只不过,这三个时期在摩尔根的笔下只有十余万年,而此前的人类则完全处在无文化的蛮荒状态之中。事实上,人类距今已经拥有了将近几百万年的历史。总的来说,人类从诞生之日计算,多达99%的时间都是处在蒙昧状态之中的,只是到了距今两万年左右才真正进入野蛮时代。野蛮时代是由蒙昧到文明的过渡时期,但是,严格意义上所说的文明时代则是开始于公元前1 000年左右,其形成初期就是所谓的"轴心时代",这一理论是德国哲学家雅斯贝尔斯所提出的。在漫长的蒙昧时代,人类创造出来的文化成就主要包括石器的制造和火的使用。石器虽然粗糙,但正是这些粗糙的石器却成为人类由弱变强的有力武器。火的使用一方面可以驱赶野兽而使族群相对安全,同时还可以变生食为熟食而使人类的体格变得越来越强壮,寿命也随之越来越长。不过,蒙昧时代的人类文化,其作用仅仅限于适应自然,人们的主要生活状态仍是最原始和最简单的狩猎和采集生活。只是到了野蛮时代,由于精致而锋利的新石器取代了粗糙的旧石器,特别是金属冶炼技术的发明,人类文化才开始全方位地发展起来,而这一进程也意味着文明社会的到来。在经历了将近两万年的野蛮时代之后,人类开始学会使用锋利的石器和金属器,这一进步使食物的获得更加容易。文字的出现不仅使人们的交流更便捷,同时还可以记载历史,实质保存下来,成为我们永远的记忆;农业的发展和畜牧业的产生使人们的定居成为可能,由此使得城市和国家的出现成为可能;婚姻形态同时发生了根本性的变革,对偶婚制度和"一夫一妻"的婚姻制度使家庭或家族取代了氏族而成为社会的基本单元,母权制逐渐让位于父权制。以上提及的种种变化和发展都毫无例外地表明人类历史进入了一个新的发展阶段,而推动这一历史进步的力量便是人类自己所创造的文化。

不过也有人认为文化教育只包括精神因素,不包括物质因素,英国人类学家泰勒就持这种观点。他认为文化是一个复杂的整体,其中包括知识、信仰、艺术、道德、法律、风俗以及作为社会成员通过学习获得的技巧、习惯。泰勒认为,文化的特点是人类后天习得的,并为人类所共同享有的。

同时并存的还有一种界定强调知识、思想、价值、心理等人类的内在意识和观念,认为文化是社会的意识形态或者社会性的观念形态。持这种观点最经典的代表就是毛泽东。他说:"一定的文化是一定社会的政治和经济在观念形态上的反映。"文化的这一定义影响了几代中国人的思想,成为当代中国社会占主导地位的文化观念,正是出于这种原因,所以今天的我们一提到文化,就会自然而然地把它和思想观念紧密联系在一起。

随着人类社会的发展和进步,城市和国家的出现和发展,出现了"城市文化"这一概念。"城市文化"是人们在城市中的活动及其成果的总称,它丰富而系统的构成,体现在城市生活的方方面面。城市文化中既有"口述与非物质文化"范畴的各种活动及其形式和制度等,又有"物质文化"范畴的各种可移动的用品产品、不可移动的建筑物及市容环境及市容面貌等方面,这些林林总总都真实地反映了城市生活的价值观、审美观,生动而形象地构成了一个城市的生活面貌和城市气质风貌。

在城市文化的建设中,我们要以完整的文化观为指导,一方面要针对专业性的文化活动和工作进行,另一方面,我们还要同时着眼于文化与城市生活的关系,关照全社会的活动及成果,立足城市新发展阶段,贯彻城市新发展理念,在城市经济、政治、社会、生态文明建设活动中,全面引导城市居民的价值观念和行为秩序,确保城市中各领域建设活动之间相互协调和有机统一,进而有效保障城市的健康发展。

总之,通过以上分析,我们可以清楚地了解到文化是与自然现象不同的人类社会活动的全部成果的总和,文化包括了人类所创造的一切物质以及非物质的东西。从某种意义上来讲,自然界本无文化直到出现了人类,但凡经历了人类的"耕耘"后,一切皆成了文化。

1.1 文化的涵义与界定

"文化"这个词语本身蕴含着高度复杂性,它在不同的语言环境中有着不同的阐释和涵义。像"文化"这样历史悠久的词语,承载了极深的渊源,它们身上凝结着辽阔世界遥远时代的沉积物,随着人类的进化和发展,它们身上负载的复杂信息越来越多,难以解读,直至最后人们在众说纷纭的阐释下无所适从。因而需要我们在从多个视角对文化内涵进行阐释的基础上确立到底该如何理解文化的内涵。

1.1.1 西方对文化的理解

由于受到自身所处的物理条件和社会条件的限制,"文化"这一概念的界定,根据自身知识储备和学术造诣的不同,西方学者对文化的理解也是仁者见仁,智者见智。正如美国学者克罗伯和克拉克在《文化,基于概念和定义的检讨》一文中所提及的,从1871年到1951年的短短的80年时间里,"文化"的定义就有164种之多。即便如此,通过对众多学者对文化概念的界定进行分析和总结的基础上,我们还是可以找到一定的规律的。泰勒从民族学意义上对"文化"进行阐释,认为"文化""包括知识、信仰、艺术、道德、法律、习俗和任何人作为一名社会成员而获得的能力和习惯在内的具有组织的行为",从而把与人的行为相关的全部因素都归结为文化。苏联学者B.梅茹耶夫指出:"文化就是人以物质和精神活动的工具形式进行的自身创造和自关系,它存在于人的各种活动之中。同时,人对自身的关系又取决于对他人的关系。"梅茹耶夫这一定义尤其突出了社会主体活动对文化的创造和推动作用,简明扼要地从大体上诠释了文化的基本涵义。梅尔维勒·J.赫斯科维兹在《人和他的工作》合著中,精准地概括了文化的基本特征如下:①文化是后天习得的,而非先天有之的;②文化由生物学成分、环境科学成分、心理学成分以及历史学成分衍生而来;③文化具有结构并分为各个方面;④文化是动态可变的而非静态不动的;⑤文化是适应其所处环境的工具,是表达其创造性的手段;⑥文化本身存在着一定的客观规律性,可借助科学方法加以分析。

马克思、恩格斯认为,"自然史,即所谓自然科学",是人类在认识、适应、控制和改造自然界过程中累积起来的成果,表现为广义的自然科学(含精密科学、横断科学)、工程技术等智能文化和由此而创造出来的器物文化,它是人类生存的基础,为人类生活提供了基本条件,故称为第一类文化。人类史是人类在适应改造自然中对社会及人类本身认识的成果,它包括广义的社会科学(含管理科学),表现为风俗、习惯、伦理、语言、教育、制度、政治、法律、社会组织等规范文化和宗教、信仰、审美意识、文学、艺术等精神文化,它们是人类生存的样式和自我完善的方式,故称之为第二文化。

马克思、恩格斯虽然没有明确使用文化现象分类这一概念,但他们却为我们研究文化现象的分类提出了比较明确的线索:"我们仅仅知道一门唯一的科学,即历史科学。历史可以从两方面来考察,可以把它划分为自然史和人类史。但这两个方面是密切相连的;只要有人存在,自然史和人类史就彼此相互制约。"这里所提及的历史科学是广义历史学,也可以称之为文化科学。它不仅包括自然史和人类史两大方面,而且还包含了作为其指导思想和方法论原则的唯物主义历史观。马克思、恩格斯不仅为我们指明了历史科学应研究的全部方面以及其相互关系,同时还揭示了人类各种文化现象之间的内在联系,为我们进行文化现象分类提供了科学依据。

通过分析和归纳,我们看到西方学者对"文化"的理解和界定主要体现在以下四个方面:

第一,从知识描述角度对文化进行定义。这种文化定义的方式主要是受到达尔文进化论的影响,一大批西方学者通过田野考察等方式,针对"文化"这一现象开展实证研究的基础上形成的。在众多的研究中,影响最大的是英国文化人类学创始人泰勒对文化的定义。泰勒认为"文化,或文明,就其广泛的民族学意义来说,是包括全部的知识、信仰、艺术、道德、法律、风俗,以及作为社会成员的人所掌握和接受的任何其他才能和习惯的复合体。"通过这种文化定义,我们看到研究者所揭示的文化从其表现形态来说主要包含下面的两个部分:一部分可以归纳为各种文化人类学家和文化学者所探索、考证和揭示的图腾、神话、习俗和礼仪等文化现象和文化特质;另一部分则为各个时代哲学、文学、宗教和艺术等人类精神性成果。这种定义从现象描述的方式入手,展现了"文化"的总体性和普遍性特征。

第二，从功能作用视角对文化进行定义。这种定义角度的最大特点则是能够从文化的功能、作用和意义的整体层面对文化进行全面性的界定。这种定义方式最著名的学者代表是英国功能学派代表人物马林诺夫斯基。马林诺夫斯基认为"文化"是"一个满足人的需求的过程，为应付该环境中面临的具体、特殊的课题，更把自己置于一个更好的位置上的工具性装备"。通过这一阐释，我们看到文化之所以被创造出来是因为为了满足人类的某种需要和意义，同时也可以断定文化的产生和创造不是随心所欲的，在受到人类一致性的共同需要的限制的时候，以及人们因为所处的地域和环境的不同而受到来自不同民族和不同地域人们的特殊性的需要的影响，这种定义方式在很大程度上能够解释文化差异现象和文化生产、传播和创新等现象。

第三，从行为和价值规范视角对文化进行阐释。这一层面的认知对于文化的阐释主要集中在以下两个方面：第一方面是把"文化"阐释成为一种给定和自足的行为规范体系。从此角度阐释文化涵义的代表人物美国学者菲利普·巴格比就从文化具有规则性这一立场出发对文化进行说明。菲利普·巴格比认为"我们应当期望文化能表明它是某种规则，而这已经被证明确实如此。现在，可以用如下的话来完成我们的定义：'文化'就是'社会成员内在的和外在的行为规则，但是剔除那些在的精神和价值规范体系'"。菲利普·巴格比的这种观点主要侧重于把文化理解成为知识、价值、观念、思想等精神性的共同存在，而且这种精神性的存在对人类具有构建意义。正如亨廷顿所认为的："'文化'一词，在不同的学科中和不同的背景之下，自然有着多重的含义……我们是从纯主观的角度界定文化的涵义，指一个社会中的价值观、态度、信念、取向以及人们普遍持有的见解。"

第四，从行为模式角度对文化进行阐释。从这一视角出发对文化进行界定和研究的学者中，美国文化人类学家本尼迪克特可以认为是最具有权威性的，本尼迪克特的代表性观点就在于对文化模式的研究。本尼迪克特认为，前期的很多研究"文化"的人类学家们更多的是侧重于对具体的文化特质展开研究，但文化应该是具有整体性和整合性的，因而各种文化特质通过一定的方式会形成具有内在高度统一性的、以统一精神和价值取向为表现的文化模式，这一文化模式使每一个体的行为在整体文化中获取自己的位置并被赋予相应的价值和意义。正如本尼迪克特所说："文化行为同样也是趋于整合的,一种文化就如一个人一种或多或少一贯的思想和行动的模式。"

1.1.2 中国对文化的理解

在中国,人们对于文化这一概念的理解经历了从古代到近代的发展过程。纵观中国古代,"文化"一词经历了从"文"和"化"分别解释再到合二为一的历程,"文化"一词的含义也经历了从按照天地系统运行法则转化成到人的世界按照统治阶级(作为天地的代表)而化成的过程。正如《易责卦象》中所指出的那样:"文明以止,人文也。观乎天文,以察时变,关乎人文,以化成天下。"这里的"天文"指的就是天地系统运行之道。最初,人们对于来自"天"的事物的认识主要停留在日月运行、昼夜交替、寒暑更迭等简单的规律和章法。后来,古人对所谓"天"的认识不断加深,进而产生了"大地所滋生的万事万物,无不受来自世界所遵守的规范是按照天地运行系统的规则而制定",真所谓"人法地,地法天,天法道,道法自然""与天地合其德,与日月合其明,与四时合其序",这些所谓与"人"相关的道法,即是"人文"。后来,随着阶级的出现、社会的发展和人类认识的深化,"文化"一词从依靠天地运行之道所制定的立法制度和伦理纲常逐步进化成为由统治阶级为维护自身利益所制定的一整套意识形态,人类社会的秩序围绕着文化的规定性运转,文化的规定性保证了社会的稳定和人民的团结。

到了中国近现代,由于受西方对文化的阐释和理解影响越来越多,文化的定义也发生了转变,其权威定义可参见《辞海》中对"文化"的注释:"文化,广义指人类在社会实践过程中所获得的物质、精神的生产能力和创造的物质、精神财富的总和。狭义指精神生产能力和精神产品,包括一切社会意识形态、自然科学、技术科学、社会意识形态。"基于《辞海》中广义和狭义的定义,不同的学者又把"文化"这一概念具体化,从而形成千差万别的看法。几个比较具有代表性的学者从不同的角度进行了阐释:梁淇从广义的角度来理解和定义"文化",他认为"文化"就是"人们生活的样法",在梁淇看来,"文化,就是吾人生活所依靠之一切。"张岱年则从相对狭义的视角来理解,他指出:"所谓文化,包含哲学、宗教、科学、技术、文学、艺术以及社会心理、民间风俗等等。"现代学者对文化的定义和阐释也是多种多样。王玉德把文化定义为"体现人类思想和实践的现象"。陈华文则认为:"所谓文化,就是人类在存在过程中为了维护人类有序的生存和持续的发展所创造出来的关于人与自然、人与社会、人与人之间各种关系有形无形的成果。"衣俊卿更是把文化界定为"历史地凝结成的生存方式"等等。

通过上面的分析,我们看到中西方学者均从不同的角度对文化进行阐释和定义,随着研究的深入发展,对文化的理解也必将更加丰富多彩,纵然如此,我们仍然可以从对文化的不同阐释中找到关于文化的一些共同的特征。首先,文化是人所特有的,文化的主体是人,没有人就没有文化。作为人类所特有的现象,"文化"是人区别于其他动物的重要标志之一。其次,文化是人作为"种群"的存在物,单个个体所创造和享用的东西不能称之为"文化","文化"一定是被某个社会群体所共有。再次,文化是后天的产物,是人类在生产实践过程中创造出来的。虽然每个个体一出生就面临着已有文化对其的影响,但是,在后天,人类个体通过实践也在不断地创造和改变着"文化"。最后,"文化"是一个复杂的有机的整合体。文化有多种多样的形态和类别,然而它们的存在并非杂乱无章和无序运动的,就其整体而言,这些存在是相互联系并整合为一的。

1.1.3 文化的分类

虽然"文化"具有如此宽广的外延和深厚的内涵,西方学者和我国学者均从不同角度给予"文化"以不同的理解和定义,且都有一定的道理,即便如此,我们仍然很难确切地表述其全部内容,同时"文化"与相近的概念极易混淆,因而我们必须加以区分。

常见的文化分类有两种涵义:一是指历史上形成的不同区域、民族或国家的文化共同体的类型化,通称文化类型的划分;二是诸文化现象的分类,其目的在于把纷繁复杂的文化现象划分出不同的类别。

马克思主义社会学家虽然曾广泛涉猎各个民族或各个国家的文化共同体,但主要精力仍然是放在文化现象的划分上。

从20世纪60年代开始,西方文化人类学家就开始探索文化现象的分类标准,由于他们各自文化理论的着眼点的不同,其分类也有很大差异性。英国人类学家马林诺夫斯基根据文化的功能,将纷繁众多的文化现象分为物质设备、精神文化、语言文化、社会组织文化几个方面。美国学者奥格本把文化的功能与其产生本源结合起来,把复杂多样的文化现象划分为物质文化和非物质文化,然后在非物质文化中又进一步划分出宗教、艺术一类,精神文化和规范人类行为的制度、习惯一类调适文化。

我国著名社会学家孙本文先生,在奥格本的关于物质文化与非物质文化的划分中进一步划分出调适自然环境、调适社会环境和调适物质文化而产生的各种不同的文化现象,整合为两大类、六小类的划分方法。

1.1.4 文化与文明的区别和联系

文明,是人类历史积累下来的有利于认识和适应客观世界、符合人类精神追求、能被绝大多数人认可和接受的人文精神、发明创造的总和,是人类文化和社会发展的一个新阶段。这一阶段的特征是:物质资料生产不断发展,精神生活不断丰富,社会分工和分化加剧,由社会分工和阶层分化发展成为不同阶级,出现强制性的公共权力——国家。文明是在国家管理下创造出的物质的、精神的和制度方面的发明创造的总和。文明是使人类脱离野蛮状态的所有社会行为和自然行为构成的集合,这些集合至少包括了以下要素:家族、工具、语言、文字、宗教、城市、乡村和国家等等。由于各种文明要素在时间和地域上的分布并不均匀,产生了具有明显区别的各种文明,比如华夏文明、西方文明、印度文明;波斯文明、大洋文明和东南亚文明等在某个文明要素上体现出独特性质的亚文明。

文化与文明是两个极易混淆的概念,从广义概念上来看,文化包括文明,两者的区别主要表现在如下几个方面:

(1) 文化通常与自然相对应,而文明一般与野蛮相对应。

(2) 从时间上来看,文化的产生早于文明的产生,可以说,文明是文化发展到一定阶段形成的。在原始时代,只有文化,而没有文明,一般称原始时代的文化为"原始文化",而不说"原始文明"。因此,学术界往往把文明看作是文化的最高形式或高等形式。

(3) 从空间上来看,文明没有明确的边界,它是跨民族的,跨国界的;而广义的文化泛指全人类的文化,相对性的文化概念是指某一个民族或社群的文化。

（4）从形态上来看，文化偏重于精神和规范，而文明偏重于物质和技术。文明较容易比较和衡量，较易区分高低，如古埃及的金字塔，中国的长城、兵马俑等，因而，文明在考古学使用最为普遍；而文化则难以比较，因为各民族的价值观念不同，而价值是相对的。作为物质文化的文明是累积的和扩散的，如交通工具，不同时期先后发明的马车、汽车、火车、飞机等直到现在仍存在。而且，一项发明一旦公之于世，便会迅速传播到世界各地；而作为精神文化的文化（规范、价值观念等行为模式和思维模式）是非累积和凝聚的。

（5）从承载者的角度来看，文化的承载者是民族或族群，每个民族或族群都有属于自己的文化。而文明却不同，承载者是一个地域，一个文明地域可能包含若干个民族或多个国家，如西方文明，包括众多的信奉基督教的国家。我们可以说"中国文明"，但一般不说"汉族文明"，而说"汉族文化"。这也说明"文明"具有国家或地区性，"文化"具有民族性。另外，一个国家也可以包含多个文明。

（6）从历史的角度来看，一种文明的形成与国家的形成密切相关，一般是历史上建立过国家的民族才有可能创造自己的文明，而未建立过国家的民族通常只有文化，未能形成自己的独立文明。

（7）文明的动态性较为明显，随着历史的发展而发展进步，如物质文明，变化最大；而表现在规范、伦理、道德方面的文化则不尽然，变化缓慢。

（8）从词义来看，"文化"是中性的，使用范围很广；而文明是褒性的，使用范围较窄。例如，可以说酒文化、饮食文化、服饰文化，但一般不说"酒文明""饮食文明"和"服饰文明"。

1.1.5　文化的特征和文化的特性

文化的特征从抽象层面来看主要可以分为以下几个方面：

（1）普遍性特征

人类学的比较研究已经证明了几乎所有的文化都具有相同的社会结构和文化意义基础，通常情况下我们称之为文化的普遍性。曾经的一位人类学家列举了近60种具有普遍意义的文化，包括我们耳熟能详的烹饪、劳动、民俗、葬礼、音乐、婚礼和法律等。

文化的普遍性存在主要基于以下几个方面的需求：

首先,基于人类生理需求的相似性。人类都有吃、穿、住、用、行的基本生存需要,由此就会形成相应的烹饪、服饰、建筑等方面的习俗。人类都要面对生老病死这一生命过程,因此就会产生诞生礼、婚礼及葬礼等一系列相关的仪式。

其次,基于自然环境的受限性。这一方面主要阐述的是由于所处的环境相同,可以利用的材料与资源是相似的,因此也就会形成相似甚至相同的文化。

再次,基于人类社会生活的基本需求。为了保障每一个社会为了正常运行,我们必须教育新加入的社会成员承担一定的社会角色并学习掌握一定的角色规范,以实现代代更迭之间的替换。每一个社会为了正常运行,就必须以物质资料的生产为基础,进行交换、分配。

最后,基于文化接触与文化传播的影响。各个国家、地区、民族的接触、迁移和文化传播,也是促成文化普遍性的一个重要因素。

(2) 非生理遗传性

文化具有超生理性(创造性和习得性),主要指任何文化都是后天习得和创造的,文化不能通过生理遗传。文化是人类后天通过学习获得的,也正是因为如此,人的社会化才显得特别重要,也就是说文化不能通过人的生理遗传而获得,它只能通过后天的学习才能够获得。至今,遗传学研究中尚未发现相关于文化有任何遗传的基因存在。所以,我们人类想要获得文化,只能通过后天学习,除此之外,根本不存在其他的获得渠道。每一个社会成员都必须通过后天的社会化过程也就是学习的过程来习得角色规范,学习科学文化知识,学习待人接物、人际交往的礼仪,成长为符合社会规范的合格的社会成员。与此同时,每个个体不仅接受文化,同时还创造文化。个人只有在与其他社会成员的互动中才需要文化、接受文化、影响文化。

(3) 文化具有传递性

所谓文化的传递性,则是指文化可以被他人学习、仿效和利用。任何一种文化现象都不是孤立存在的,而是由多种文化要素复合在一起。文化现象之间相互联系,构成一个复杂的整体。这是因为文化并非孤立存在,文化需要传递,也只有通过传递,文化才能延续和发展下去。文化的传递可以分为纵向传递和横向传递两个方面。文化的纵向传递是指文化经过人类代代相传而得以延续和发展,新一代社会成员的文化在很大程度上源于上一代或者几代人创造的文化,新一代社会成员在继承前人的基础上进行发展,由这种代际传递造成文化积累的文化发展属于文化的纵向传递,这种传递在社会学上又被称为"社会化",各国教育者们都在这种文化的代代传承方面做出了努力而积极的贡献。同时,不同文化之间,跨国家、跨地区的文化交流成了文化横向传递的主要方面,这种横向的文化交流也使得文化更加丰满和充盈。

(4) 文化的象征性特征

象征性是文化的本质特征。文化现象一般都是具有广泛的象征意义,其象征意义要远远超出文化现象所直接表现的那个狭窄的范围。例如:黑与白是自然中的颜色,当人们将其作为文化因素后,便具有了广泛的象征性。

(5) 文化的共享性特征(传递性、继承性、动态性)

共享性是指文化是社会性的产物,是全社会乃至全人类所共有。文化不是静止不动的,而是时刻处于变化之中,由一代又一代的人不断传承,又不断丰富。

(6) 文化的多样性特征

文化具有多样性,不同的国家、地区、民族具有不同的文化。

1.1.6 文化的构成

任何一个社会的文化均有其特定的文化体系或结构,而不是一盘散沙。文化所结成的这种系统、体系所表现出的不同层次就是文化的构成。社会学在理解文化的构成时会有不同的角度,本书主要从文化要素的角度来理解文化构成。从文化要素角度看,各种文化系统都有一些基本的构成要素,如符号、价值观、规范等。

(1) 符号及语言

从某种意义上说,"人是符号的动物"。人类不仅可以使用符号表达和解释某些现象,存储和交流信息、交流情感,同时还能够通过创造符号来建构现实和设计未来。符号是人际交流和文化传播的前提条件。符号是人际交往的工具、社会整合的工具,是文化表达的媒介。

符号包括语言、文字、数字、图画、表情、姿势、仪式等。符号表达的意义通常是社会约定的,而不是本身固有的。

符号是社会交往的媒介,人类拥有创造、理解和运用符号的能力。符号是全部社会成员约定俗成、共同使用的、用于指示或表达自身意义以外事物的抽象存在。符号是信息的外在形式或实体载体,是信息传播过程中不可缺少的基本要素,它将抽象的概念以具体生动的形式表达出来,使意义形象化,促进了人际沟通与理解。符号的意义都与文化有关,在汉语中,象征是一种特殊的符号。象征不仅表达相关文化意义,而且在其使用过程中累积形成了比较抽象,难以具体描述的精神性的文化意义。

在语言、文字、艺术、宗教、科学技术中,都包含了丰富的符号文化。符号也是一种社会建构的产物,人类在社会生活中,不断地创造或建构象征符号,因此,符号是动态和发展的。随着生活环境的变化,人们可能赋予已有的符号以全新的意义,或者用新的符号表达某种过去的意义。意义总是通过一定符号形式来表现的,符号的建构作用就是在符号和意义之间建立某种联系,并把这种联系投射到我们的意识之中。符号指代一定意义的意象,可以是图形图像、文字组合,也可以是声音信号、建筑造型,甚至可以是一种思想文化、一个时事人物。与此同时,符号还具有民族性和地域性特征,或者说本土化的特征,因此我们对符号意义的理解也需要因时因地而宜。在不同的社会中,人们赋予同一符号以不同的社会意义,有时人们也会使用不同的符号来表达同一社会意义。

符号包含语言符号和非语言符号两大类,它们在传播过程中通常是结合在一起的。无论是语言符号还是非语言符号,在人类社会传播中都能起到无可替代的交际作用。伴随着人类的各种社会活动的开展,人类社会传承和人类文化的传播就是借助于符号才得以实现的。

语言是最原始的和最重要的符号,在众多符号中,语言是最复杂的符号系统。语言作为人类交流互动的媒介和工具,是人类有意识创造出来并不断发展完善的复杂的符号体系。在语言产生之前的人类社会中,人们通过声音、言语、手势来进行交流,其中,言语不仅是交流的媒介符号,而且包含人类不断赋予的种种意义。

语言可以分为口头语与书面语,二者均发展成为一套象征符号系统,也是最便捷、有效的沟通工具,通过书面语和口头语的使用,人们可以方便地进行信息交流与情感传递,从这个意义上说,语言不仅保存了前代的经验,而且能够代际承传与空间扩散。可以说，人们借助语言这一社会文化符号完美地保存和传递了人类文明的成果。在某种程度上，人类对于外界事物的了解，都是在语言范畴内进行的，超越了语言的限度，我们的交际基本上很难实现。例如，因为有了航天飞机这一概念，人们在提到时就不需要用一个实际存在的航天飞机来表示，只需要用一个名词来表达，对方就可以明白这个事物是什么。而在航天飞机这一词汇产生之前，人们就很难理解航天飞机到底是什么。因此，我们不得不承认作为对现实社会的描述工具，语言成了文化的主体。

语言是人类的创造，也是人类区别于其他动物的决定性特征之一。虽然许多动物也能够通过发出声音来表示自己的情感或者在本种群中实现信息传递，但是，这都只是一些固定的模式，很难随机应变。只有人类才会把众多没有个体意义的语音按照不同的方式组合起来，串联成为有意义的语言单位，再把众多的语言单位按照一定的方式组合成语言和语句，进而实现无穷意义的丰富表达。

作为文化的重要组成部分，语言是人们在适应环境的过程中逐步形成普遍认可的。例如，互联网与当代人的生活息息相关，作为当代人，我们可以轻而易举地罗列出众多互联网的妙用。语言也是人类在社会化的过程中习得的，它反映了人们的思维方式、兴趣甚至性格特征，也是人类身份和社会地位的象征。不同社会阶层的人们，语言的使用具有很大的差异性，平民百姓的语言模式和上层社会人士的语言模式存在很大的不同。与此同时，语言在民族、种族、地域、年龄、性别上也存在较为明显的差异性。一般来说，各个民族都有其本族语言。汉语是世界上使用人数最多的语言，英语则是使用最为广泛的语言。语言是以声音或者符号为物质外壳，以含义为内涵，由词汇和语法共同构成，用于表达人类思想的指令系统。语音、手势、表情是语言在人类肢体上的体现，文字符号是语言的显像符号和视觉形式。文字突破了受到空间和时间限制的口语模式，在交际中发挥了更大的作用。语言是在特定的环境中，为了适应生活的需要而产生的，因此，语言必定会打上特定的环境烙印。语言这种文化现象随着时代的变迁不断发展，其现今的空间分布也是过去扩散、变化和发展的结果，所以，只有放在时空的环境里才能全面地、深入地了解语言与自然环境及人文环境的关系。

（2）价值观念和规范体系

价值观念，作为文化的核心概念，是指一个社会或群体中的全体成员所共有的区别好与坏、对与错、可行与不可行的观念。价值观因其所处社会的不同会有差异，但在同一社会群体中价值观基本上是一致的。由于价值观是群体公认的判断事物的标准，只有标准统一了，才能发生一致性的行为，社会才能协调运转，因此，价值观一旦形成，就必将带有强制性，成为每个社会成员都应遵守的准则。

价值观是以理念形式出现的文化要素，也是人们判断是非曲直、善恶对错、美丑好坏的基本标准，是对个体或群体的道德、伦理在真善美层次上的评估。从内容上讲，价值观，一方面表现为价值取向和价值追求，升华成为一定的价值目标；另一方面表现为价值尺度标准，是人们判断某个事物有无价值及其价值大小的评价标准。从这一角度出发，价值观念指导并约束着人们的行为，成为评价某项行为是否正当的标准，是文化的核心组成部分。

在实际生活中，社会的价值观念体系十分复杂，随着经济社会深刻变革、思想观念深刻变化，价值观念通常会呈现出多元化、多样性、多层次的模式。任何一个社会在一定的历史阶段，都会形成与其根本制度和要求相适应的、主导全社会思想和行为的价值体系，即社会核心价值观体系，它体现了社会意识的性质和方向，不仅约束社会经济、政治、文化和社会生活的各个方面，而且对每个社会成员价值观的形成也具有深刻影响与塑造作用。

价值观的特性包括相对的稳定性、持久性、历史性、选择性与主观性。个体的价值观是从出生开始，受到家庭和社会的影响而逐步形成的。价值观是可以代际传递的，一些传统美德如勤劳、善良、诚实、孝顺等可以代代传递下来。在传承的过程中，既能够延续传统的方面，同时也会随着时代的发展而发生变化。个体所处的社会生产方式和其经济地位，对价值观的形成也起到了决定性的作用。另外，大众传媒的宣传以及父母、师长、友人甚至公众名人的观点与行为对个体价值观也会产生不可小觑的影响。

价值观念是看不见摸不着的，是抽象的存在，我们平时所见的文化现象大多表现为规范。规范是指人们行为的准则，它包括约定俗成的风俗习惯，也包括明文规定的法律条文和规章制度等。规范与价值观通常是一致的，规范是具体化、外在化的价值观,是标准化的行为模式。规范有适合大群体的,也有只适合小群体的。

规范属于文化的制度要素范畴。社会规范则是在既定社会背景下指导、调节及制约人们行动或行为关系的标准或准则。社会规范规定了人们行为的方向、方法和方式,是价值观念的外在彰显,其表现形式有法律、道德、习俗等,受价值观念的制约。

通过行为操控和典论等方式,规范引导着人们维持一个社会的稳定与秩序。社会规范包括正式规范和非正式规范两个方面。正式规范以社会或国家所认可文本形式来体现,如法律法规、各种各样的规章制度等,它们通常是比较具体、明确的。非正式规范往往是不成文的、约定俗成的风俗和习惯,非正式规范与正式规范在一个社会中的存在是相辅相成的。

正式规范主要包括规章规则和法律等形式,如果违反了会受到相应的惩罚,因而法律和规则是群体中基本行为规范。在现代社会生活中,人们通过组织和团体联系起来,相应的规章规则的制定旨在维系这种联系,以保障成员的行为方式与范围,所以,这一类的规章和规则通常是明文规定的行为规范准则。法律是正式行为规范准则中约束力最强的存在,因为法律是通过国家机器来制定和实施的规范准则。就内容来说,法律不仅包括对个体行为方式、范围的准确规定,而且还特别注明了对违反规范行为的惩罚条款。通过法律,对那些严重危害公众利益的行为进行惩罚,所以,法律一方面能够引导和制约个体的社会行为,另一方面对不良社会行为进行打击和威慑。

非正式规范主要指社会习俗、民风、民德等,是一种无形的规范系统,其引导性和约束力一般来自人民大众的舆论压力。社会习俗是绝大多数群体内个体所选择的行为方式,个体在这样的环境中,就会遵照众人的行为趋向而选择符合该群体习俗体系的行为模式。例如,中国传统文化中的赡养父母和西方文化中的独立精神,在某种特定文化中的人们会自觉遵从这种习俗规范,如果违背则会承受巨大的社会压力。此外,文化禁忌亦是如此。所谓文化禁忌就是要求人们在某些场合不要选择某些行为方式,比如,中国传统中春节的语言和行为禁忌等。此外,民风和民德也是维系社会秩序的重要规范系统。民风属于倡导型规范,常用于指民间的风尚或社会风尚,即在社会中流行和倡导的既定行为模式。社会风尚常宣扬某些行为,如:团结友善、助人为乐、见义勇为等，通过在大众中宣传对人们的行为选择起到积极正面的导向作用。

1.1.7 文化的功能

文化作为社会思想和物质系统的重要组成部分，在维系社会正常运行和发展上起着重要作用。总的来说，文化对个人、群体和社会的功能主要表现在教化功能、认同功能、整合功能、规范功能和导向功能五个方面。

(1) 文化的教育与教化功能

文化对于社会个体的教化功能主要体现在教育个体适应文化、接受文化的过程。人是经由文化的培育、教育、教化而成长起来的个体。个体的社会化过程也就是人由生物人转变为社会人的过程，这一过程是一个逐步接受文化熏陶、掌握文化规则并学会按照既定文化规则做事的过程。基于此，文化使个体成长为真正的社会人，使人与动物相比，拥有了最突出的特点，即人能够通过学习社会规范、社会价值标准、知识技能，进而塑造鲜明的个性、形成独特的人格。社会化是个体存在并成长的必要准备，而对于社会来说，必须要培养出合格的社会成员以适应社会群体发展的需求。

文化所包含的诸多要素如物质产品、语言、规范等为个体社会化进程提供了物质与精神的双重基础，以文化为蓝本，个体按照预期去塑造自我。离开文化，社会化就无从谈起。文化对个体的教化过程是潜移默化的，无论是在正规学校接受正式的教育和教化，还是只是生活在社会中，个体都会受社会文化教化功能的影响。正因为拥有了教化功能，文化才得以延续和传承发展。上下五千年的中华文化传承就是最好的实例。

(2) 文化的认同功能

所谓文化的认同功能是指文化使社会群体和社会个体拥有共同的可供交流使用的符号基础和心理基础，他们通过相互认可，认定自己属于的文化类别。文化认同具有持久性和稳定性的特点，它甚至可以超越一般的群体归属界限，成为一种深层次的、不可动摇的认同。一个人的国籍和语言可以改变，但是，植根与心灵深处的文化认同却很难变化。同一个文化群体内部的认同随之带来了不同文化群体之间的排他性，因而，文化是一个民族、一个国家乃至整个人类社会形成和发展的基本条件，也是其区分彼此的标识，文化所表现出来的区别远比肤色、种族等等生理现象所表现的区别要深刻得多，固化得多。地域的区分只能从形式上对两个国家、两个民族进行区别，唯有文化才能表现出其内在本质上的区分度。

（3）文化的社会整合功能

社会整合功能是指文化为人们的行为提供了大体一致的价值观念、社会规范、行为模式，使某个群体成员的行为有章可循，趋于有序化与制度化，进而使得享有共同文化的社会个体对于他们的共同体产生归属感和凝聚力。

文化的社会整合功能主要体现在价值整合，即通过统一价值观念，使社会成员获得对社会现象真善美的认知的一致性。只有通过价值整合，才能使社会结构和社会行为保持一致性；规范整合，即规范必须与统一的价值观念相符才能达到社会实效的功能。这里的规范主要体现在道德、法律及规章制度等，只有规范的系统化和协调一致，才能使个人行为、群体行为和整个社会行为有章可循、有法可依，社会秩序的维系才有保障；结构整合，即通过统一文化的整合，使社会各要素、层次都正常发挥各自的功能，实现各要素、层次之间的功能互补，使整个社会结构的功能达到协调一致。

（4）文化的规范功能

文化具有规范个体行为模式的作用。文化的作用是以社会规范影响和引导个体，进而发挥理性对个体行为的主导作用。每一种文化都具有约束性，每个社会都会通过家庭教育、正规的学校教育、社会示范甚至公众舆论等手段将社会规范加之于个体，以实现文化的规范功能。文化所涵盖的就是经由历史积淀并被特定社会和群体所共同认可、遵循的行为规范，它对个体的行为具有先天的约束性。这种约束性一方面是通过文化给社会提供了社会交往的前提条件，从而文化作为人们相互交往的符号基础，使人们能够沟通，也使人们相互间的行为功能协调和相互配合。另一方面，文化给社会提供了规则，使得社会成员熟知做事的规矩和准则。正是因为有了文化，人们才有了行为标准。文化使一个社会的规范、观念更为系统化。文化集合、解释着一个社会的全部价值观和规范体系。同时，文化使社会秩序得以保存和有序运作，这是因为文化中的规范体系包括了法律、法规等，而这些正是保障社会秩序、社会运行最重要的社会有机体系。

(5) 文化的导向功能

也就是俗称的社会导向功能，这里面主要提及的是文化推动社会发展与社会进步的功能。它包括：提供知识，文化的发明和发现能够带来新的理论、科学技术等社会发展与社会进步所依赖的新的知识；实现文化调适，引导社会有计划、有步骤地发展与进步，社会的发展与进步是一个庞大的系统工程，在这一进程中，决策、规划和组织实施等都有赖于文化的调适；巩固社会发展与社会进步的成果，这主要体现在文化对社会进步的成果重新整合的作用。

没有一种文化是固定不变的，所有的文化都处于不断变化、不断平衡的过程中。文化变化通常是缓慢的，尤其是精神文化，人们接受新的物质文化可相对容易些，但接受新的价值观、行为规范，有时是比较困难的。文化是各个族群代代积累的宝藏，我们传承和发展文化，并在这种传承和发展的过程中，逐步认同和找到归属。

1.2 跨文化传播及跨文化研究

1.2.1 跨文化传播的涵义、内容及现实问题

1.2.1.1 跨文化传播的涵义

跨文化传播研究的起源可以追溯到文化人类学。爱德华·霍尔在《无声的语言》一书中提出"文化即传播"的观点，这标志着跨文化传播成为一门独立的学科而存在。美国跨文化传播学者萨默瓦在《跨文化传播》一书中也对跨文化传播进行了定义："跨文化传播是在不同文化背景的社会成员之间的人际交往与信息传播活动，也涉及各种文化要素在全球社会中迁移、扩散、变动的过程及其对不同群体、文化、国家乃至人类共同体的影响"。

1.2.1.2 跨文化传播的研究内容

跨文化传播主要研究不同文化背景下的个体、群体、组织、国家之间交

往的特点和规律,不同文化之间的意义阐释和理解,人类文化的创造、变迁和分化进程,同时还涉及文化与民族心理的差异、跨文化语用研究、文化冲突与解决方法、技术发展对文化的影响、文化的延续和变迁、文化传播的控制和管理、民族文化自立与发展等诸多方面的内容,可谓相当庞杂。通过梳理,我们看到跨文化传播研究主要由以下几个方面组成:

(1)针对跨文化传播话语权问题的研究。英国语言学家阿德里安·霍利迪的《跨文化传播与意识形态》可以被认为是现阶段跨文化传播代表作中较新著作。在书中,阿德里安·霍利迪分析了跨文化传播过程中采用的全球性的、批判性的视角,他指出西方话语权的挤压使得一些文化在传播过程中被边缘化或忽略,因此不能忽略社会、文化与人类互动的多样性和动态性,将文化差异视为所有问题的根源。阿德里安·霍利迪的这种观点从跨文化传播的整体立场出发,揭示了跨文化传播过程中话语权分布不均的原因所在,对我国以及世界其他国家的跨文化传播工作具有借鉴和参考意义。

(2)针对跨文化传播形式的研究即跨文化传播中的媒介和载体的研究。邓佳英在《跨文化传播解读》一文中指出,文化作为一种抽象的概念,其传播需借助载体,而跨国、跨文化的文化传播更加需要媒介与载体,并分别解释电影文本、广告在跨文化传播过程中对推广文化走向世界,发挥经济效益的重要作用。姜楠在《空间媒介观下中国对法国跨文化传播路径研究》一文中,从空间媒介观的视角,指出我国对法国跨文化传播路径有整体植入中国文化空间,在两国文化持续流动和交汇中文化因子的互构、华人个体传播过程中的个体表达等。

由此可见,跨文化传播的形式多种多样,主流媒体、互联网新媒体、网络社交平台以及跨文化的人际传播都对跨文化传播有着重要的推动和促进作用。媒介技术的发展与革新为跨文化传播的展开和广泛发展提供了技术支持和手段。李舟、陈川在《试论媒介技术对跨文化传播的影响》一文中指出,媒介技术的发展必定导致来自不同文化语境的传播主体产生交集。且媒介技术加深了人们对于全球文化整体性的认同,其产生与进步为跨文化传播的发展创造了可能性。而侯微在《论媒介技术对跨文化传播的影响》一文中指出,在媒介技术对文化传播的具体作用形式方面,媒介技术的演进决定了跨文化传播产生和发展的可能性,跨文化传播格局的产生是媒介技术和社会环境共同作用的结果。这种观点从横向规律分析的视角出发指出媒介技术改变了文化传播的时空,架构了全新的交流模式并且影响着人类文化的认同和发展。因此,我们说媒介技术为跨文化交际过程中信息的传播和接收提供了坚实的技术基础和支撑。

(3) 针对跨文化传播与国家形象关系的研究。韩磊在《国家形象的跨文化传播分析》一文中指出,各国历史环境与生活经验的不同,促使各个国家和地区人民不同思维方式和行为方式的形成。在特定文化环境影响下,不同文化背景下的个体会对同一文化产生不同的文化印象,其中可能就包括文化误解和文化误判。同时韩磊也提出,我国在中华传统文化的传播过程中还存在着对中国文化的挖掘力度不足、传播手段和方式受限等问题,导致在文化输出过程中,出现了数量有限,无法有效展示五千年中华文化的魅力的弱点和缺憾。刘新兰在《新媒体环境下中国国家形象跨文化建构探讨》一文中,分析了我国跨文化传播过程中国家形象塑造面临的综合国力、发展道路、意识形态、语言文化、媒介传播能力等障碍,并在新媒体环境视角下阐述了国家形象塑造的新态势,指出跨文化传播过程中应从多维视角塑造触发国家形象。

1.2.1.3　跨文化传播的现实问题

跨文化传播必将是一条艰辛之路,出现各种各样的问题在所难免,譬如在以往的研究中凸显出来的民族文化中心主义问题。李冉在《民族中心主义在跨文化交际中的表现》一文中指出,民族中心主义指的是在特定文化群体内,认为本民族文化优于其他民族文化的一种理念,是文化上的自我中心主义。民族中心主义将本民族文化与其他民族文化进行类别区分并对本族文化偏袒而对外族文化持有偏见和歧视。民族中心主义是一种较为危险的文化理念,一方面,这种观念会导致传播本民族文化过程中传播姿态的不对等,传播效果自然不理想,甚至不利于在世界范围内本民族文化的传播与发展;另一方面,民族中心主义同时也在很大程度上阻碍了其他优秀文化"引进来"的进程,对自身文化所怀有的高傲态度,不利于在全球化背景下本民族文化内涵的丰富与扩展。

与此同时,文化相对主义是与上文提及的民族文化中心主义相对的一种文化思想体系。在世俗生活中,在某一文化中被认为是正确的行为规范，在其他文化中很可能被认为是一种谬误，这就是所谓的文化相对论，在这种理论中，对与错是要通过对世界的考察来判断的。文化相对主义者认为某种文化不应该因其存在的差异性而遭到轻视和歧视，我们应该要从政治、经济、社会、科技、宗教等特定环境进行评估。罗雪在《文化相对主义积极性与局限性研究》一文中指出，文化相对主义这一思想体系在国家层面上，实现民族平等、多民族国家处理内部复杂的民族关系、促进多元文化发展有着积极的促进作用。不可否认的是文化相对主义也存在其局限性，主要体现在提倡尊重差异的同时，文化相对主义过分强调文化自觉的作用，其必然结果就是部分民族对本民族文化过度自信甚至达到了自负的程度，最终可能会产生极端的民族主义或者种族优越感，而这是个危险的信号。

另外，文化偏见和文化歧视也是我们今天实现跨文化交际过程中不得不面对的现实问题。一方面，国际社会对中华民族的文化偏见、文化歧视和刻板印象，不利于中国故事走向世界。梅特·范德·海德（Mette Van Der Heide）在《国际新闻报道中经济依赖与媒体偏见的关系——基于四家欧洲报纸对中美贸易战的报道》一文中通过探讨国际新闻制作国家之间经济往来与媒体偏见的关系，分析了有关国家经济依存度与媒体报道积极或消极程度的关系；他提出了意识形态的差异造成了一些国家对中国的媒体偏见和不信任态度。另一方面，从我国实际出发，如果我们对其他民族文化抱有偏见，也必将阻碍在新时代背景下中华文化新内涵的产生和发展。

同期存在的还有语言码转换过程中产生的歧义这一问题。赵启正在《跨文化传播中的话语力问题》一文中提及，传播者应该对国家话语中的关键词进行精准的翻译。根据赵启正的观点，选取创新传播的词汇和语句，选择合适的表达手法以及时机等因素都应该被翻译者纳入考虑。在跨文化传播中，这对于翻译者提出了很高的要求：一方面翻译者必须掌握目标语言；另一方面，翻译者还要深刻了解目标语使用国家的文化内涵。因此，在跨文化传播过程中，不同文化之间由于文化体系、生活习惯、宗教信仰的差异性而产生的不同必须受到传播者的重视，并在语言码转换过程中熟练使用语言技能，准确翻译，防止在语言转换过程中出现歧义。

1.2.1.4　我国跨文化传播中存在的问题

仔细分析上述提到的现实问题,结合我国实际情况,我们会发现在我国的跨文化传播过程中同样存在着诸多亟待解决的问题。

首先,在跨文化传播过程中,我们缺乏多元共生的理念。这一现象就要求我们要进一步确立文化多元化发展、文明共存共生的新文化理念。文明是丰富多彩的,正是因为文明的多样性,人类文明才有相互交流互鉴的价值,谨防在跨文化传播中产生的文化中心主义思潮。

"新文化中心主义"源自上面我们提及的文化中心主义,主要是指一些国家或者民族将自己的生活方式、信仰价值、行为规范看成是最佳的选择,自认为优越于其他国家和民族,并且把自己国家的、自己民族的文化模式当作了所有文化模式的中心和范本,用它来衡量和评价其他文化形式,甚至发展成为敌视或怀疑那些所不熟悉的文化模式。随着全球化进程的加快,媒体化社会持续生成,这种文化中心主义正在逐步呈现出一些新的时代特点,因此被称之为"新文化中心主义"。当今社会飞速发展,在快速发展的浪潮中,"随着中国的发展和崛起,世界文化的中心正转向东方、转向中国"这样的论调层出不穷。这样的论调,看似在为中国的发展进行文化上的呐喊,但其本质却可以归于"新文化中心主义",因此,我们要警惕这些不当的论调和宣传,要时刻以习近平总书记所讲的"以文明交流超越文明隔阂,以文明互鉴超越文明冲突,以文明共存超越文明优越",作为跨文化传播的基准点。在跨文化传播中,我们要始终传递"文明共生、文化多元"的理念,这样才有利于消除与其他国家间的疑虑和隔阂,甚至是敌意。

其次,在跨文化传播过程中,缺乏双向交流平衡模式。跨文化传播的一个主要目的就在于在文化对外传播的过程中不断提升中华文化的国际影响力。即便如此,在跨文化传播过程中,我们也要防止走入争夺"文化主控权","圈层式"和"救赎式"等误区。使用"双向交流平衡模式"进行跨文化传播在这一背景下显得极其重要。"文化领导权理论"最早是由意大利著名马克思主义理论家安东尼奥·葛兰西提出的,他针对无产阶级政党如何对抗资产阶级的文化霸权曾提出了通过获得文化领导权来夺取并巩固其政治上的领导权。如果我们从坚定文化自信、提升国家文化软实力出发,会发现葛兰西的文化领导权理论的确具有启示和借鉴意义。但是,"文化领导权理论"同时存在着如何处理好国内文化领导权与国际文化领导权的"内外有别"问题和如何处理好历史国际环境与现实国际环境的"文明对话"问题。面对这两个问题,我们还是要遵循习近平总书记的讲话精神:"不同文明凝聚着不同民族的智慧和贡献,没有高低之别,更无优劣之分。文明之间要对话,不要排斥;要交流,不要取代。人类历史就是一幅不同文明相互交流、互鉴、融合的宏伟画卷。我们要尊重各种文明,平等相待,互学互鉴,兼收并蓄,推动人类文明实现创造性发展。"

再次,我国的跨文化传播还没有形成自己的国际话语表达体系。如何构建自己的跨文化传播话语体系,并同时防止跨文化传播走入"自我陶醉、自言自语、自说自话"的误区呢?首要和根本的是跨文化传播的理念要树立清晰,我们要努力学会国际传播表达方式,融入国际话语体系。我们可以对比以下这两个提法:"抢占'一带一路'的桥头堡(制高点)"和"构建人类命运共同体"。通过对比分析,我们不难发现,我们实施的"一带一路"倡议中媒体曾经经常使用"抢占'一带一路'的桥头堡(制高点)"这一极其富有挑战意味的强势话语注定会引发国际上一些不良舆论。相对来讲,"构建人类命运共同体"的说法就显得智慧而温和。人类命运共同体是重要理念,在跨文化传播时,我们还可以进行进一步地描述成"责任共同体""利益共同体"等等。在对抗席卷全人类的疫情面前,中国提出的"人类卫生健康共同体"就显得既大气又高明。习近平总书记在"5·31讲话"中指出:"要加快构建中国话语和中国叙事体系,用中国理论阐释中国实践,用中国实践升华中国理论,打造融通中外的新概念、新范畴、新表述,更加充分、更加鲜明地展现中国故事及其背后的思想力量和精神力量。"

第四,我国的跨文化传播尚缺乏精准有效的传播策略和方法。在跨文化传播中,我国还存在着缺乏有效传播理念、无法准确把握精准传播路径,以及媒体组合方式单一的问题,特别是媒体运用方面,我国新媒体运用不够充分,极大地困扰了跨文化传播的推进和发展。通过使用互联网、社交媒体平台以及移动传播的媒体新技术革命的发展,人们的思维方式、学习方式和生活方式正在发生翻天覆地的变革。处在这样一个快速发展的媒介化社会,数字技术加持下的新传播形态,其传播速度和传播范围呈现出数量级优势。移动互联网的发展,使得"所有人对所有人的传播"成为可能,每个人的传播创造力、传播扩散力都得到了前所未有的释放。短视频这种新形态的视听传播方式也为我们今天的跨文化传播拓展了发展空间,提供了崭新的思路。

第五,跨文化传播的理念与方法的转变也是我们现阶段面临的一大现实问题。在当今跨文化传播上存在各种各样的问题和不足,针对这些问题和不足,我们在跨文化传播理念与方法上急需转变以适应社会的发展和跨文化传播的要求。

(1) 从传播的方式和手段上,要设计出多层次、多角度、多方位的跨文化传播立体管道。跨文化传播所研究的就是文化的不均衡分布和跨文化传播意义的产生与变异。因此,民间沟通管道将会被作为跨文化传播的重要途径,同时在确保以官方沟通管道为主导并能够确保畅通的前提下,进一步通过民间通道的建立打造"多元传播主体",以多层次、多角度、多方面的沟通方式予以实施畅通有效地传播交流。在当下国家传播通道为主的传播过程中,我们要充分认识到文化传播的走出去是跨文化传播的核心问题。但是目前对于这一传播过程,我们尚缺乏对于传播主体结构的分析以及传播策略的既定。习近平总书记在"5·31讲话"中专门指出:"要深入开展各种形式的人文交流活动,通过多种途径推动我国同各国的人文交流和民心相通。要创新体制机制,把我们的制度优势、组织优势、人力优势转化为传播优势。"

(2) 从跨文化传播的认知方面,我们要建立多元逻辑、多元共生、多元共识的跨文化传播认识论和方法论。各个国家、地区和民族都应该认识到,为了推进各种文明的全面进步,必须在文明对话中,理解并接受文明与文明之间的冲突和融合。在西方世界,中华文化不同于西方文化,它是一种异质性的文化。因此在文化互通的过程中,我们要学会追求一种平衡,要注意话语系统的对接,只有这样,才能够实现交际目的。在语言互译过程,如何能够在不改变原意的情况下,把中华文化中的词汇翻译成西方现代文化术语,又能够完整地保存中华文化的神韵,将之完美呈现出来就是翻译者必须要认真思索和考量的部分。在价值观传递方面,我们要学会通过讲述"共享价值观"来实现中华价值观的传播和发展。这种共享是通过讲述世人共同关心的、与人类命运息息相关的价值观,比如共建"人类命运共同体"的方式,打造出诸如"人类卫生健康共同体"等具有中国模式的意蕴。同时,我们也要警惕、防止堕入"中国模式"的国际舆论陷阱,不要在文化传播的过程中授人以柄,我们多提"中国道路"和"中国经验"为妥,基于不同的意识形态、不同的政体形式、不同的宗教信仰的前提下,我们的模式不一定适用于所有文化形式,同时我们也不要求其他文化效仿这个模式。

(3)从跨文化的宣传模式方面,我们要构建多种媒体传播模式作为跨文化传播的主体模式。现代传播技术带来了社会的巨大变革,最终辐射到文化传播领域,成为一场人类精神交往方式的伟大变革。媒介化社会的到来催生了一系列与媒介相关的重要理论,如"媒介赋权理论""后真相理论""全景监狱理论"等,这些理论成功引领了在这样极速变化的态势下,跨文化传播的顺利开展和挺进,达到习近平总书记所要求的"努力塑造可信、可爱、可敬的中国形象"。在此基础上,就要求我们认清现代传播方式的变革,构建全媒体传播模式,通过架构这样的全媒体传播模式实现跨文化传播中受众的传受同构、心理同构。这一与时俱进的理论提出补充和完善了跨文化传播过程中的传播方式的不足,更好地为国与国之间、民族与民族之间跨文化传播提供了有效的传播模式。

(4)跨文化传播务必以增强跨文化传播的有效性为目的,严守传播规律。实现传播的有效性是我们进行跨文化传播的首要目的,也就是追求"有效传播"。跨文化传播应该具有明确的传播对象,不能漫无目的地对外或者到海外进行宽泛的传播,我们追求的是实现从泛众传播到分众传播的转变;从广义社会传播到分层社会传播的转变。习近平总书记在"5·31讲话"中还提出:"要采用贴近不同区域、不同国家、不同群体受众的精准传播方式,推进中国故事和中国声音的全球化表达、区域化表达、分众化表达,增强国际传播的亲和力和实效性。"这对我们以传播的有效性为原则,实施好跨文化传播提出了更为具体翔实的要求。

(5)作为做好跨文化传播工作的前提条件,我们要额外注重与国际组织合作共同开展国际文化交流,促进跨文化传播工作更好地开展。身处中国快速发展和崛起的今天,世界各国和地区对于中国文化日益成为世界的焦点越来越表现出关注和疑虑。在这样的情况下,为了避免带来不必要的猜忌和引发诸多疑虑及争议,我们应当尽可能规避单独举行国际文化交流活动,尤其是大规模的国际文化交流活动,尽可能与国际组织保持持续的文化交流与合作,只有这样,文化的传播效果才会更好。我们以2019年亚洲文明对话大会为例,这次大会就是和联合国教科文组织联合举办的,围绕亚洲国家治国理政经验交流、维护亚洲文明多样性、文化旅游与人民交往、亚洲文明传承与发扬的青年责任、亚洲文明全球影响力、亚洲文明互鉴与人类命运共同体构建等议题,中外嘉宾共商发展之道,共话合作大计。习近平总书记指出:"要更好发挥高层次专家作用,利用重要国际会议论坛、外国主流媒体等平台和渠道发声。"

1.2.2 跨文化研究的涵义及研究意义

1.2.2.1 跨文化研究的涵义

跨文化研究不可以简单地理解为一个研究的视角或者方向,这项研究首先是一种超越知识理论的态度,是一个研究体系。在漫长的人类精神史的发展过程中,我们会遭遇众多由于知识而产生的混乱局面,而这种混乱局面对知识的探索是没有助力的。我们在做知识探索和研究的时候,我们永远是处于某一个碎片之中,我们能做的事情仅限于这个知识碎片之上,冷静而受限地开展阶段性的研究,当我们的研究产生了某些成果和想法的时候,也不应该把这当成真理,这是因为分裂的知识碎片没有办法使研究者接近真正认知,即便通过使用先进的计算机进行整合运算也不行,这一点是我们要时刻注意和保持警觉的。为了能够创造出超越这些知识碎片的灵感,"跨"就成了一种必然的解决方案,它使得超越碎片,形成知识的整体性认知成为可能。人类的思想活动甚至科学研究直到人类的生命,都是在"跨"的时候产生飞跃性的进步和发展。这是因为分裂的知识碎片无法使人类接近真相,鉴于我们的认识系统和我们所接受和既定而成的知识框架都是知识世界的一个碎片,因而,那种借助这个碎片去探索一个整体世界的想法是愚蠢而且缥缈的,基本可以归类为痴心妄想。

综观古今中外,我们能够发现很多科学家都为我们提供了很好的启示,这其中包括法国人类学家克洛德·列维-斯特劳斯、美国华裔考古学家张光直及汪德迈先生。张光直先生从考古研究中发现,人类历史的发展是平行式推进的,而西方400年以来突然经历了一个垂直向上的断裂。基于此,张光直先生不禁质疑,当这个垂直向上的线条,突然重新复归于与地面平行时,西方做好准备了吗?跨文化研究极易混淆与比较文学、世界文学和其他文学形式，并被归类为边缘学科、跨学科式的研究。很多学者对跨文化研究者有一种学科上的宽容，将自身的专业与其他专业联合研究有时候是一个不错的研究方向，如果可能，这种研究比较容易出成果。与此同时，也有大量学者认为，跨文化研究更多地注重多种文化的共同特征，分析不同种类的文化体系自己无法单独彰显的潜在特征，因此，跨文化研究的存在和发展具有独特的意义。从逻辑上来讲，跨文化研究的确在探讨各文化体系自己无法单独突显的潜在特征方面显示出其独特的研究优势。汪德迈先生认为，从一种文化到另一种文化，首先引人瞩目的和引起疑问的东西，就是寻找差异性。这个出发点不能从共性出发去研究，因此汪德迈先生支持于连的"我们的研究要从相异性开始，不从共性开始，否则没有意义"这一观点。也有观点认为跨文化研究应该从共性开始。从共性开始确实也有它探讨的领域和研究范围。无论是共性研究，还是异性研究，都是殊途同归地考证跨文化研究的开展模式和研究成果和意义，对于研究者来说，都是极大的考验。

跨文化研究由四大要素组成，分别为跨文化理论、跨文化资源、跨文化经验、跨文化方法。

（1）跨文化研究之中的跨文化理论要素的研究。针对跨文化理论要素的研究常用的方法有历时性和共时性以及接受研究的方法。这些方法都能够通过细化到文本源头语和被翻译的对象语，实现研究的目的，在法国跨文化研究中都有所涉及，并有优秀的研究代表。中外相关研究者都有很强的理论建设意识，这一点通过中国不少学科项目和学术会议都将跨文化研究作为关键词得到很好的彰显。乐黛云教授主编的《跨文化对话》、里昂大学中国跨文化研究教授利大英教授主编的《跨文本跨文化》等杂志均有代表性。与神学和近代以来的其他理论体系不同，跨文化研究的理论特性是超越的、不架构的，不能从约定俗成的期待习惯出发去寻求或建设其理论。

（2）跨文化研究之中的跨文化资源要素的研究。跨文化的"跨"字不能简单地理解为文化的覆盖面积问题。人类文化进程注定是一个跨文化的织锦，跨文化研究所关注的就在这个织锦上那些灿烂的阡陌纵横。因此，跨文化研究着眼点不会落在收集和积累相似现象并进行比较这一范畴，而是从各文化的差异点出发研究人类共同的文化模式，这种模式覆盖了较为全面的方面,涵盖了生存、思维、语言、行为、交流、视角等,出发点可以多种多样,不一而足,并且终点无法预设。当这支箭被射出去之后,它落到哪里都存在其合理性和可能性。

(3) 跨文化研究之中的跨文化经验要素研究。作为跨文化研究的基础要素之一,跨文化经验的研究涉及文化的普遍认同性与特殊性。

(4) 跨文化研究之中的跨文化方法要素的研究。在跨文化研究的方法中我们经常看到,跨文化研究者总是将跨文化与文化间并用或者互换使用。乐黛云教授在《跨文化之桥》这本书里,对中国跨文化研究的理论与实践经验做了非常清晰的总结。法国里昂大学的利大英教授创办和领导的跨文本文化研究所代表了欧洲跨文化研究的大学模式。

1.2.2.2 跨文化研究的意义

在不同民族、不同文化联系日益紧密的今天,跨文化研究不仅是必要的,而且是迫切的。首先,跨文化研究能够帮助不同价值观和不同思维模式的种群实现良好的沟通和交流。世界市场的一体化需要跨文化研究沟通处于不同文化背景下的不同种群的习惯性思维模式和价值观体系构成,有序而高效地促进经济活动一体化。冲突与摩擦通常来自人们之间的不理解,只了解自己而不了解其他文化,会对国际交往或贸易谈判造成不少的干扰,严重的会恶化为矛盾和冲突。文化的差异性在跨文化的对话与日常往来中,经常引发文化价值观念发生碰撞的事件。因此,如果能够从跨文化角度研究社会行为中的文化成分,分析既有文化成分与社会存在方式、社会结构模式之间的关系,可以帮助人们学会在不同文化背景和文化观念差异的情况下有效地组织和协调国际贸易和人际交往,进而协调各国的经济利益,最终促进世界经济一体化的进程。近年来,伴随着资源危机和环境污染问题的困扰,同时随着全球经济一体化进程的加速,生态问题日益成为人类不得不共同面对的难题,引起众多有识之士的关注。在内忧外患不断加剧的时候,人们也不自觉地意识到,生态问题既是一个充满威胁性的挑战,也是一个可加利用的好时机,处理不好,生态问题可能最终使人类走向毁灭;但是,它也成为一个令人清醒的警告,敦促人们尽快从破坏性的生存怪圈中逃出来。不少学者把它作为走向跨文化研究的一个契机和跳板,并努力使其成为跨文化研究的场地和目标。

在这一背景下,跨文化研究面对的是摆在全人类面前的共同的生存困境,涉及的是带有全球性的、全人类关心的重要话题,在经济全球化面前跨文化研究的顺利开展和深入发展已经关系到人类的生存与发展、共生与进步的话题,它跨越和整合了自然科学、技术科学和社会科学各学科的重要理论与实践问题,这些问题与人类的共同命运息息相关,与社会发展与进步紧密联系。跨文化研究需要通过不断努力,实现不同文化之间的对话,整合全球资源,共同解决这些人类面临的巨大挑战。

整合起来,跨文化研究的意义主要体现在:第一,我们能够通过跨文化研究来探讨跨文化性,这里所说的跨文化性是指一个个体或者一个种群的远视能力,使他们能够超越自身达到与其他文化种群或者其中的个体在平等情况进行对话的能力;第二,跨文化研究通过提出不同文化之间的互动性问题来引起人们的认知共鸣。在后现代的今时今日,文化的多样化对于每个浸润其中的个体和社会双重身份的个人来说都是一个不能逃避的问题,认识到问题的存在,才会在种群内部和种群之间寻求解决的方案和方法;第三,通过跨文化研究能够揭示存在于文化文本中的文化遭遇或者文化冲突问题,进而探讨二者之间的关系,因此跨文化研究是多重维度的研究模式,其起点在文化的相异性同时兼具历时性和共时性的特征。

基于跨文化研究的重要意义,各级各类的机构和部门越来越多地参与到甚至投身到跨文化研究的大军中,这支队伍日益壮大。其中,跨文化研究行动与思想并行的模式是人类学家李比雄创办和领导的欧洲第一家跨文化研究院,这家研究院提出了文化的"互识"问题。1995年,跨文化研究论著《独角兽与龙》由北京大学出版社出版,2003年法国出版了该书的法文版本,这也标志着中国与欧洲跨文化研究最早尝试。跨文化研究的重要实践是乐黛云教授创办的《跨文化对话》,旨在建设一个跨越现有学科体制。《跨文化对话》从一开始就定位在对有关文化、文学、社会、人类的问题进行交叉、整体性思考的范畴内。更是在2007年建设了三个平台:①跨文化对话丛书平台——"思想与方法",在北京大学为国内外各种新方法、新思想的深入交流设立,这一平台的产生为中国研究跨文化交际的学术界和国内对此方向感兴趣的年轻人提供了思想和方法的范本;②跨文化对话国际论坛,从1996年建立至今,这一论坛基本上每两年举办一次国际范围的讨论会,核心主题一直是跨文化研究;③《跨文化对话》杂志——讨论真问题的一部学术杂志,由乐黛云教授主编,在文化相异性基础上,从案例入手,建立研究的纵横空间,从解释模式、文化相异的态度、研究的视角和文化相异性研究四个方面切入。

基本上所有的人文学科对待外来文化的态度秉承着忍受和选择两个基本点,在人文批评上,也秉承着两种不同的视角:基于相同性视角即从各文化的相同性出发,寻找不同文化的相同点,通过这种手段突显文化之间的趋同性;批评的视角则是基于相异性,从该视角出发,研究者们认为研究文化的趋同性对于人类文化及经验的深入认识和理解毫无裨益,因此应该从个体文化的差异性出发,发现差异、对比差异、解释产生差异的根源,譬如说中国文化传统中认为"百善孝当头",而西方思想体系中认为个体的独立性是最为优秀的品质,它应该建立在其他优秀品质的顶端,这些差异性对思想文化的形成和发展有着根本上的影响。如果希望搞明白这些差异性产生的根本原因,我们就不得不追溯中西文化的起源。跨文化研究作为一个新兴学科,它的研究视角不停留在国别文学或区域文学,它的思路可以拓展到文化异托邦的命题,也就是对文化相异性、深层次的对话形态进行深刻的研究。

跨文化研究和其他人文学科的研究一样,可以通过案例分析等实证研究的方法展开具体研究。在跨文化研究中使用的案例研究是可以多方位的,以综合使用内部批评、外部批评和总体批评三种方法。内部批评法,就是我们在文学研究中经常用到的文本批评;外部批评通常是指社会学批评。其中涉及的整体性批评则是首先是从实证研究入手,研究一个文化对其他文化类型的文化期待视野。跨文化研究的基础必须足够扎实,才有可能实现跨文化研究。

总而言之,跨文化研究有利于增进异国、异地、异文化、异民族之间的相互理解,促进政治、经济、社会、文化的交往,有助于消除由文化冲突所带来的政治冲突以至武装冲突,在更广泛的意义上实现求同存异的和谐发展大环境。因而,我们认为跨文化研究对于促进世界和平与发展有着重大的现实意义。

1.3 城市文化的涵义

所谓城市文化是指在那些发生在城市里面与城市的建设和发展息息相关的所有文化现象的总和,城市文化可以分为广义城市文化和狭义城市文化两个部分。广义城市文化通常来讲包含着城市的物质文化、城市的制度文化和城市的精神文化三个层次的文化内容。这里面所提到的城市的物质文化着眼于文化的表层,由那些可以感知的,有形的各类基础设施组成,其体现形式有城市布局、城市建筑、城市道路、城市通信设施、公共住宅,以及行道树、草地、花卉等城市公共设施,这些人工创造的环境总体构成了城市物质文化的外壳。

城市的制度文化则是指城市文化的中间结构,城市制度文化属于城市文化的实体化的表现方式。城市文化的变化和发展必然通过城市的各种制度的变化和发展所表现出来。建立在城市的物质文化的基础之上,城市制度文化的主旨就是为了满足于城市居民更深层次的需求,或者说是基于人际交往需求而产生变化的总和,主要包括如何合理地处理人与人之间、个人与集体之间关系需求的变化。在这种城市文化类型中,家庭制度、经济制度和政治制度构成了其核心组成成分。

与此同时,城市的精神文化则成为城市文化的深层次结构,它是城市文化的核心部分。城市的精神文化囊括了一个城市的知识、艺术、法律、习俗、信仰、道德以及全体市民所习得的一切能力和习惯的总和。

不同于广义城市文化,狭义上的城市文化仅仅指城市里的文化生活部分。今天我们谈及的城市文化更多的是从广义上的概念来定义的。所以,我们探讨的城市文化在普遍情况下就是指广义的城市文化。

应用于城市的整体建设,城市文化有着极为重要的现实意义,将城市文化充分编织到具体的城市建设的方方面面中,能使一座城市获得更加优质的文化底蕴,并且使整个城市的文化特色在充分利用相应的文化底蕴的基础上得以突显,进而彰显城市的文化内涵的丰富特质,提高城市的文明构建速度,有效提升城市整体的文化品质和文化功能。在这一过程中,相关城市需要充分对城市自身的历史文化资源进行梳理和综合性的探究。

城市的历史文化资源是一个城市所有文化底蕴的基石和底气,因此只有当一座城市充分且合理地对其固有的历史文化资源进行有效开发和利用,使该城市的文化品质得到逐步提升,使城市的基础竞争力得到长足的改善和提高,通过有效利用优质的历史文化底蕴来塑造我们的城市品牌形象,确保城市的持续、健康发展。同时在对一座城市的历史文化进行考量的过程当中,我们需要整合相应的历史文化和现代文化,使这座城市在发展过程中将自身所拥有的历史文化与现代文化的交融提升和延展,最终促进城市在不断发展的过程中获得更加优质、具有创新意义的优良的城市文化品质。

1.3.1 城市文化的定义

文化可以从广义文化和狭义文化两个角度进行分析。广义的文化,一般是指人类在改造自然和改造社会的过程中所创造的物质财富和精神财富的总和。狭义的文化则是指包括教育、科技、语言、文学、艺术及一切意识形态在内的精神产品的总和。建立在广义文化基础之上的城市文化,是指城市社会成员在社会实践中所创造的物质财富和精神财富的总和。城市文化涵盖众多的内容,不仅包括教育、科技、文学、艺术、戏曲、曲艺、体育、娱乐、道德、习俗、地方法规、规章、企业管理、政府形象等非物质实体,同时还包括市容市貌、建筑风格、街景美化、广场设计、雕塑装饰、公共设施等物质实体。因此,我们可以从城市的物质文化、制度文化和精神文化三个方面来解读城市文化的内涵。

城市物质文化是为了满足城市内部人类生活和生存的日常需求而创造出来的物质产品所蕴含的文化成分,这种城市文化形式反映了人与自然的关系,突显的是文化的表层涵义。城市的建筑、道路、广场等给人们提供了对该城市的第一印象,是直观判断这一城市区别于其他城市的依据,因此,首先要注重物质文化的建设,同时要突出城市的特点,避免千篇一律的城市景观构成。城市物质文化建设有各自的特点,能够凸显每座城市制度文化及精神文化的内涵。如果城市物质文化建设滞后于城市的精神文化和城市制度文化,那么势必影响其他层面城市文化的建设。当我们走进某一座城市,首先接触到的就是这座城市的自然环境,我们看到的高楼大厦、立交桥、宽窄不同的街道、大大小小的广场、各种各样的商场以及里面琳琅满目的商品等等都属于人工改造过的自然环境。这些人工改造过的自然环境构成了一座城市的物质外壳，是城市居民生活中不可缺少的基础组成部分。时代、民族和地区的不同带来城市的建筑造型、装饰特色和空间设计等等方面都会呈现出截然不同的特色。在城市内部，城市居民的住房、餐饮、着装、出行的交通工具等等都可以归入到城市的物质文化之中。这些方方面面的特征和内容集中了一座城市的生产力发展水平，也体现了该城市文化的发展完善程度。

城市制度文化是人类在一定历史条件下形成的社会关系以及与该既成社会关系相适应的社会规范体系，城市的制度文化反映了人与人、人与社会之间的关系，表现得部分属于文化的中层涵义。城市的制度文化是城市文化建设的行动纲领和指南，城市制度文化建设也是城市文化建设的重要因素之一，制度文化建设水平的高低直接影响着城市物质文化的建设大局的稳定与否。制度文化建设是一座城市文化建设的血肉和内涵，表现了城市的功能水准，是城市的主体通过其行为体现出来的独具特色的城市文化内容。城市制度文化可以理解为为了合理地处理城市内部各级各类关系和城市与城市外部的关系而制定出来的一系列经济制度、政治制度、文化制度和社会制度的体系总和，城市制度文化涵盖了城市的法律规章、管理体系、道德准则、行为规范等方方面面的具体内容。

城市的精神文化是人类在改造自然和改造社会的过程中的思维活动和精神活动的总和，城市的精神文化是城市文化的核心内容。城市精神文化建设，有别于城市物质文化和城市制度文化的建设，它是属于城市内在的建设，是城市文化建设的核心内容。城市精神文化的建设能够增强城市居民之间的凝聚力，提升整个城市的发展潜能，随着城市物质文化的逐步发展完善，城市居民注定要追求更高层次的城市精神文化，因此，努力建设城市精神文化是城市文化建设的核心主题。城市精神文化体现了城市文化的深层结构，涵盖了从市民社会心理、价值观念、伦理道德到市民思维方式、宗教情绪、民族性格以及审美情趣等等方面。

城市物质文化建设、城市制度文化建设和城市精神文化建设之间呈现出由表及里、由浅到深的城市文化架构的系统结构，在这三者中，城市的物质文化是城市文化的物质载体，城市制度文化是城市文化的体制媒介，城市精神文化是城市文化的核心内容,三者相互联系,互相促进,共同架构出完整的城市文化体系。

1.3.2 城市文化的特征

城市文化具有地域性、聚集性、多元异质性、包容性和辐射性五大特征,下面我们分别从这五个方面了解一下城市文化的主体特征。

(1) 城市文化的地域性特征

我们所熟悉的城市文化来源于城市生活,来源于城市居民,这种文化是城市群体和城市居民的共同创造物,由于城市文化具有地域性特征,由特定地域的特定人群创造出来,所以城市文化具有独特的地域性特点,同时也蕴含了丰富多彩的个性特征。"一方水土养一方人"描述的就是这种特征的具体体现。城市文化的这种地域性特征是一座城市长久保存的极富价值的文化内涵,是一座城市的民众对该民族与该地区和自己城市的历史传承、宗教信仰及其载体的一种成熟的认知及行为表现模式。正是因为城市文化地域性特征的存在,城市文化才拥有了相对的稳定性和传承性。

(2) 城市文化的聚集性特征

城市常常被称作是文化的容器,是各种文化资源的集合。一座城市所拥有的文化设施是农村无法匹敌的。尤其是到了现代社会,城市不仅集合了多种多样的文化设施和琳琅满目的艺术精品,包括博物馆、艺术馆、音乐厅、影院、展览馆、图书馆、歌剧院、城市设计和建筑风格精致至极的外部装饰元素,同时也聚集了各级各类学校等教育机构和研究机构;不仅集合了方方面面的文化人才,也为各种思想流派、艺术流派的碰撞和融合提供了理想的场所。总之,城市以其独特的向心力和凝聚力汇集了人类绝大多数的财富、信息、权力乃至全部的生活方式。这种集中促使城市文化走向社会化,城市文化的涵盖面越来越广、凝聚力越来越强,反之必然带来文化在城市的聚集和繁荣发展,在文化的聚集过程中逐步形成多民族文化特色共同发展的景象。

(3) 城市文化的多元异质性特征

人类的文化本来就是由多种多样的文化形式组合而成的,这种人类文化的多样性的存在既是人类社会的福祉,也是人类文化生生不息、不断发展壮大的动力所在。城市的产生为各民族、各文化的交融和发展提供了绝佳的契机,城市成为一个多种文化的共存体。美国作家雅各布斯(Jacobs)认为:"多样性是城市的天性,城市里的多样性,不管是什么样的,都与一个事实有关,即城市拥有众多人口,人们的兴趣、品位、需求、感觉和偏好五花八门、千姿百态"。城市文化的这种多元异质性特征,成功地激发了城市的内核活力,增加了城市对来自不同文化背景的人们的吸引力和凝聚力。因此,正是由于城市文化的差异性,才使得世界上的城市呈现出千差万别的特质性。因此,我们说多元异质性的城市文化特征为人们的生存和发展提供了多种选择的可能性。

(4) 城市文化的包容性特征

城市文化从最初产生开始持续到今天一直显示出超乎寻常的包容性。所谓文化的包容性,无外乎各种文化之间的求同存异和兼收并蓄。城市文化的包容性就是指建立在一个国家或地区的传统文化和思想意识范畴内的多元文化形式的兼容并蓄。这种包容性是城市能够始终保持活力的重要原因之一,放眼当今世界,没有哪一座城市能通过依靠自己城市内部民众所创造和继承甚至引进来的单一的文化形式而生存和发展的。城市文化的包容性特征体现的是一种宽松的社会发展和进步的文化环境。不同种族、不同肤色、不同语言、不同习俗、不同信仰、不同文化背景的人们集中在某一座城市里,大家都能相互包容、求同存异、彼此尊重、彼此理解、和谐共处,在这样的一座城市中,来自不同背景的每个个体都能够找到适合自己生存和发展的空间,实现自身的成长和进步。

(5) 城市文化的辐射性特征

在如今这个科技迅猛发展的时代中,现代城市文化无时无刻不在对城市周边的区域进行着强有力的文化辐射作用。这种现象的产生是由于城市是各种不同文化的聚集地,城市的便利为人流、物流、信息流的产生提供了物质条件,不同的文化形式在一座城市里能够实现交流发展和相互辐射延展,这一过程中,城市文化不断感染、影响该城市周边区域,促进整个泛城市区域文化得到繁荣和发展。在城市文化不断向城市周围辐射延展的过程中,人类先进的文明和文化形式得到了长足的进步和发展。在当今社会,城市的辐射性功能不仅可以使城市周边的农村地区在经济和政治上从属于该城市,而且也使城市周边的广大的农村地区最终成为城市文化的输出地,实现城市文化的横向发展和开拓。

1.3.3　城市文化的功能

城市文化的功能是指一座城市的文化作用和价值的总和，是城市文化的外在集中表现。我们之所以要认识城市文化的功能，其目的在于全面而深入地把握城市文化的内在本质，推动城市文化健康蓬勃地发展。总的来讲，城市文化的功能可以归纳为教化功能、导向功能、整合功能、传承功能和集聚功能五个方面。

城市文化在支撑城市的可持续发展方面展现出来的功能主要体现在城市文化为支撑城市可持续发展提供了重要的内核力量，城市文化通过凝聚城市居民对城市的感情来增进居民对城市文化的认同和归属，这种认同感和归属感最终可以转化成为建设城市的积极力量。

同时城市文化起到了储存一座城市记忆的功能，因此城市文化成为影响城市建设的隐性动力。这是因为城市文化是在漫长的历史发展过程中逐渐形成的，它承载了一座城市独特的记忆，如果一座城市失去了自己的记忆，也就失去了自己的文化传承。方言、习俗、艺术等等都是城市的记忆的载体，它们常以不同形式展现出来。每个历史阶段的城市文化就是这座城市的存储卡，记录和留存了那个时代的特质，留下时代发展的痕迹。从这个意义上来讲，一座城市的历史越悠久，其城市文化的记录也就越丰富，文化内涵也就越深刻。

城市文化除了可以保存一座城市记忆，也同时参与塑造了一座城市的记忆。城市文化是一座城市的精神支柱，城市精神是城市发展的核心动力，它表现了一座城市从核心文化中所发散出来的地域性的群体精神，囊括了所有该座城市居民们共有的价值取向和追求目标，对于城市居民的集体性格的形成至关重要。从这个意义上来讲，城市文化塑造和发展了城市精神。

针对城市居民来讲，城市文化的功能则体现在城市文化带给这座城市里居住的全体居民以文化认同感。文化认同感是"人与人之间或人与群体之间对某些共同文化的确认"。文化认同感强调的是那些植根于城市风骨里的独特个性，这种独特的个性使得居住在这座城市里的居民能够真真切切地感受到这座城市的灵魂，只有这样，人们才能产生对这座城市的认同感。城市认同感的形成让城市居民对城市在信念上和认知上接受这座城市，只有接受才能形成共同的信念和目标，只有形成共同的信念和目标，城市才会给居住其中的居民以凝聚力。这一点在当今这个城际交流日益频繁并且密切的时代显得弥足珍贵，因为随着城市间的文化交流日益密切，很多城市的本土文化会不断受到外来文化形式的冲击。只有建立强烈的文化认同感，才能够保持一座城市的文化特质。

城市文化在不断丰富和提高城市居民的基本物质文化的同时，也给城市居民提供满足其精神需求的手段和方式。城市文化通过各种各样的文化活动形式呈现在居民面前，在文化活动的参与过程中，城市居民有效增进了交流互动，同时也会促进城市居民与城市大环境的感情交流和认同。人们日常文化生活的场所，包括饮食文化场所和文化娱乐场所等等，不仅满足了人们基本的餐饮需求，同时也为有效地开展人际关系交流、丰富文娱活动等提供了便利条件。因此，我们不得不承认城市的饮食文化场所聚集了众多当地独特的风俗和特色饮食，这些通常是最能体现一座城市文化的地方，既能够丰富当地居民的文化生活，也为外来游客提供了走近和了解一座城市的途径。

1.3.4　青岛的城市文化特色

每一座城市都有其独有的物化风貌，有其区别于其他城市的城市文化特色。青岛位于黄海之滨，面山靠海，气候宜人，自然风光极佳。虽然青岛所辖平度、胶南、即墨、胶州等区域有着较为悠久的历史传承，但是作为中心城区的青岛市始建于1891年，还是一个年轻的城市。相较于其他内陆城市的悠久历史，青岛不过百余年的历史过程中沉淀的传统文化要浅显得多。与此同时，加上在新中国成立以前，即德租时期、日占时期青岛成为一个移民城市，在这种融汇过程中，青岛的本土文化具有了自己的特点。历史虽短，但是人文与诚信，山海文化的包容与和谐，中西合璧的建筑文化特色，卓越领先的企业文化，处处彰显着青岛丰富的城市多元文化特色和融合式精神内涵。

同时，在迅猛发展的今天，青岛城市文化也正经历着来自快速城市化进程和市场经济浪潮冲击等多重因素的挑战,更要进一步全面加强城市文化建设,凝练本土城市文化特色,塑造独特的城市文化精神。在青岛城市文化特色凝练和塑造过程中,我们要着眼于提升青岛市多元文化特色的辨识度和整合度。人文、包容、开放、诚信、创新、和谐、活力与卓越,是青岛城市精神的精髓。青岛要从历史文化、地域空间特点、城市色彩组合、现代品牌企业等方面去挖掘、培育与发展城市特色文化,不断发扬和谐、包容、诚信和卓越四大城市精神内涵。虽然只有百余年的历史,"红瓦绿树,碧海蓝天"的青岛却以其海滨城市的独特魅力享誉海内外,其独特的城市文化特色带给生活在这座城市的人们强烈的优越感和自豪感。然而,与之并存的还有文化匮乏的尴尬。毋庸置疑,经济的发展、腾飞和自然地理环境的优越只是城市的外在表象,一个城市真正的灵魂是其独特的文化特质,这既是一个城市区别于其他城市的主要特征,也是一座城市魅力的不竭源泉。一个没有文化积淀和人文精神沉积的城市,注定是没有厚重的内涵的。

基于上述历史和现实的分析,青岛的城市文化逐步发展成为构成复杂多样、内涵多元交织的特色城市文化。

(1) 青岛的城市文化体现出历史与时尚的相互交织和融合,它既有古代齐文化、崂山道教文化等传统文化元素的沉积,又融合了西方工业文化、啤酒文化等现代文化元素,凸显了青岛城市文化中历史与时尚交相呼应的特点。传统的和历史的令青岛城市文化在时尚和现代的文化氛围中又显示出乐于接受和学习的特点。两种截然不同的文化特色在这座城市达到了和谐统一,是青岛城市迷人魅力的源泉。

(2) 青岛城市文化中呈现出来的包容与开放的多元融合,使得青岛城市文化独具一格。青岛是一座"五方杂处、华洋共居"的城市,外地迁徙至此的其他文化背景的居民将各种迥然不同的外来文化带入青岛,这些文化形式与青岛本土文化形式碰撞和融合过程中青岛的城市文化既吸收了外来文化的特色,也丰富了本族文化的内涵,使得青岛城市文化逐步显现出包容性与开放性相互融合的特质。青岛的城市文化既有中华文化传承,又有西方文化融入,兼具海洋文化影响,这座年轻又古老的城市为多元文化的和谐共生提供了沃土。

(3) 青岛城市文化中本土与国际的互促共生的文化特征的形成来自青

岛作为我国沿海重要的国际性港口城市，对外交流十分便利这一特点。在互航过程中，青岛人民逐步接触到外来新鲜事物，更因为在青岛人较早地接触到了新鲜的、外来的异族文化，青岛这座城市更加的国际化。这一特点一方面凸显在青岛的建筑上，这里既有传统的建筑群如天后宫、海云庵等，又有像八大关这样的西式建筑群，本土的建筑与异域的建筑完美结合；另一方面，从青岛方言上，我们不难发现青岛的方言就是本地方言夹杂了舶来语言融合的产物。这些特征无时无刻不彰显着青岛城市文化中本土文化与外来文化互促共生的特质。

青岛城市文化所呈现出来的这些特质，使得青岛这座年轻又古老的城市展现出独特的面貌和风骨，为青岛的城市文化发展提供了一个良好的基础和平台。

第二章 "语言景观"研究

作为社会语言学新兴领域,"语言景观"研究近年来逐步成为一个热点研究话题,在国际和国内的研究领域中越来越多的学者开始关注并着手开展针对这一话题的相关研究。"语言景观"研究主要关注公共空间和公共场所中的语言使用情况和语言使用问题,不仅关注研究现实环境中语言使用的特点和规律,同时还专注探究深藏于语言选择背后的深层次的政策取向、权势关系、身份认同等影响因素。

中外学者们从不同的研究视角对"语言景观"背后的语言权势、语言使用的族群社会定位,以及语言使用中所反映的意识形态等问题展开深入探讨和研究。目前,国外关于"语言景观"的研究发展速度快,研究内容广泛,研究方法也比较新颖,因此研究成果众多,我们可以得出这样的结论:国外"语言景观"研究已形成较为完整的体系;相对于国外的相关研究,国内"语言景观"的研究速度很缓慢,研究内容不宽泛,所以研究成果比较缺乏;与此同时,国内"语言景观"研究的内容一般局限于针对国内语言政策、多语地区的多语使用状况和少数民族语言状况展开,相比较而言对国内各大旅游景区"语言景观"的研究很少。因此,我们说国内"语言景观"的研究无论是在理论层面还是实证层面相较于国外存在着较大差距,需要研究者们进一步深入开展这方面研究是很有现实意义的。

"语言景观"(linguistic landscape)作为社会语言学研究领域的一个新的研究热点,在过去十几年中,在符号学、应用语言学、社会学、心理学等领域也逐渐引起了研究者们的重视。根据简单统计,我们发现从1997年至今,国际规模的"语言景观"专题研讨会已举办过五届,以"语言景观"为主题发表的著作多达十部以上,期刊论文及硕博士学位论文则不下百余篇。正是因为"语言景观"研究的切入点和研究方式比较新颖和独特,戈特(Gorter)将"语言景观"的研究看作是研究多语现象(multilingualism)的新方向,斯波尔斯基(Spolsky)认为"语言景观"研究是考察一个城市社会语言生态的好方法。

伴随着国外"语言景观"研究发展的迅猛势头,国内语言学界对于这一较为新颖的研究方向则并未给予足够的关注。首先,我们来看看"语言景观"研究的背景,包括"语言景观"的概念界定、功能和研究内容等方面的信息,同时分析"语言景观"研究常用的方式和方法,探讨"语言景观"研究的理论框架,在此基础上探究"语言景观"研究所面临的问题和挑战。

国内众多学者针对国外"语言景观"研究成果的介绍主要停留在对一些书评和相关的研究综述的梳理上。李贻认为"语言景观"不仅是研究多语现象的新手段，更重要的是"语言景观"研究可以揭示语言权力关系。韩艳梅详细介绍了《"语言景观"中的冲突、排他及异见》一书，并以此为基础提出了"语言景观"研究不应该把"语言景观"作为静态的存在，应进一步扩大研究范围。李丽生则通过详细介绍"语言景观"的起源、"语言景观"的涵义、"语言景观"的功能及"语言景观"常见的主题四个方面，提出对"语言景观"展开研究需要采用实证研究的手段。徐茗通过梳理国外众多的相关研究发现，国外"语言景观"研究拥有较为广阔的研究前景，语言标志的边界也在不断扩大，研究范围纵深拓展，从跨学科视角进行理论分析和阐释，对"语言景观"采用了多种研究方法并行，同时揭示了"语言景观"背后隐藏的权力关系。这些学者主要从自身研究领域出发，从理论方面着手介绍其国外相关"语言景观"的研究成果，希望这种方式能够引起国内其他学者的关注，为国内学者展开"语言景观"方向的研究拓展理论基础和研究方向。

在国外"语言景观"研究蓬勃发展的基础上，国内学者发现，可以从多元化和多学科角度对"语言景观"进行跨学科的综合性研究。从不同的研究学科视角出发展开研究可以得出完全不同的结论。尚国文从语言经济学视角对新马泰三个地区的语言标牌进行研究，发现语言标牌的制定要受到经济因素的影响。同时，他还从语言教学视角对"语言景观"展开研究，发现"语言景观"可以成为外语学习的工具，而不只是一种孤立不变的物质资源。徐茗、卢松则认为"语言景观"可以和语言地理学相结合开展研究，这也不失为一个全新的研究方向。李丽生认为对"语言景观"进行研究可以尝试从多学科视角开展，既可以从语言学、社会学角度出发，也可以从符号学视角开展深入研究。

文献综述旨在介绍国外相关研究基础上，为国内学者们后期"语言景观"研究奠定一定的基础，通过梳理国外文献，可以开拓新的研究方向，也为今后符合国情的研究提供了宝贵的借鉴意义和启示。众多国内学者在进行"语言景观"研究的基础上发现，对"语言景观"的研究要跨学科进行研究，要多维度进行研究，不能只局限于一个单一领域进行，只有这样才能进行较为详尽、多视角和全方位的研究，形成规范的理论体系。也有一些学者认为"语言景观"是一个动态的研究过程，不能简单地认为是静态的存在，所以在研究过程中，既要关注静态方面，也要进行动态研究。"语言景观"的数据收集工作与研究方法的选择和使用都要进行实证研究。也有学者认识到要深入考察"语言景观"背后的语言权势，深入挖掘语言表象下深层次内容和涵义，而绝不是只考察语言的表面现象。但国内学者对"语言景观"的研究主要是通过介绍国外研究成果，因为不同的学者所关注的内容不同，所以在介绍成果方面也有其各自的倾向性，很少有全面介绍"语言景观"理论的成果。从跨学科视角开展的研究也相对局限，很多结合相关理论开展的研究不够深入，研究成果不多，成果质量欠缺。由于语言的差异和地区文化的不同，国外已经成熟的理论体系很难吸引国内学者的关注度，相应地借鉴吸收较少，简单借用其他学科开展的研究工作，使得在理论创新方面，国内"语言景观"研究成果较少，理论研究基础也相对薄弱。

相较于"语言景观"的理论研究，"语言景观"的应用型研究成果相对丰富得多，从目前研究成果来看，国内"语言景观"的应用型研究重点主要集中在以下问题的探讨上：

（1）"语言景观"研究与语言政策的影响之间的关系。所有的国家或者地区都会规定公共空间"语言景观"的使用，制定相应的语言政策甚至语言法规，"语言景观"受到语言政策影响的程度会依据"语言景观"的不同以及"语言景观"实行的不同的语言标准而有所变化，考察当地"语言景观"能够很好地了解到地方的语言政策。语言政策影响着"语言景观"，反过来，"语言景观"也同时反映语言政策，二者都可以很好地反映出政府实行的语言政策以及"语言景观"的设置是否规范化、是否符合民众的语言心理，这些研究分析为以后政府制定语言政策规划提供了充分的依据。

透过"语言景观"分析，我们能够了解到一个国家或者地区及政府的相关语言政策，同时掌握语言政策的具体实施情况。很多学者认为"语言景观"受到语言政策的影响较为明显，依据语言政策理论，夏娜采用符号分析单元开展"语言景观"相关研究，以丽江市的福惠路和新华街为研究对象，发现二者都受语言政策的影响，新华街显得更加多样性。田飞洋和张维佳对学院路街道的双语路牌"语言景观"进行采样，发现此处的双语路牌上使用了全拼音化和英汉双语的语言标识，其中体现了此处"语言景观"实行了不同的语言政策。针对新、马、泰三国的官方和私人标牌进行考察，尚国文发现这三个国家均根据各自的语言政策形成了迥异的"语言景观"。张媛媛和张斌华对新、马、泰和中国澳门的"语言景观"进行采样调查,得出了这些地区的官方和私人标牌的不同是受到不同的目的和语言政策影响而产生的。

同期的很多学者还认为通过"语言景观"的研究,我们能够深入了解当地的语言政策,对于当地的语言政策的制定有着助力作用。通过针对新、马、泰三国"语言景观"进行调查,尚国文发现了一个规律:语言经济价值越大,得到人们的认同度也越高。这一思路有望为中国的语言政策研究提供借鉴和参考。对宁波海洋文化"语言景观"进行调查时,倪洪源和李婷颐发现官方标牌是政府行为的产生,私人标牌则是属于民间行为,他们希望相关部门在制定语言政策的时候能够充分考虑这些因素,并期望他们的研究能够为语言政策的制定提供一些依据。

(2) 经济因素和文化因素也同时影响着少数民族地区的"语言景观"。通过采用定性研究的方法,徐红罡和任燕研究了旅游对丽江纳西地区东巴文的影响。他们通过研究发现,东巴文景观只是简单的展示形式。伴随着经济的发展以及社会的进步,外来人口的大量迁入,在本来就是多民族国家的我国,民族地区的语言生态环境显得极为复杂多变。民族语言在不同因素的影响之下,逐步形成了不同的民族"语言景观"。我国政府实行的语言政策、民族政策和人民大众对民族地区语言文化的认同是形成少数民族地区风格迥异的"语言景观"的重要原因。夏娜通过针对丽江福惠路和新华街的调查,发现由于丽江当地政府对少数民族语言文字采取了较好的保护措施,使得东巴文这一少数民族语言的出现较多,同时,政府遵循推广普通话的政策,使东巴文这一少数民族语言不能成为优势于汉语的主导语言形式。从社会符号学和文化资本理论视角出发,单菲菲和刘承宇对贵州西江千户苗寨进行了深入的研究,在这里,由于政府大力推广汉语使用,在人民群众中普及普通话,导致该地区只有很少民众认同苗语使用,多数民众不接受苗语,这直接导致了对苗语的使用较为罕见。

也有一些学者通过考察和对比多地的"语言景观"来研究不同地区的多语景观。其中,通过对云南省丽江市的福惠路、新华街两条街道进行研究,夏娜发现新华街相较于福惠路而言,语言使用种类和数目更多。通过类似的"语言景观"分析可以搞清楚某地的多语使用情况,也可以通过标牌多语的使用情况研究多语使用现状。

(3) 公示语作为"语言景观"研究的素材。相关研究影响和推动了"语言景观"研究的开展。我国对公示语的研究开始于"语言景观"这一概念尚未被正式提出之前,当时有关公示语的研究进行得如火如荼,成果众多,相关理论也得到了较为成熟的发展,也达到了一定高度。公共场所的各类语言标识是"语言景观"和公示语研究的共同对象。所以,一些研究"语言景观"的学者是参考借鉴公示语研究理论对各类公示语标牌上的语言翻译是否规范精准进行考察。通过"语言景观"研究可以了解各地区的语言使用情况,语言是否符合规范,是否体现当地特色等方面的信息。孙利提出了"语言景观"翻译时要基于语言交际翻译理论来进行。他考察了温州市城市公示语翻译现状,发现街名、路名的翻译存在着不规范、不准确现象,公共场所的标识语存在错译、漏译等问题,针对这些问题,他提出运用交际翻译策略进行翻译的建议。运用语言交际翻译策略理论,王晓蕾对合肥市官方标牌和私人标牌进行取证研究,发现各级各类的语言标牌中均大量存在着译语缺失、译文不统一、译法"拼音化"等问题,并在此基础上也提出了相应的解决对策和方案。基于交际翻译理论,刘琳红对广西南宁公示语进行研究,发现广西南宁的众多城市"语言景观"中存在用词不当和语法等问题,并在交际翻译理论下提出了翻译原则和方法。

  国内"语言景观"应用研究主要针对各地"语言景观"中使用的语言政策研究、"语言景观"中民族语言研究、"语言景观"中多语使用情况研究和"语言景观"中语言翻译方面的研究,综合来看,并没有形成系统性的"语言景观"研究,同时还存在研究深度不足的问题。除此之外,"语言景观"中针对其他方面开展的研究,在研究内容方面多呈现出受限的特点,研究的参与者也比较少,相应地,研究成果也不丰厚,基本呈现出了理论基础薄弱、研究视角单一、深入研究匮乏的特点。与此同时,由于应用型研究多侧重描写现象,不关注对现象背后理论层次的解读,在"语言景观"研究中就出现了定量分析充沛而定性描写缺乏的特点。由于"语言景观"标识的制作者和管理者对一手信息的缺失,很难准确深刻地把握创设者的创作意图,所以对语言标识语的解读方面缺乏论据的支撑,也使定性分析很难深入进行。

  上述分别简单介绍了国外"语言景观"相关研究的情况,详细介绍了国内"语言景观"研究开展的情况,以及国内"语言景观"研究的重点主要是针对"语言景观"开展的理论型研究和应用型研究。理论型研究主要分析了国外研究成果和各种跨学科研究,而应用型研究主要集中于语言政策研究、民族语言研究、多语研究和语言翻译研究等实际应用的方面。现阶段,我国"语言景观"的研究内容比较宽泛,涉及众多不同的方面,各具特色。虽然我国"语言景观"研究起步要晚于国外的相关研究,呈现出研究成果较少、研究深度不足的弱势,但是"语言景观"研究在我国已经引起了广泛关注,相信在未来的"语言景观"研究的开展过程中,我们会看到越来越多的学者参与其中,大量的研究成果不断涌现的局面。

2.1 "语言景观"研究简介

作为社会语言学的一个分支体系,城市"语言景观"研究对社区语言生态和语言使用规范等方面都有巨大的贡献。在国内,这项研究也日益成为众多研究中的焦点方向之一。但是,在针对"语言景观"开展的研究过程中,作为研究者,我们只有不断提升理论高度,才能确保研究成果的科学性;也只有保障了研究过程的科学性,才能保证研究产生的结果具有规范性;只有不断拓宽研究的语料资源,才可以保证我们研究的综合性和丰富性。城市"语言景观"作为一个跨学科的研究形式,除了能够在语言学层面上为语言学的研究做出贡献外,还可以从不同视角为文化研究、人类学研究和政治学研究等研究方向提供新的研究和探索视角。在这种跨文化、跨学科的研究之中,我们必定会遇到不同程度的难题,但是,只有在不断突破困境的时候,城市"语言景观"研究的深刻意义才能够得以彰显。

城市"语言景观"属于城市景观的一个组成部分,一座城市的"语言景观"折射出该城市的社会风貌和现代化发展程度,进而体现出该城市的厚重的历史积淀和文化气息。伴随时代进步的步伐和城市发展的进程,城市"语言景观"研究得以持续而有序地开展,"语言景观"研究也实现了从无到有、从有到丰的蓬勃发展态势。"语言景观"研究跨越社会语言学、应用语言学、人文地理学等多学科,采用了新兴的跨学科研究的理论和方法,聚焦于公共空间内语言标牌的内涵和外延,探究社区内部不同语言标识的使用情况,揭示语言标牌背后的话语权势,最终反映社区内市民的社会地位和政府的意志趋向。随着城市"语言景观"研究的广度延展和研究深度的发掘,"语言景观"研究已不再局限于单纯城市标识语言的研究,它已经逐步成长为国家语言规划和语言政策制定的导向,具有推进语言生态环境的净化和发展的功效。

2.1.1 "语言景观"的涵义

"语言景观"这一概念最早可以追溯到加拿大学者罗德里格·兰德里(Rodrigue Landry)与理查德·Y.布尔希,他们提出"语言景观"这一概念并加以使用,他们认为公共场所的各种设施如路牌、广告牌、街名、地名、商铺招牌以及政府楼宇的公共标牌之上的语言共同构成了一个地区或城市的"语言景观"。这是"语言景观"研究中被引用最广泛的定义,它通过列举的方式阐释了"语言景观"是个宏观的、总体性的概念,而出现在各种各样的公共空间中的各类语言标牌都是其组成元素。这里的"公共空间"(public space)指的是社区或社会中不属于私人财产的任何空间,如街道、公园、社区中心、学校、医院等公共机构。随着此项研究的深入和研究范围的延展,"语言景观"的分析已不再停留在针对公共空间里的标牌进行分析和研究,私人空间里的标牌也已逐步被囊括进入研究的范畴。使用"语言景观"一词来概括语言标牌意义的研究虽然已经在学术界获得广泛认可,但也经常有学者对这一术语提出不同的质疑。我们知道,语言标牌属于城市人为构建的物质文化环境的一部分,因此使用侧重描述自然景色的"landscape"一词来概括该领域的研究似乎并不贴切,比如 Spolsky 就毫不隐讳地指出,"linguistic landscape"这个术语显得蹩脚而欠妥当。由于该领域最初的研究都是考察城市市区内部的标牌语言,因此不少学者建议使用"都市语言景观"(linguistic cityscape)来进行称呼。此外,还不断涌现出对现实环境或空间中的语言进行的研究,这一类研究常常被冠以其他名称,如"场所符号学"(place semiotics)、"公共空间语言"(language in the public space)、"符号景观"(semiotic landscape)等。这些概念的内涵或宽或窄,所涉及的研究对象也不尽相同,但是,在众多的概念中,"语言景观"仍是最受当今研究者喜爱和认同的称呼。

"语言景观"的相关研究最早可以追溯到 20 世纪 70 年代。罗森鲍姆(Rosenbaum)等人对耶路撒冷地区凯伦凯门(Karen Kayment)街道进行调查并发现尽管官方的语言政策倾向于使用希伯来文进行标识,但现实生活中英文标牌的使用更加容易被接受，因而广泛存在着，这一现象从侧面反映出官方语言政策与具体落实政策的实施之间的距离。"语言景观"早期研究主要集中在调查多语言、多文化并行的地区里，公共场所标识语言的使用情况。由于受到当时技术条件的限制，各类语料的收集十分零散，研究分类方法各有不同，因此当时的相关研究缺乏系统性和科学性。1997年，兰德里及布尔希在 *Linguistic Landscape and Ethnolinguistic Vitality：An Empirical Study* 一文中首次提出了"语言景观"这一概念，当时的"语言景观"是指公共道路标牌、广告牌、路名、地名、商业标牌及政府建筑的公共标牌之上的语言共同构成某个属地、地区或城市群的"语言景观"。这篇文章也成为"语言景观"相关研究的奠基之作，此后，"语言景观"研究也逐渐发展成为社会语言学的研究热点方向之一。

城市生活中用以陈列和展示语言文字的物质载体称为语言标牌(linguistic signs)，如路牌、街牌、广告牌、警示牌、店铺招牌等。在社会语言学中，对公共语言标牌上语言使用的研究称为"语言景观"研究。当兰德里及布尔希最初提出并使用"语言景观"这一概念时，他们将其界定为："出现在公共路牌、广告牌、街名、地名、商铺招牌以及政府楼宇的公共标牌之上的语言共同构成某个属地、地区或城市群的'语言景观'"。这是"语言景观"研究中最经典、被引用最为广泛的定义。除此之外，也有不少其他研究者给"语言景观"做出各种各样的定义。其中比较典型的有下面几个：伊塔吉及辛格提到，"语言景观"指"公共领域中可见的书写形式语言的应用"；本-拉菲(Ben-Rafael)把"语言景观"定义为"标识公共空间的语言物件"；本-拉菲又提出"语言景观"指的是"公共空间的象征性建构(symbolic construction)"。而贾沃斯基(Jaworski)和瑟洛(Thurlow)则从社会符号学角度将"语言景观"定义为"语言、视觉活动、空间实践与文化维度之间的相互作用，特别是以文本为媒介并利用符号资源所进行的空间话语建构"，这些表述都是我们常见的对"语言景观"最宽泛而又深刻的定义表述。从这些定义我们不难看出，"语言景观"的核心研究阵地是"公共空间"。本-拉菲借用德国法兰克福学派社会学家哈贝马斯提出的"公共领域"的概念，认为语言标牌所存在的公共空间指的是社区或社会中不属于私人财产的任何空间，如街道、公园或公共机构等。在这些为公众所共享的空间中，语言标牌所架构的"语言景观"并不是简单的语言描述或者语言内容呈现，其背后往往隐藏着一定的创设机制和思想意识。

其实,随着"语言景观"领域研究的不断深入,其研究范围已经从公共空间延展到室内场所甚至发展到虚拟空间等。

"语言景观"存在的意义可以集中描述为信息功能(informative function)和象征功能(symbolic function)。所谓信息功能指的是"语言景观"可以提供信息传递,帮助人们了解该景观的语言群体的地理边界和自然构成以及该群体内部语言使用的特点。这可以认为是"语言景观"最基本的功能。通常来讲,我们可以通过一个地区语言标牌上主要使用的语言形式和类型来断定这种语言应该为该地区的主流使用语言形式;同时,如果某个地区多处设立多语语言标牌,则从侧面说明该地区有多语共存的社会现象。"语言景观"在这里提供了相当于语言使用状况信息的风向标。"语言景观"的象征功能指的是通过"语言景观"能映射出语言权势与社会身份和地位。换句话说,"语言景观"包含着语言使用的群体成员对语言价值和语言地位的认知和理解。对于那些存在多种语言竞争的社会,用作路名、地名等语言标牌上的某种语言形式,表明该语言形式在此地区的主导地位受到官方认可;进一步讲,就是使用该语言的族群相对于其他族群而言,在此地区享有较为优势的社会身份认可。上面提到的这两种"语言景观"的功能中,信息功能可以描述为"语言景观"的显性功能,而象征功能则归于"语言景观"的隐性功能。"语言景观"研究的重点是挖掘作为隐性功能的语言标牌的象征功能,通过研究现实环境中呈现的各种语言形式反映社会权势关系、身份认同和意识形态等方面的信息。

2.1.2 "语言景观"研究的理论架构

为了能够把"语言景观"研究这一方向发展成一个独立的分支学科,众多研究者尝试从多种视角构建该领域相关的理论体系。在这些研究者中,尚国文、赵守辉曾介绍过斯科隆(Scollon)和哈布纳(Huebner)所提出的"语言景观"分析框架,但是并没有深入讨论这些研究中"语言景观"的理论构建情况。除了上面提及的斯科隆和哈布纳的"语言景观"研究理论,常见的理论还包括本-拉菲提出的"语言景观"构建原则、斯波尔斯基提出的标牌语言选择理论和著名的 Trumper-Hecht 景观分析的三维理论模型。下面,我们分别来介绍这几种著名的理论框架形式和内容。

（1）本-拉菲的构建四原则

本-拉菲从社会学的相关理论出发，将现实世界中看似杂乱无章的"语言景观"进行归纳整合，梳理出其内在的构建规律。在此基础上，他提出了形成"语言景观"的四条构建原则（structuration principles）。

首先，突显自我的原则（presentation of self）。依据戈夫曼（Goffman）的观点，社会个体作为社会生活中的主要行为者，总是期待把自己具有的优势一面展现给他人，这个"自我优势展现"的原则同样适用于"语言景观"的构建中。在今天的各大城市的中心地带，商业标牌比比皆是，竞相吸引着人们的注意力，以达到诱导他们参与某种活动或者执行标牌上的要求。语言标牌的使用越密集，各种各样标牌之间的竞争也就越激烈，因此，那些特立独行的标牌往往更有机会吸引更多的关注力，在众多的"语言标牌"竞争中胜出。语言标牌这种竭力通过呈现自己非凡特征之处，以达到脱颖而出的目的是"语言景观"构建最主要的原则。

其次，充分理性的原则（good-reasons）。语言标牌虽然以其独特性吸引民众的关注，但标新立异背后深藏着所有语言标牌的趋同一面，那就是从理性角度出发，最大程度地满足阅读者的需求。布登（Boudon）指出，要实现对公众的行为的影响，行动者必须首先了解并尊重公众的感知、价值观、品味和爱好等方面，对公众需求的理性分析是能够实现并追求目标时如何行动的先决条件。在林林总总的"语言景观"中，我们总能发现无数的商家在标牌中一致强调的因素，如名气、舒适、豪华、潮流等等，以此来吸引和满足公众的需求与愿望。另外，生活在以象征价值为导向的现代社会中，商业标牌设计者也会考虑到民众在价值效益方面的顾虑，标牌中经常充斥着经济实惠等理念。因此，我们可以得出这样的结论，在商业化社会的公共空间中，成功预测并迎合大众的动机和愿景是城市"语言景观"构建的一条重要原则。

再次，集体认同的原则（collective identity）。在经济全球化和文化多元化盛行的当代社会中，语言标识在设计中常常要展示某种身份特征，以期获得社会中某个或某些群体的认同。这一原则主要用于强调语言标识语对于对象主体身份的归属感认知，以"志趣相投"来吸引潜在的顾客流。这一点很好地体现在美食摊贩的标牌上显示出来的诸如"素食者""vegetarian"一类的标识，这不仅表明了这家店家食物的特征，也在无形中与素食者群体构建了身份认同，借此吸引那些以素食为主的顾客的光临。

最后,权势关系的原则(power relations)。权势关系的原则所关注的是一个语言群体在多大程度上能够对其他语言群体施加语言管控的能力。布迪尔(Bourdieu)在《文化资本论》中阐述了特定区域内参与者范围之间的权势关系是社会现实的重要组成部分。该原则在"语言景观"中则体现为强势语言群体对弱势语言群体使用语言资源的方式具有加以限制的能力方面。针对这一原则,我们可以通过作为官方标牌的创设者的政府或官方机构体现出来,这些政府或官方机构比起私人标牌的设计者和使用者(商家或个人)更有权势,因此他们经常对私人标牌的语言使用加以管控,比如对语言标牌加以规定,要求必须把本国语或某地法定语言放在突出位置等。本-拉菲认为,把官方语言或者某种法定语言强加于"语言景观"中是权势霸权的一种体现,而这种权势关系在架构"语言景观"中的作用越大,越容易引发民众的对抗。

本-拉菲对标识语的分类基本沿用了最为常见的两分法,自上而下的模式,即官方标牌(top-down)和自下而上的模式,即私人标牌(bottom-up),同时又对这两类标识语进行细化处理。自上而下的模式具体表现形式为国家或地方的社会、文化、教育、司法机构或医疗的标牌,这种模式集中反映了民众对占主导地位的文化的认同;自下而上的模式则是具体划分为专业技术、商业类和服务类等不同类别的标牌,更多体现出标牌设计者和使用者的自由性。因此自我呈现原则和理由充分原则更多地体现在自下而上的标识语使用上。但是在今天这种全球化势不可挡的状况下,Ben-Rafael 也开始怀疑这两种自上而下和自下而上的分类方法是否科学可靠。大型的跨国公司和世界级别的大品牌等非官方机构也在通过掌控媒体来积极有效地进行传播扩散,他们也会采用"自上而下"的模式对标识语实施管控。因此一定程度上,商业类标牌有时也并不能够真实地反映出这种"自下而上"的模式在使用中突显的自由性和灵活性。

需要指出的是,上面提到的四个基本原则在语言标牌的设计和使用中不一定呈现出同等重要的作用,哪一条原则会更为突显要视具体情况而定。

(2) Speaking 模型的分析

哈布纳在以美国语言人类学家海姆斯(Hymes)提出的 Speaking 交际模型的基础之上,从人类交际文化学的角度出发,结合使用视觉设计语法和多语言广告学的研究方法,从背景与场合(setting & scene)、参与者(participants)、目的(ends)、行为顺序(act sequences)、基调(key)、媒介

(instrumentalities)、规约(norms)以及体裁(genre)八个方面深刻解读了"语言景观"的内容和形式。下面我们分别从这八个方面来了解一下 Huebner在"语言景观"研究方面的观点。

第一,在哈布纳看来,在背景和场合方面,"语言景观"的性质和内容形式时常会受到阅读者的时空方位的左右和影响。譬如说地铁站站台上的广告与地铁车厢内部的广告对比起来,就会表现出文字少、图片多这一特点,而早期的"语言景观"研究几乎不会考虑到语言标牌的即时语境(immediate context)问题。

第二,"语言景观"的参与者包括标识语的设计使用者和阅读者。标识语的设计使用者对潜在的阅读者的认知程度会极大地影响标牌的语言形式使用。譬如说香港街头的中英双语广告语的设计就在潜意识里把阅读者设定为同时使用汉语和英语的既定人群。

第三,标识语的功能不同,可以实现完全不同的交际目的。所谓不同的交际目的可以有推销目的,如广告牌对产品、服务或活动的推销功能;管理目的,如管制标牌的管理功能;以及对社会权威发起挑战的目的,这一目的可以通过各种各样的涂鸦作为越界式语篇表现形式得到彰显。除此之外,"语言景观"对一个民族的身份认同、保持和增强的作用也是"语言景观"功能的一个重要方面。

第四,行为顺序主要考察的是标牌的空间组织关系,具体表现为本族语料与其他语料以及非语言材料的空间组织关系。阅读者绝不可能脱离相关的文本信息而解读图像信息,同样也不可能脱离相关图像信息来孤立地解读文本信息。哈布纳借用视觉设计语法中的显著性(salience)、取景(framing)和信息值(information value)三种图像语篇组织资源来分析标识语的这种空间组织关系。这里提及的显著性,主要涉及图像的尺寸、图像颜色的亮度、图像色彩的对比度以及语言文本的字体、字形、字号等要素。所谓取景是指通过分割线来剥离或者组合图像中的某些元素,在某种意义上,表示它们属何种从属关系。所谓信息值是指各种要素占据上下、左右、中心和边缘等等不同的空间位置所代表的不同价值。根据人类既有的读写习惯,左边是已经获得的信息(given is left),右边是新输入信息(new is right);置于上方的信息为理想信息(ideal is up),此部分具有理想化或概括性的特质,置于下方的信息则归类为真实的信息(real is down),这部分更具实际意义;中心位置的信息是重要信息(important is central),而边缘信息是次要的信息(unimportant is peripheral)。显著性、取景和信息值中任何一个信息的更改和变动都会引起整体语篇布局的变化,从而影响整个语篇意义的改变和构图意义的不同解读模式。

第五,语码的选择展示了身份认同信息,"语言景观"通过研究关注文字的载量、信息的清晰程度以及具体语码的选择。

第六,媒介除了指信息传输的口头或书面的渠道之外,还包括对语言环境和语码选择的考虑,具体来讲主要体现在词汇的甄选、正字法、语法句法、语码转换(code switching)和语码混合(code mixing)几个层面。

第七,规约由交际规约(norms of interaction)和理解规约(norms of interpretation)两个方面组成。交际规约属于针对语言的具体行为和特征的规定,如"语言景观"的呈现会受到官方政策和法规的影响,也会受到社会阶层、年龄、种族和语言社区的差异的影响;理解规约是指行为和特征的具体呈现意义。两者结合起来,共同反映了某个群体的信仰体系。

第八,体裁是指"语言景观"研究可以按照标牌的类型(如海报、广告、路牌等)进行分类研究。

哈布纳认为,在经济全球化和文化交流日益广泛的背景下,英语作为世界通用语言对其他地区的"语言景观"呈现产生了巨大影响,但既有的"语言景观"研究多停留在语码转换和词汇借用的层面上,而未来的研究者应着眼于语言接触(language contact)对本族语言的影响,更多地关注社区内部其他语言对多语标牌标识语形式的影响。多种语言形式的碰撞产生了多语地区标识语的语码混合和掺杂现象,英语与本土语言的混搭风和替代更多地体现了英语强大的象征功能,也可以理解为英语面向国际、面向未来、面向潮流、面向现代和成功的价值观取向。此外,研究者们应该重视"语言景观"背后所反映出的语言政策、社会结构、权力关系以及语言地位等多种问题。

(3)"语言景观"的语言选择理论

斯波尔斯基把"语言景观"研究归类于为社会语言学和语言政策研究的一个分支。斯波尔斯基认为,语言标牌是用于考察一个社会语言生态情况的最优方式,我们不难发现,某个地区的语言政策从其本质上反映了语言选择(language choice)的过程,所谓的语言选择通常植根于社会因素或者政治因素,语言选择从来都不是由语言本身特质所决定。基于上述理论,斯波尔斯基提出了语言选择原则以及根据此原则划分公共标牌语言使用的三种情况。

首先提及的为使用标牌设计使用者所熟知的语言进行标识语的书写。这一原则完美诠释了为什么没有文字体系的语言不可能出现标识语,为什么使用非本族语撰写的标识语通常会出现拼写错误的问题。

其次提及的原则是使用阅读者能够读懂的语言进行标识语的书写。这一原则充分解释了这种在单一语言区域,人们使用该地区的主要语言形式进行标识语的撰写,而在那些外国游客经常光顾的景区和少数民族聚居的地区,人们则常常见到双语标牌或多语标牌这一现象。这一原则我们也可以称之为假定读者情境(presumed readers condition),这一原则的目的是达成交际目的。

最后提及的原则是使用自己的本族语言或者是能够表明自我身份的语言来撰写标识语。这一原则能够解释多语标识语中不同语言形式的排列顺序是如何安排的。通过对那些统治民族不断变更的地区的标识语的调查,我们发现在不同的历史时期,放置于多语语言标识语的最上方的一定是统治者的语言,与之对应的英语翻译也是建立在统治者的语言的基础之上,该原则体现了象征价值(symbolic value),这一方面反映了标识语的所有权,另一方面也折射出语言标识语背后隐藏的语言政策和语言管理等问题。在多语言、多文化并存的地区,人们通过标识语的语言排列顺序实现交际需求的同时也彰显了语言标识语的象征价值。

在上面讨论的三种原则中,第一原则是必要条件,它适用于所有标识语的撰写,后两个原则为典型条件,这两个原则不一定适用于所有标识语。

在斯波尔斯基的观念中,当前"语言景观"的研究多建立在对语言标牌的观察、拍照和统计之上,很少会关注标识语标牌的制作过程及参与者。标识语的参与者除了该标牌的所有者、制作者和阅读者之外,还包括语言管理权威方,这里提及的语言管理权威方既可以是制定语言选择政策的国家政府或地方政府,也可以是各个民族宗教机构。在某些特殊情况下,参与者还可能存在第五方,即为该标识语的反对者,这部分反对者经常试图修正或清除标识语以表达他们对于语言政策的不满。对于标识语语言形式的选择的考察要追溯至标识语的所有者,并分析所有参与者的互动过程,主观猜测会影响对标识语的正确理解。此外,在对语言标识语进行统计分析时,标准和地点成了这种本应该是客观的量化分析研究过程中存在的两个急需解决的难题。"标准"指可以归入统计的语言实体，这个问题在多语言标识语的统计过程中尤为凸显；"地点"指具代表性的研究地区应该如何进行选取，不恰当的地点选择可能带来对该地区"语言景观"出现不全面的、谬误的解读。

(4)"语言景观"话语交际模型

卡伦(Kallen)提出的作为一种交际活动，"语言景观"除了语言的选择，还应包含以下三种选择：语码选择，即标识语的语言的表现模式，诸如字体、字形、字号、颜色、位置等；语用选择，即标牌的总体交际功能包括指代、认知、描述等等；阅读者的选择，即标牌预期的阅读者身份和理解能力等。而对于标识语的语言选择来说，就不仅仅包括某种语言形式的选择，还要涵盖语言与信息的关系，譬如各种不同类型的语言之间是否存在信息对等、语言的翻译属于全文翻译还是部分翻译等。卡伦的这种理论模型可以用来考察"语言景观"标识语表达中的话语交际选择。

(5)"语言景观"三维分析模型

"语言景观"三维分析模型是由法国社会学家及哲学家亨利·勒费布尔(Henri Lefebvre)基于后现代视角对空间的社会性和空间得以产生的政治经济因素的分析而提出的。根据亨利·勒费布尔的这一理论，空间并非是静止不变的、实践意义上的物质空间，空间属于一种社会产物，它的形成是各个不同的群体相互制约和权衡、追逐各自利益的政治过程中逐步产生的。对于"空间"的这种诠释来自于勒氏的空间概念。在勒氏的空间概念中，"空间"由空间实践(spatial practice)、构想空间(conceived space)及生活空间(lived space)三个维度共同构成。其中"空间实践"指的是人类在物质空间内所进行的活动的总和，空间实践是架构生活空间结构的重要元素；"构想空间"则是指由技术专家、规划者、政客及其他决策者所构拟的空间，即通过控制和支配等建立秩序；"生活空间"是指居民和使用者的空间，即人们在日常生活中所经历的空间。利用这三个紧密相关又不断变化的维度来诠释资本主义的空间生产及表征是勒氏空间概念的核心思想。在勒氏的空间理论的基础上，特兰佩-赫奈特(Trumper-Hecht)提出了"语言景观"也可以参照勒氏的三维空间的理论加以解释和分析。这是因为在勒氏看来，景观是空间的视觉层面的存在，景观本质上体现的是一种社会关系，这种社会关系有时会成为某个社会群体在某种社会秩序中地位的竞争者所争夺的焦点。而

"语言景观"也存在这样的特点。语言本身就是社会、民族和种族身份的一种象征,所以"语言景观"作为语言的一种表现形式,就会成为不同的语言族群权势斗争争夺的焦点,这种斗争包括为了维护本族语言在公共空间的主导地位,或者为了争取一定程度上的本族语的能见性(visibility)等等。在勒氏的空间三维理论的基础上,特兰佩-赫奈特发展了"语言景观"研究的三个紧密相关的维度,它们分别是:"语言景观"研究的实体(physical)维度,该维度对应了勒氏的"空间实践",描述的是可观察到的并且能够使用相机来记录的标牌语言的实际分布情况;"语言景观"研究的政治(political)维度,此维度对应了勒氏的"构想空间",其目的是用于考察语言决策者的观点和意识形态在塑造"语言景观"方面的作用;"语言景观"研究的体验(experiential)维度,该维度对应了勒氏的"生活空间",用于考察普通民众或者语言使用者对"语言景观"的态度和理解程度。总而言之,作为社会语言学和空间范畴的现象,"语言景观"在其研究过程中的理论和实践都需要从这三个维度出发来探究其内部关系。

2.2 "语言景观"的研究现状与研究意义

"语言景观"能够反映一座城市的发展和进步,"语言景观"研究是通过收集标识语语料,从中筛选出有效信息,纠正错误的表达,实现语言政策优化,语言生态环境平衡的重要方法。纵观国内"语言景观"的研究成果,我们会发现国内"语言景观"研究在研究视角多维化、研究方法综合性、研究理论本土化方面均有必要深入推进,只有这样,才能构建一个立足本国、放眼世界、破立并举、文明和谐的"语言景观"局面。

2.2.1 "语言景观"研究的现状

2.2.1.1 国际"语言景观"研究现状

纵观国际"语言景观"研究从1997年到2017年的20年历史,我们可以理顺、整合成三个主要的发展阶段:

（1）从 1997 年到 2006 年的兴起阶段。兰德里和布尔希在 1997 年发表了论文《"语言景观"与民族语言活力：一项实证研究》，这篇文章的发表标志着"语言景观"作为社会语言学新兴领域的开始。在这第一个十年的发展时期里，"语言景观"研究一直处于萌芽阶段，其间罕有论文问世。

（2）从 2007 年到 2011 年的初期发展阶段。与萌芽期相比较，这一时期的相关"语言景观"研究的论文出现了小幅增长，其中还涌现了一些经典文献。

（3）从 2012 年到 2017 年的快速发展阶段。这一时期之所以被称为快速发展时期主要是因为这一时期相关"语言景观"研究的论文大量涌现，在 2015 年达到了 50 篇的最高点。整合来看，从 2012 年到 2017 年的 5 年时间里，相关国际"语言景观"研究的论文多达 172 篇，占总发文量的 78.9%，这一现象说明"语言景观"研究在国际学术界受到极高的关注，"语言景观"的研究热度高涨。

以美国、中国和英国为中心，国际"语言景观"研究领域逐步形成了三大重要的合作体系。其中，美国主要与中国、比利时和南非进行合作；而中国则与新加坡、澳大利亚和美国进行了较为密切的合作；同时期，英国则与马来西亚、巴基斯坦和日本开展广泛的合作和交流。中国和英国在"语言景观"研究领域显得比较活跃，这两个国家拥有"语言景观"研究领域较大的学术影响力，但是中英两国之间并未建立密切的学术合作和沟通。

从"语言景观"研究论文的数量来看，美国的论文发文量以 30 篇的总量位于榜首，占该领域全部文献总量的 13.8%，这一点证明美国在"语言景观"研究领域的研究实力远超其他国家。位居第二的是南非，共出版相关论文 18 篇，占此类论文总量的 8.3%。作为一个多语言国家，南非实行多语化语言政策，因而南非的"语言景观"呈现十分复杂，这一特点成为其相关研究论文数量较高的一个主要原因。中国和英国紧随南非，相关论文的数量均为 15 篇，占比达到 6.9%。从研究的中心性来看，比利时、荷兰和美国拥有较高的中心性，这些国家在国际上具有较强的学术影响力。特别值得关注的是，虽然比利时和荷兰的相关研究的中心性很高，但其论文总量却不多，分别只有 6 篇和 5 篇。

与"语言景观"研究领域相关的较早的文献可以追溯到斯波尔斯基和库珀（Cooper）的专著《耶路撒冷语言研究》，这部专著出版于 1991 年。在这部专著中，两位作者斯波尔斯基和库珀通过考察耶路撒冷老城区街道标牌上的语言，发现虽然街道标牌都是采用希伯来语、阿拉伯语和英语这三种语言来进行书写,但是标识语的语言形式的排列顺序在不同历史时期呈现形式不同。当该地区在不同统治者的治理下的时候,统治者总是把自己的本族语言置于最上方,相应地,英语的翻译也以这种优势语言为基准进行翻译和调试。这一研究结论为历史维度在"语言景观"研究中的应用创设了一个有趣的实例。

真正引起人们对"语言景观"关注的文献是1997年加拿大学者兰德里和布尔希发表在《语言与社会心理学杂志》上的论文——《"语言景观"与民族语言活力:一项实证研究》。在这篇论文中,兰德里和布尔希首次使用了民族语言活力这一理论框架,选取加拿大魁北克省说法语的中学生为研究对象进行深入研究。通过这项研究,他们发现"语言景观"远比人们最初设想的更加具有影响力,这是因为"语言景观"可以影响人们的语言行为。尽管兰德里和布尔希没有选取公共空间标牌上标识语的文本信息作为研究语料,但是两位研究者最先提出并定义了"语言景观"这一概念,他们的研究为"语言景观"研究领域的发展埋下了种子,成为当今"语言景观"研究的基石。

2003年,斯科隆出版了专著《场所话语研究:物质世界中的语言》,这部著作的问世进一步推动了"语言景观"研究理论的发展。在这部著作中,他们把交通指示牌、路牌、品牌商标等标牌上出现的标识语的文本信息命名为"场所中的话语",结合使用视觉符号框架对此进行研究,观察这些"场所中的话语"在具体场所中是如何表达意义的。通过对亚洲、欧洲和美洲等不同国家的公共标牌上出现的标识语的实例进行研究,他们发现如果不考虑标识语的文本所处的社会背景和物质世界条件,人们根本无法正确解读公共场所这些标识语的文本意义。基于这样的研究结论,斯科隆提出了"地理符号学"(Geosemiotics)这一概念。所谓"地理符号学"是研究语言在物质世界或现实世界(区别于网络虚拟世界或者人们架构的想象世界)里产生的意义系统的一个学科方向。"地理符号学"是迄今为止"语言景观"研究领域里面比较成熟的分析框架。

本-拉菲等研究者的论文《作为公共空间象征性建构的"语言景观":以以色列为例》发表在《国际多语期刊》上,这篇论文拥有很高频次的索引,因此一直被认为是国际"语言景观"研究领域的关键文献之一。

在本-拉菲等人的研究中,他们把"语言景观"作为公共空间的象征性建构,选取以色列的纯犹太人居住区、以色列-巴勒斯坦人居住区、非以色列-巴勒斯坦人聚居区的"语言景观"进行了调查分析,研究集中于希伯来语、阿拉伯语和英语这三种不同的语言类型在私人标识语和公共标牌上的可见度分析。通过研究，他们发现不同社区中公共标识语和私人标牌所呈现的标识语的"语言景观"存在重大差异，在以色列，"语言景观"并不能真实地反映其语言的多样性特色。

彼得·巴克豪斯（Peter Backhaus）撰写的《"语言景观"：东京大都市多语现象的对比研究》被认定是第一本完全以"语言景观"研究为中心的综合性专著。巴克豪斯在这部专著中不仅丰富、详实地描述了之前研究者关于"语言景观"的相关研究，通过收集大量的多语言标牌的语料数据，对东京的"语言景观"进行了调查研究。通过他的研究我们看到随着语言形式构成的不断变化，日本正从一个传统的单一语言形式的国家发展成为一个多语言形式并存的国家。

2009年，利曼（Leeman）和莫丹（Modan）在《社会语言学杂志》上发表了论文《唐人街的商品化语言："语言景观"研究的情境化方法》。这篇论文从文化地理学和城市研究的角度入手，研究了华盛顿唐人街上的汉语商铺的标识语。通过情境化分析的定性方法，两位研究者不仅从微观上分析了唐人街汉语商铺标牌所呈现出来的标识语的个体特征，而且从宏观上分析了特定地区空间商品化的社会地理过程，进而展示了以汉语为标识语的商铺标牌的变化走势，探讨了华盛顿唐人街标识语语言形式的商品化过程。通过详尽的研究和分析，他们发现在20世纪70年代和80年代，华盛顿唐人街的商铺大多由华人开办，所以标牌上的汉语标识语大多能够发挥"语言景观"的信息功能，吸引潜在的顾客群体；到了90年代所开设的店铺则大多是国际连锁店形式的商铺，虽然汉语"语言景观"在标牌的标识语中仍然被广泛使用，但使用的目的仅仅是为了招揽顾客而设置的一种类似装饰品的存在，象征功能凸显而信息功能则显得相对十分匮乏。

2.2.1.2 国内"语言景观"研究现状

我们可以从以下两个方面来考察国内对"语言景观"的研究成果：一方面是对"语言景观"研究运用的理论研究，而另一方面则是从应用研究方面进行探讨。

我们首先来看一看第一个方面的国内"语言景观"的研究成果即从理论研究入手展开的"语言景观"相关研究的现状如何。纵观国内相关"语言景观"研究的成果，我们发现当前国内的学术界对"语言景观"的理论研究主要停留在对国外"语言景观"研究成果的介绍和从跨学科视角开展研究的探索。

国内"语言景观"研究者们对国外"语言景观"的研究成果的介绍主要体现在一些书评和"语言景观"的研究综述方面。书评介绍方面，在详细介绍了该理论的相关书籍之后，韩艳梅认为"语言景观"研究的关注点应该集中于探讨由语言政策、语言政治和语言等级观念等因素导致的冲突、排他与异见等方面的矛盾点。在综合评估和分析国内、国外"语言景观"理论论述和研究的基础上，尚国文和赵守辉考察了"语言景观"研究的背景、研究方法、理论视角、发展前景及挑战等，着眼于"语言景观"研究的认识论基础、分析维度以及理论构建方面的情况，他们期待能够全面展示国内外相关"语言景观"的研究总体概况。在这一过程中，他们详细介绍了"语言景观"研究的定义、功能及研究内容，详尽介绍了"语言景观"研究的方法，涉及"语言景观"的研究对象、语料的收集分类和处理与分析的具体方法，较为系统地介绍了"语言景观"研究的理论框架，对于场所符号学理论和 Speaking 模型进行了重点分析和介绍，在此基础上梳理整合了当前"语言景观"研究面临的问题和挑战。他们通过全方位、具体、翔实的"语言景观"介绍概况提出了很多全新的见解，为后来的研究者深入了解研究"语言景观"奠定了坚实的基础。通过详细介绍"语言景观"的起源、"语言景观"的涵义、"语言景观"的功能及研究过程中常见主题，李丽生从研究方法方面提出了实证研究的可行性。他认为"语言景观"实证研究可以为语言政策的制定者们提供翔实的建议。

国内研究者们在国外"语言景观"相关研究的基础上得出了"语言景观"研究是多元化的，应该从不同的视角进行研究的结论。其中比较具有代表性的是王萍持有的空间维度的研究视角，包括自然地理、人口、政治、经济、性别、网络等。这一研究视角成为研究"语言景观"的新视角，从空间维度对"语言景观"进行考察，不仅能够较为全面地了解语料资源，还能够监测、规划和保护语料资源。另外一个代表性的研究视角是由尚国文提出的从语言经济学视角展开研究。尚国文认为"语言景观"在建构的过程中注定会受到经济因素的影响和制约。徐茗和卢松认为语言地理学可以被作为"语言景观"研究的新视角，在这一理论的引导之下，城市"语言景观"极有可能成为语言地理学研究得以深入发展的有效途径和新方向。陈睿从个人、本体、自然、民族、国家、社会六个维度深入探讨了城市"语言景观"和谐建设的理念。

类似的研究还有由田飞洋、张维佳、李丽生、苏杰等研究者提出的从全球化社会语言学视角、跨学科视角、生态语言学视角等对"语言景观"展开研究的视角和方向。

从"语言景观"研究的理论研究成果来分析，国内的研究者们对国外重要相关书目进行梳理整合并同时对国内外研究成果进行综述研究，这些成果对我们深入展开"语言景观"研究提供了借鉴，因此具有十分重要的意义。研究者们还认识到"语言景观"研究中的语言使用具有多元性特征，因而对"语言景观"展开研究时，要从多维度、跨学科视角进行研究，同时作为一个动态的语言使用现象，"语言景观"研究还要收集各种各样的语料进行系统性的实证研究。其中最重要的是，指出"语言景观"研究不能只是停留在语言表面，还要深入考证语言现象背后隐藏的语言政策、语言权势等问题。但国内研究者们主要还处于通过介绍国外相关研究成果和运用跨域其他学科相关理论进行跨学科研究的自我摸索阶段。因为对相关的国外已成型理论关注度不高，同时对其他学科的相关理论也还是停留在简单借用阶段，凸显出理论创新不足，理论研究基础薄弱的特点。

此外，从应用型研究研究视角来看，国内在应用型研究方面成果较多，通过使用"多语现象、权势、民族语言、社会语言学、语言政策、全球化、超多元性、民族文字"等高频词检索，可以对"语言景观"应用型研究的主题研究进行如下分类：

（1）语言政策研究。几乎所有的国家都会制定出相应的语言政策或语言法规来规范公共空间语言标识语的使用。因此我们说"语言景观"中的标识语部分体现了国家或政府的语言政策，同时也体现了该语言政策的具体实施情况。研究者们因而得出了"语言景观"受语言政策的影响的结论。从社会语言学角度，田飞洋和张维佳对某路街道双语路牌进行取证研究，认为双语标识语的问题不只是简单的不同语言之间的翻译问题，更多的是语言背后隐藏的社会文化问题，是一种具有不同层次以及不同特性的标准性问题。他们还指出完全使用拼音以及使用英汉夹杂的双语标牌的标识语是依据不同的语言政策标准而设计制作的。尚国文则是运用了语言经济学原理，使用这一原理探讨新加坡、马来西亚和泰国三国的"语言景观"情况。通过语料分析，他发现这三个国家的官方标牌和私人标牌上面标识语的使用都完全不同，这种差异性产生的根本原因主要在于他们实施的完全不同的语言政策。尚国文在研究新、马、泰三国"语言景观"的基础上,得出了"语言景观"中语言资源的经济价值在不同的政体中会产生不同的认同度这一结论,希望这一研究结论能为中国相关语言政策的制定和实施提供借鉴和助力。张媛媛和张斌华也使用了新、马、泰和我国澳门的"语言景观"作为语料素材,利用社会统计学分析原理对于这些地区的"语言景观"进行研究,发现官方所使用的标识语受政府政策影响较大,而私人所使用的标识语则更关注经济利益,受政府政策影响较小。同期的其他研究者们认为"语言景观"的研究能够帮助我们了解或者有利于当地的语言政策的制定和实施。通过使用场所符号学理论和多模态理论,倪洪源对宁波海洋文化"语言景观"进行取证和研究,通过本土研究发现该地区官方标牌的标识语和私人标牌的标识语各自代表着政府行为和民间行为,盼望这一研究成果能为相关部门更好地制定语言政策提供参考。

(2)民族语言研究。我国民族地区的语言生态环境非常复杂,这种状况主要归因于我国的多民族国家性质,各个民族的语言由于其不同的地方因素的影响形成了不同的"语言景观"。同时,随着经济的发展,大量外籍人口的迁入使这种状况更为突显。政府制定的语言政策和地方居民们对于本民族语言文化的认识都会影响到少数民族地区的"语言景观"呈现形式。这种状况可以从聂鹏和木乃热哈考察的西昌市老城区和商业区彝文的使用情况中得窥一斑。他们通过研究发现西昌市老城区更倾向于认可彝文形式呈现的"语言景观",而且当地民众对彝文使用频率很高,但是彝文却并不是当地的优势语言,这种现象的形成主要归因于西昌市对当地少数民族实行的语言政策和当地民众对于彝文的认知不一致而形成的。在西昌市老城区,官方标识语与私人标识语的彝文的使用频率也存在极大差异。单菲菲、刘承宇基于社会符号学和文化资本理论视角针对贵州西江千户苗寨进行研究发现,因为政府层面上大力推广汉语的使用和普及以及民众对于苗语的相对很低的认同度,使得苗语在标识语标牌上的出现率极低。夏娜研究取证了丽江的福惠路和新华街这两条街道上出现的"语言景观"发现由于当地政府对于少数民族语言文字的保护性政策,同时也大力提倡普通话的普及使用和规范汉字的使用,东巴文作为第一语言进行标识语书写所占比例很大,但不是最凸显的。

同时对少数民族地区或者少数民族聚居区的"语言景观"产生影响的还

有经济因素和文化因素。这方面的研究我们可以参考徐红罡和任燕所采用的定性研究的方法来研究旅游对丽江纳西东巴文的影响。通过相关研究，他们发现在旅游用语中，东巴文在标识语"语言景观"的使用中虽然很突出，但是这种使用相对流于形式。杨金龙和梅德明则选取了乌鲁木齐市、库尔勒市和喀什地区的"语言景观"为考察对象，考察研究了语言教育与"语言景观"之间的关系问题。他们发现这三个地区的"语言景观"中均出现了汉语的信息性减弱和汉语地位弱化的特点，因此得出了在少数民族的语言教学中，我们不应该急于转向新型教育模式，而应该逐步转变和改善。从"语言景观"构建原则和语言选择理论视角出发，聂平俊对北京望京地区进行了取证研究，他发现在望京地区中，英语和韩语在非官方语言标识使用中属优势语言，这种用法主要是为了表明身份或彰显其的特色。我国作为多民族国家，即便同一民族存在着各自不同的方言形式，在国家大力推行通用语使用的语言政策指引之下，以及受到全球化形势的影响，我们今后研究的重要课题应集中于如何保护我国的"语言景观"。

（3）"语言景观"中的多语研究。多语研究主要指研究者们通过对于多语标牌研究多语使用情况的一种研究形式，研究者们认为针对"语言景观"进行研究是研究语言多语情况的一种新路径。张媛媛和张斌华选取澳门这座城市研究其语言文字的使用在回归14年后的变化情况，发现在澳门，标识语使用中多以中英、中葡、中英葡形式为主，在非官方标识语的使用中较少使用葡萄牙语，本地居民很少使用英语，少数族群语言形式的标识语占比较少。纵观澳门"语言景观"，其中多语所占比例较高，达到一半以上。巫喜丽和战菊针对广州市非洲移民聚居区的"语言景观"进行考察，结果发现广州市非洲移民聚居区多语情况非常显著，这里主要被使用的语言形式有汉语、英语、阿拉伯语、法语等。官方标识语中以汉语单一语言标识和汉英双语标识为主，而私人标牌上出现的标识语则以多语为主。此地区的"语言景观"复杂多样，但均存在"语言景观"中信息功能弱的特点，很难为外语族群提供必要的信息。

王克非、叶洪和李绍芳等学者针对多语标识语的语言形式开展了类似的研究。他们主要运用了"语言景观"构建原则和"语言景观"分析的 Speaking 模型理论，使用这两种理论对北京三个路段的多语"语言景观"进行考察和分析，发现双语和多语"语言景观"的存在体现了全球化进程的飞速发展。

同期的研究者中还有通过考察两个地方的"语言景观"进行对比研究的案例。俞玮奇等对上海古北地区和北京望京地区的韩国侨民聚居区的多语景观进行了考察和对比研究，发现在北京望京地区的韩国侨民聚居区里面中文最强势、韩文次之，而在该地区英文只作为辅助性的语言而存在，而上海古北的"语言景观"则更加趋向于多元化特色。夏娜对云南丽江市的福惠路和新华街两条街道的研究也采用了对比研究的方式，通过语料收集，她发现新华街比福惠路的语言使用种类更为丰富。邓骁菲对比考察了上海豫园和上海老街两条商业街的"语言景观"情况，发现豫园商城比上海老街更加倾向于使用中英混写的语言形式。通过上面的分析我们看到迄今为止国内对"语言景观"的多语研究只是停留在描述多语的使用情况方面，对这种多语使用背后深层次的原因解读相对较少。

（4）公示语研究。在"语言景观"这一概念尚未正式提出之前，国内研究者们对公示语的研究已经较为成熟，其中很多研究也达到了一定高度。"语言景观"研究和公示语研究二者的研究对象都是公共空间中所使用的各种语言标识。所以，很多研究者运用公示语研究领域的相关理论对标牌上的语言翻译是否正确和规范进行了研究和考察。刘丽芬等研究取证了与俄国接壤的边境城市和俄语使用较多的中国城市的"语言景观"，发现这些地区"语言景观"标牌上的俄语的翻译质量让人堪忧，在翻译过程中大量存在正字法、词汇、语法和混合写法的错误。王晓蕾运用语言交际翻译策略理论，以合肥市政府设立的双语路牌、街名、站名、政府标牌等为语言素材，同时结合私人企业的双语标牌进行研究取证，发现无论是官方标牌还是私人标牌都存在译语缺失、译语不统一、译语"拼音化"等问题，基于这些问题，她提出了相关改进建议。

刘琳红等以交际翻译理论为基础，对广西南宁市的公示语进行考察，发现在南宁市的城市"语言景观"中大量存在着用词不当、语法错误等问题，基于这些问题的分析，并在交际翻译理论下提出了"语言景观"的翻译原则和方法。

在国内，公示语研究可谓是硕果累累，"语言景观"研究可以大量借鉴和参考公示语研究的相关成果，这种参考和借鉴不应该只看到公示语语言翻译是否正确、规范、得体，更要看到这种语言使用背后的语言政策等深层原因。

（5）其他主题方面的研究。除了上面分析的"语言景观"研究方向之外，国内还存在大量其他主题方向的研究，在这其中，一些研究者主要关注的焦点是"语言景观"的历史渊源、"语言景观"研究的文化意义、"语言景观"研究中的语言涂鸦现象以及语言多模态性等等方面。此外,还有一些研究者力图通过"语言景观"研究当地的语言使用情况,其中邱莹的研究极具代表性,她对上饶市景区和路标等官方标牌公示语以及店铺等私人标牌标识语进行了考察,发现作为中小城市的上饶市,其语言规范意识较强,但是同时缺乏语言多样性。

纵观国内近几年的研究成果,我们看到国内进行过"语言景观"研究的机构多达100多所,出版过相关研究成果的刊物多达75家。以"语言景观"为研究方向的论文发文作者多达130多位。通过论文的数量的走势,我们可以动态直观地了解国内"语言景观"研究的发展脉络:第一阶段集中于1997到2018年,国内"语言景观"方向的研究论文年度发文量呈线性递增。作为关键性时间节点的是2014年,2014年之前,"语言景观"研究方向的论文年度发表量较低,总数仅为10篇,而2014年之后"语言景观"研究方向的论文年度发表量占了有效文献总量的90.5%,且增速较快,到2018年达到了47篇的峰值。相关论文发表的数量的动态变化彰显出国内"语言景观"研究将会继续维持快速发展的整体态势。

研究者们根据不同的文献调研方法和分析方法将数据库中的"语言景观"相关研究文献分为共时实证调查、理论方法研究、历时考察、论文集评介和国内外综述等五类。其中,共时实证调查文献数量达60篇之多,超过了"语言景观"相关研究总文献数量的一半;历时考察和论文集评介两个类型的文献数量均位于最后,均为2篇。研究理论方法类型的文献也有较高的占比,既包括基础研究框架方面的介绍,也包括理论与实例相结合的研究类型,二者加起来文献总数共29篇,约占总体文献数量的27.62%。同时,研究者们还发现各研究类型呈现出不均匀的分布状况,较明显的是其中的三级梯度分布特征。在研究方法上,实地调研法进行定量研究被国内"语言景观"的主体研究者们所采用,他们较少进行定性研究。从时间意义上考证,历时考察的文献占比极少,而立足于共时层面的研究文献占比较高。由此可以得出结论,国内"语言景观"的相关定性研究还有待深入,同时历时视角下的考察类研究较为缺乏,需要在后期的研究中给予关注。

从研究对象方面来看,国内"语言景观"仅关注于标牌、街名或路名、商品名、校训口号、网页内容这五类语料。其中以标牌上的标识语为研究对象的文献最多,达到了55篇,约占总体文献数量的52.4%;以街道名称和道路名称为研究对象的文献只有2篇,占1.9%;以商品名称和口号类以及网页内容为研究对象的文献分别各有1篇。可见,国内"语言景观"的研究对象欠丰富性,其研究焦点基本都落在了标牌标识语的研究上,较少关注其他类型的"语言景观",而且从未涉及动态"语言景观"的相关研究。就其关注的焦点的标牌标识语来看,也只是关注于三种类型的标识语:私人标牌、官方标牌、私人标牌与官方标牌的对比,这三个方面的研究占比大致相仿,平均数为18.3%,分布基本均衡。

结合该领域的文献内容,通过上面的分析,我们可以归纳出国内"语言景观"研究的热点为以下四个方面:

(1) 针对多语"语言景观"开展的研究。多语"语言景观"一直是国内"语言景观"研究的热点问题之一,多语"语言景观"研究主要旨在通过数据统计分析的方法来理顺多语"语言景观"中的优势语言及其他语言类型之间的关系问题,并通过这种关系的分析来探究对外开放水平、社会包容程度、语言服务水平、社会变迁发展等方面与多语现象之间的关系和影响。在这方面开展研究的代表人物有俞玮奇等,他们以北京望京地区和上海古北地区韩国侨民聚居区的多语"语言景观"为研究对象,通过数据分析确定了这两个地区的优势语言的比例;利用社会统计学方法,张媛媛等对澳门四个地区分别取样收集了1 391个"语言景观"的语料的有效样本进行整合分析,从而得出了澳门回归祖国之后的社会文化变革对澳门地区多语"语言景观"的影响;单菲菲等则是选取了贵州西江千户苗寨"语言景观",分析在这些不同的语言形式之间的关系及各自的社会地位,从文化资本理论视角分析和探究了民族文化符号资源向文化资本转化的路径。

(2) 从"语言景观"与语言政策之间的关系进行研究。近年来,"语言景观"与语言政策之间的关系也是国内"语言景观"研究的热点问题之一,这方面的研究主要是通过比较的方式,寻找"语言景观"与地方语言政策之间的关系,同时结合翻译学、社会文化学和民族学等学科寻找这种关系背后隐藏的原因。类似研究的代表如邱莹针对上饶市的"语言景观"进行了取证和分析,并结合相关语言政策指出上饶市的"语言景观"存在的拼写错误、用字偏差和翻译不规范等现象;苏杰则调查取证了上海市城市语言生态系统中的私人标牌上的标识语部分,得出了这些标牌能更好地体现上海市市民生活中真实的语言权势及其对应的族群社会地位的差异这一结论;李丽生等通过对丽江古城区内部分街道的"语言景观"使用状况进行取证调查,认为该地区的"语言景观"可以为反映国家语言文字政策的在少数民族地区的实践,为更好地保护少数民族的语言和文字、保持语言生态提供参考和决策的依据。

(3)从"语言景观"与英语全球化发展的关系开展研究。国内很多研究者将"语言景观"研究视为英语语言全球化传播的一种媒介,他们结合具体地区的"语言景观"的语言实操来分析英语所起的具体作用及英语全球化发展对本民族语言文化的发展、社会文化进程和民族身份认同等的影响。其中具有代表性的如田飞洋等对北京市学院路路牌的双语标识语进行了考察,探讨了全球化形势下社会语言学需要关注的问题有哪些;刘楚群通过调查取证了江西省的上饶、鹰潭、抚州和赣州四个城市的"语言景观"作为语料,利用这四座城市"语言景观"中的英语标识语的出现状况推测该区域对外开放的具体情况;而从全球化背景下来看,吕斌对日本社会的语言问题进行了研究,认为英语作为全球化通用语言的理念,已经在日本政府和民间被广泛接受,成为一个不得不面对的"事实"。

(4)从"语言景观"与少数民族语言之间的关系来研究"语言景观"的发展。作为一个多民族国家,我国的一些少数民族地区的多语"语言景观"现象也引起了国内众多研究者的关注。相关少数民族地区多语"语言景观"的研究大多采用实地考察和现场调研的方式开展,探索少数民族语言标识语使用的现状与功能,使用定量研究的思路考察少数民族区域某些濒危语言的传承和保护状况,以及这类濒危语言作为旅游资源或文化资源的开发利用状况。杨金龙等研究者通过采集取证了乌鲁木齐市、库尔勒市和喀什地区的"语言景观"作为研究语料,发现随着维汉双语语言接触程度的下降,这三个地区的双语语言标牌中汉语使用的凸显性和信息性逐渐减弱,这也表明该地区维吾尔族居民对于汉语使用率、汉语识字的能力呈现逐步衰退的趋势;另外,聂鹏等研究者以"语言景观"研究法开展了对西昌市老城区和商业区内彝文语言标识语使用现状及不同群体对这种现象的不同认识的调查和研究。

近年来通过分析国内"语言景观"研究的发展趋势,我们发现"语言景观"研究越来越多地被国内外研究者所关注。国外在"语言景观"研究的理论体系、研究方法、研究视角方面都表现出领先于我国国内相关研究的状况,因此,国外"语言景观"的相关研究成果能为国内"语言景观"研究提供参考和借鉴。

通过综合分析国外和国内"语言景观"研究的发展状况,我们可以从下面三个方面对于未来国内"语言景观"研究的发展趋势进行预测。

(1) 未来国内"语言景观"研究的发展将会逐步走向多语"语言景观"研究方向。这主要是因为我国本身就是一个多民族国家,许多少数民族都拥有自身的语言文字系统,这就为产生多语"语言景观"的语言文字打下坚实的基础。这方面的研究之初,国内研究者们多参考国外多语"语言景观"研究的基本思路,通过调查取证得到多语语言标志上的语码种类及其数量等信息,依照这些语料信息探究优势语言及不同民族地方语言之间的相互影响。随着我国对外开放水平的逐步加深,多语"语言景观"现象本身也将呈现出越来越普遍和复杂的特点,这些都会促进相关研究的深入发展。事实上,一些研究者也认识到了多语"语言景观"与语言使用者的身份认同、文化全球化发展、英语日益广泛地发展和普及和少数民族语言的复兴有十分重要的关联。随着研究的日益深入,国内对多语"语言景观"现象的研究走势也越来越与国外相关研究的发展脉络趋向一致化发展,这种研究不会停留在针对数据进行对比的层面,更多的是探究其背后的多文化融合、地区区域经济发展、少数民族语言政策落实等问题。

(2) "语言景观"的研究边界不断扩大成为必然趋势。现有的国内外"语言景观"研究主要的语料来源是城市中的店铺招牌、政府建筑物的公示标牌、市政功能性的指示牌等。随着研究的不断深入,有些研究者认为"语言景观"所研究的范围应该比兰德里等所定义的"语言景观"研究范围要大得多。受到社会科技水平发展、人们的认知发展等因素的影响,"语言景观"这一概念也在不断地发展和进步。国外已经有研究者提出任何能进入人脑的可视化语料都可以被当作"语言景观"研究中的语料,这些语料不仅有静态的标识语还包括动态的语言符号,例如滚动广告牌、电子标牌、车身上的滚动播放的广告语、语音广播等,也可以指我们日常生活中的印刷材料,如招聘广告、传单、邮票、钞票、明信片等。国内近几年的以商品名和各类大中小学校训等作为"语言景观"语料的研究也从一个层面上反映了"语言景观"的边界有不断扩大的趋势。我们认为国内研究者们会依照本土"语言景观"的特点和社会发展的趋势,在更为广阔的范围内选择"语言景观"研究的语料资源并开展研究。未来地方方言作为一种语言的地域分支在公共空间中有多种呈现形式，这些地方方言作为语料素材也可能会成为国内"语言景观"研究的对象。

（3）"语言景观"的跨学科性将会不断增强。"语言景观"这一研究形式具有很强的跨学科性，能够使用不同学科的研究视角搭建自己的理论研究框架。目前，国外"语言景观"研究已经与地理符号学、民族学、文化学和生态学等多个不同学科相结合，构建了多个研究理论框架，并对"语言景观"现象从不同的研究多层面进行探究。在国内，"语言景观"研究还停留在主要采用社会语言学和翻译学的视角与方法，通过统计标牌标识语的语言种类和数量，探讨标识语的译写规范问题等。不过，近年来国内研究也出现了一些跨学科发展的态势，"语言景观"研究尝试与生态学、教育学、经济学等学科相结合，进而探索"语言景观"研究的新理论方法和新的研究框架。基于国际"语言景观"研究的发展趋势和国内"语言景观"研究的方向和特点，我们认为国内"语言景观"研究的跨学科性会在未来不断增强，从多学科的视角出发，对"语言景观"进行解释层面和应用层面的研究和探索也必将成为未来"语言景观"研究的主要发展趋势。

2.2.2 "语言景观"研究中存在的问题及"语言景观"的研究意义

2.2.2.1 国内"语言景观"研究存在的问题

国内经过了近20年针对城市"语言景观"进行的相关研究的梳理，我们发现可以通过宏观和微观两个层面来分析"语言景观"的作用。从宏观层面上来看，城市"语言景观"的研究可以动态地反映一座城市语言社区的语言动态变化状况，进而能够清楚明了地显示出该城市语言社区内各种不同语言类型的权势分布情况，搞清楚语言社区内部主要的语言政策实施情况，以及其对于社区内部的文化与经济发展的影响。从微观层面上来讲，城市"语言景观"的研究可以拓展到语言教育教学上，特别是汉语与其他语种的对比分析教学上，通过分析不同"语言景观"呈现出的标识语的特征，指导翻译实践和翻译教学的开展；同时，通过对所采集的语料进行分析，我们能够得出具体语言社区的语言文体特征，为标识语的语言测试以及具体语言政策的制定提供研究支持。同时我们必须看到在对城市"语言景观"的考察过程

中,还存在大量的现实性的挑战:

首先,在城市"语言景观"的研究中缺乏因地制宜并且科学可靠的理论基础。作为社会语言学的一个分支,城市"语言景观"研究的跨学科的特征不可忽视。同时由于"语言景观"研究的理论富有综合性,导致了无法找到较为合理的理论来支持不同语言社区的特异性"语言景观"研究。由于"语言景观"这一学科建立时间较短,相关理论建设显得比较缺乏,过度依赖空间地理学等其他学科理论导致了"语言景观"的研究出现瓶颈。任何一个学科的发展都必须建立于整体理论架构的基础之上,尽管城市"语言景观"的研究富于跨学科的特性,但在本质上还是应该归属于语言学的研究范畴。语言学作为一门经典范式研究学科,在特定的规则下对语言的表现形式和语言的深层结构进行研究,而"语言景观"背后隐藏的语言政策也应该在相关研究成果的基础上进行制定。此外,中国的社会语言学研究一直处于缺少本土理论、全盘借用西方理论研究成果的状态,因此,国内的研究很难找到完全适应某个特定语言社区的研究方法。多年以来,国内的语言学研究大多要依赖西方研究的成果,理论系统的缺失是一直制约中国语言学乃至其研究分支学科发展的一个重要因素。如果期待在国内城市"语言景观"的研究中取得突破,能够提出具有中国特色的研究理论,研究者们需要借助全球化的发展背景,在多语化发展的浪潮之下,逐步形成和发展适合中国国情的研究理论体系和研究方法。

其次,城市"语言景观"研究理论上的不足可以通过实践提高分析的效度来进行弥补。但是,现阶段国内城市"语言景观"的研究中,一直存在语料收集单一化、碎片化和欠科学性的特征,这给实证研究的开展带来极大挑战。在国内展开的相关研究中,语料收集的主要来源为田野调查和访问取证,因此导致了语料收集不全面且缺乏连续性,难以保证研究中使用所收集语料来反映语言社区真实社会使用情况。研究者葛俊丽提出,国内城市"语言景观"研究的一个突出问题就表现为缺乏多模态考证,通常采用的照片等取证方式难以完整反映社区"语言景观"的现实状态。目前国内进行的相关"语言景观"的研究中,大多数都只是着眼于单个城市单一领域的"语言景观"进行考察取证,基本没有综合、全面地对一个社区的"语言景观"进行系统梳理和整合。常被用于语料取证的街道名称、商店名称或者是旅游景点的名称等文本信息都是城市"语言景观"中占比极小的一个部分,单独将这个部分进行考察无法完成对整个城市的语言风格和社会倾向的把握。此外，多模态语言分析方法已经成为社会语言学中一个较为科学且全面的分析方法，多模态语言分析法是通过声音、影像和其他各种媒介构成的分析方法，这一研究方法可以更翔实地反映出城市内部语言发展的动态情况。

再次，对城市"语言景观"进行的研究过程中存在着资料收集的不连续性特点，不能在时间发展顺序上反映城市"语言景观"的变化走势，因此无法挖掘其背后的宏观影响因素。同时，研究者们应该特别关注收集一手资料，避免过多地使用二手资料，应该亲自进行田野调查。另外，在对城市"语言景观"的语料分析中，研究者们多集中于语用失误、翻译不当等问题，大多属于描述性分析，很少见结合定量与定性分析，因而研究缺乏对语料资源背后问题的思考。城市"语言景观"的研究首先关注点应该是社区的语言使用具体情况分析，从分析中思考标识语语言使用的正确与否。当然语言具有社会性功能，只有在具体语境中使用中才可以体现其内在价值。但是，如果我们的研究只是停留于考察语言使用规范，则只能从表面层次上去纠正这些语言使用上的错误，但是出现这些错误的原因却深藏不露。城市社区范围内的"语言景观"是特定文化圈的直接物质体现，这些表现出来的错误背后可能潜藏着汉语与其他语言类型之间的权力较量关系，而在同一个社区内出现不同的标识语误读现象则说明在该地区一定出现了权力不平衡的状态。在相对比较大的环境下，一个社区的语言政策应该保持基本相同，这些"语言景观"上所展现出来的错误不应该只是被当成简单的语用失误，而是应该去考察这些错误出现的成因是什么，错误背后的促成因素是什么，从历时范围来看，是否存在语言霸权所导致的社区内语言使用倾向的改变，等等。值得关注的是，在当下的国内现行的研究中，大多数研究者只是简单地对公共"语言景观"的标识语等进行描述性分析，收集的语料数据缺乏内在联系，定量分析只是简单的数据罗列，而缺少从时间和经济因素中去分析数据之间的内在联系，这会极大地降低研究的可信度。

最后，针对"语言景观"开展的研究过程不规范，绝大多数研究缺乏规范统一的模式。"公共性"和"符号性"是当代城市"语言景观"研究的两个基本要素。现阶段展开的研究中，对私人性"语言景观"和公共性"语言景观"的界限感不强，这种情况会导致研究缺乏相对的科学性，私人"语言景观"虽然会在一定程度上受到特定社区内公共"语言景观"的影响，但是，私人"语言景观"的呈现必定由个人占主导地位的,个人的认知模式成为私人"语言景观"呈现的主导因素,所以,在具体研究开展过程中,我们务必要分清楚公共"语言景观"和私人"语言景观"。与此同时,公共"语言景观"的呈现一定是在公共空间内的,不具有私人性的,公共"语言景观"会受到特定社区语言政策规定的影响,也会受到政治、文化等因素的共同作用。所以,对公共"语言景观"展开的研究才是城市"语言景观"研究的基础。

2.2.2.2 "语言景观"研究的意义

一座城市的"语言景观"是直接反映该城市形象的窗口,能够最直观地展示该地经济发展水平和文化生活水平。兰德里与布尔希认为"'语言景观'两大功能分别是信息功能与象征功能。信息功能主要是指'语言景观'可以提供某区域语言的特征、语言的多样性、语言的社会地位以及使用情况等方面的信息。象征功能主要是'语言景观'反映语言的地位和价值是居于主导还是从属地位"。

作为地方符号集合体的视觉符号体系,"语言景观"通过语言、图片等符号化的形式建构了城市的基本信息。"语言景观"通过语言文字符号形式来呈现某个地标的真实地理位置信息,通过命名的形式把该地点的具体信息符号化,最后通过图片甚至绘画等形式将该信息点形象符号化,成为城市"语言景观"的一个部分。

城市"语言景观"是城市塑造场所信息的手段,不同城市的经济、政治、身份等意识形态方面的信息都会通过"语言景观"这一物质载体表达和呈现出来,从而通过使用"语言景观"形成有意义的场所和地理方位。

结合上面的分析,我们可以清楚地看到"语言景观"研究具有非常重要的现实意义。

第一,我们可以通过研究"语言景观"来了解一个地区语言生态的具体状况。"语言景观"中的标识语具有信息承载功能,该功能可以有效地帮助人们了解某个区域语言群体的地理边界和地理构成,同时了解该区域内语言使用的特点。比如,一个地区的语言标识语所采用的主要为某种语言,我们便可以由此来断定这种语言是该地区的主体用语;而某个地区存在众多的多语标识语,则说明该地区存在着多语共存的社会现象。

第二,"语言景观"研究还可以帮助我们了解某个地区的语言权势与该地区族群的社会身份和地位。譬如说,主体语言,绝大多数为汉语,相较于少数族群的语言有可能更多地出现在地名或商业招牌中;对于那些存在语言竞争的社会,道路名称、地名等标牌上选择使用的语言形式则表明官方认可该语言在该地区的主导地位,从而我们可以认定使用该语言的族群相对于其他族群而言在该地区更加具有优势的社会地位。这些都可以归类为"语言景观"的象征功能(symbolic function)。

第三,语言政策制定者可以使用"语言景观"研究的实证数据作为其政策制定的参考和依据。城市"语言景观"与社会语言环境呈现双向互动的关系:一方面,"语言景观"能够反映社会语言环境,另一方面,"语言景观"也有助于构建新的社会语言环境。同时,"语言景观"对群体的语言行为具有"激励效应"(carryover effect),这种"激励效应"是指标识语上所呈现的语言作为视觉信息出现在人们面前,必定影响人们对各语言不同地位的理解,进而影响他们的语言行为,并最终构建新的社会语言环境。同时由于语言经过使用的范围很宽泛,从政府到企业和个人都可以利用"语言景观"为媒介传达不同的思想信息,因此,"语言景观"可以说是成为影响实际语言政策的主要机制之一。因此,政府制定或者调整语言政策时,"语言景观"研究的语料数据具有重要的参考价值,在重塑社会语言环境的过程中发挥了重要作用。

目前国内的"语言景观"研究还处于初始阶段,但是"语言景观"研究已经引起了众多研究者的研究兴趣和研究热情。作为较为新颖的研究方向,城市"语言景观"研究存在研究空间大、研究发展前景广阔的优势,而且通过城市"语言景观"研究还可以有效地帮助改善城市形象。研究城市多语语言标识语的使用现象、不同地区语言政策的实施、少数民族地区特有语言形式的使用情况、语言资源的保护等方面同样具有十分重要的意义。但是由于"语言景观"研究全面展开的时间较短,因此研究成果积淀较少,研究者们所选取的研究内容有限、研究理论亟待完善等问题广泛存在,需要在后续研究中进行深入和发展。

"语言景观"研究是基于公共标识语的语言形式和话语空间展开的,对某个语言社区的语言使用进行宏观上的解读。通过这些宏观上的解读,我们可以更好地把握住语言社区的语言政策,了解该区域语言权力分布情况,发现语言使用上的误用现象,从而指导下一步的研究实践。从微观视角上来看,研究者们还可以将对城市"语言景观"的语料作为课堂教学的相关资料,以此为切入点,从微观层面上分析"语言景观"与其他学科之间的关系。

第三章

语言景观的发展方向和未来

语言文字传递信息，是人类交际的重要媒介和手段。多元化的"语言景观"传递信息，可实现一对多的交际功能，且具有长久性。因此，制作"语言景观"必须按照一定的规范准则，其传递的内容信息必须准确、生动，不得失真、失范。"语言景观"中语码的数量、语码位置及载体材质折射出一个区域的语言政策、语言生态及社会市面的语言意识形态。构建符号化的公共空间需要人类所创制的"语言景观"，公共场所人文情怀的展现也需要人类所创制的"语言景观"。如何准确发挥"语言景观"的文化教育功能，可以是未来"语言景观"研究着力的方向。一个地区的语言生态、语言政策和语言实践的关系是复杂的，我们可以借由语言标牌中目标语的各种信息来研究和发现公共场所的语言使用情况，这就是"语言景观"研究的意义所在。"语言景观"提醒我们注意语言的多维存在，"语言景观"研究唤醒了我们对视觉化语言符号资源的重视，拓宽了语言研究的范围。

"语言景观"中的文本内容、语种选择、置放方式、呈现比例等要素反映出了语言与社会语境的关系，可隐性调节一个区域的语言环境建设和本地区对外形象的建构。"语言景观"综合呈现了一个区域的文化内涵及语言治理水平，展示了一个地区和外部文明交流的互鉴程度，是公共空间建设中不可或缺的重要部分。完善的"语言景观"是提供优质公共服务的途径之一。在不同标牌应用的场景中，优化语言环境建设，提升工具和价值理性、全球化和本土化相平衡的公共语言空间建构水平，成为我国新时期"语言景观"治理的中心议题。在经济全球化的背景下，多语化、多模态化、多载体化、受众多元化等是"语言景观"呈现出的新特征，这给公共空间的语言治理及语言空间重构带来了新的挑战。提高城市"语言景观"治理水平，建设国际化语言环境，这样才能赋能本地区的经济发展。城市"语言景观"的治理也是提升城市公共空间治理品质、推进城市治理体系现代化的重要命题。

3.1 目前我国"语言景观"治理的发展现状

我国的"语言景观"以汉语语码为主体、多样外语语码并存，"语言景观"的各项功能正发挥着积极的作用。我国的语言政策规划不断调整完善，"语言景观"法制化建设初步形成，逐步实现"语言景观"的规范化、标准化及传递信息准确化。《中华人民共和国国家通用语言文字法》《中华人民共和国广告法》《户外广告法》《地名管理条例》《城市市容和环境卫生管理条例》等国家法规及地方实施办法均包含"语言景观"制定及治理的相关条例。此外,《公共服务领域英文译写规范》《道路交通标志和标线》《地名标志》等一系列"语言景观"制定标准的发布,规范性地指引了道路交通、旅游景点、体育场馆、医疗卫生等公共空间语言标牌上的外语译写。各级地方政府也逐年增加发布"语言景观"制定和治理的相关政策。2013年,深圳市政府发布了《深圳市公示语英文译写和使用管理办法》。2015年,上海市政府发布了《上海市公共场所外国文字使用规定》。2017年,北京市政府发布了《北京市牌匾标识设置管理规范》,该规范细化规定了公共语言标牌的大小、高度、风格及标牌维护等,对北京公共标牌管理从传统语言管理上升到城市公共空间治理,并规定由城管部门负责综合协调。

我国语言文字工作的重心逐渐向语言生态治理转移,各地政府相关部门也逐渐加大对语言文字景观治理的投入。借助大型国际展会活动,国内的主要城市积极探索"语言景观"治理的新模式,认真建设国际化语言环境,规范外文使用,优化营商环境。北京为迎接2008年夏季奥运会及2022年冬季奥运会先后开展了两轮外文标识纠错行动。2009年,上海市为迎接世博会整治社会市面双语标识。2017年,北京市城管部门集中拆除了违规户外广告牌匾,开展了亮出"天际线"行动。海南、深圳、杭州、重庆等多个省市也陆续全面整治公共标牌。

3.2 认识"语言景观"资源的重要性

3.2.1 "语言景观"是一种旅游资源

公共场所中所有可视的书面语言的集合构成了"语言景观",它具有一定的特殊空间性,展示一个区域的社会文化,反映本区域的文明发展程度,影响着公众对本区域的记忆,是本区域具有特性的象征符号。一个区域重视自己独特的"语言景观",制定规范、整齐、统一标准的"语言景观"以区别于其他地区,不仅方便民众的日常生活,吸引了外来游客,更凸显了本地区的品质和文化。良好的"语言景观"会提升本区域的综合实力,增强竞争力。富有特色文化的"语言景观"吸引国内外游客,促进当地旅游经济的健康快速发展。游客对旅游目的地的首要印象来自"语言景观",本区域独特的"语言景观"让游客感到新鲜与真实,并获得令人念念不忘的旅游记忆。因此,"语言景观"属于旅游资源的一类。

3.2.2 "语言景观"提升城市文化形象

语言是文化得以发生、发展、传递的媒介。"语言景观"中保留着很多重要的文化价值观念,一个地域的"语言景观"中语言的呈现和语言特征是本区域最具特色的语言文化景观。语言随着时间的变化而不断变化,群体活动范围和不同群体间的彼此接触也会影响语言的发展。城市"语言景观"是城市公共场所中呈现的语言种类及语言特征。研究城市的"语言景观",揭示城市"语言景观"形成的原因及内在关系,可以为城市文化的发展提供更好的服务。城市"语言景观"展现城市的人文地理表征和文化存在,是城市形象的重要组成部分,在传达、展现及构筑城市的形象方面发挥着十分重要的作用。城市"语言景观"的合理建设,有助于展现与塑造新时代背景下良好的城市形象。

3.2.3 "语言景观"促进语言文字的教育教学

随处可见的"语言景观"是人们日常生活的重要组成部分,影响着民众对语言的学习及认知。研究"语言景观"中所呈现的语言要素和语言文化内涵等,可以为语言教育提供服务。我国《汉语拼音方案》和《中华人民共和国国家通用语言文字法》规定汉语拼音作为中国人名和地名的拼写和注音工具。语言标牌上中文罗马字母拼写现象是"语言景观"信息功能的实用性体现。语言标牌上的汉语拼音有效避免了因语言文化不同而引起的翻译问题,充分保证了公共标牌信息功能的实现。语言标牌上的汉语拼音为国外游客传递了中国文化和历史信息,彰显了历史性、文化性和地域性的特点。语言标牌上的汉语词汇及其构成特点也潜移默化地向国外游客传授汉语知识,帮助他们了解不同语言标牌选择不同词汇的类型及其功能特点。语言标牌上汉语古语词和历史词的选用,增进了外国游客对中国古代文化和历史了解的兴趣。对二语学习者来说,"语言景观"是二语习得过程中的一个重要的学习来源。在语言教学过程中,"语言景观"是个有力的教育工具,学生有必要留意公共空间的"语言景观"所展示的多层次的意义。要想有效提高学生二语学习的兴趣,开展以学生为主导的"语言景观"项目研究是非常有必要的。"语言景观"中各种各样的语言标牌提供了丰富的语言文字教学资源,为教师提供了实现语言教学目标的辅助工具。在合理利用的前提下,可以有效提高语言学习者的语言能力。语言标牌上的英语为英语学习者提供了额外语言输入的来源,可作为英语教学实例为英语学习者提供潜在的真实语料来源,帮助他们建构英语知识。英语教师可以利用城市的"语言景观"来引起学生对英语的兴趣,帮助他们建立良好的语言学习环境。公共标识中的英语有时包含完整句子,有时是与语境意义相关的单个英语词语或词组,这些英语单词或句子有时使用间接语言或隐喻,在传递信息的过程中实现了不同的语用功能。因此,"语言景观"可以为语言学习者提供学习资源,有效掌握各语言的语用功能。

3.2.4 "语言景观"保护传承民族语言文字

民族语言文字是民族文化的重要载体,是民族认同的重要标志。民族语言文字的传承与保护是民族发展的重任。少数民族语言文字事业的稳步向前发展有利于实现少数民族地区经济文化繁荣发展,也有利于实现各民族大团结,建设和谐社会。因此,关于少数民族语言文字政策是党和国家一项重要的民族政策。《宪法》《民族区域自治法》以及民族自治区出台的相关法规条例等对少数民族准确使用本民族的语言文字进行了明确规定,保护和传承少数民族语言的法律法规已基本形成体系。《国家通用语言文字法》明确规定:"各民族都有使用和发展自己的语言文字的自由。少数民族语言文字的使用依据宪法、民族区域自治法及其他法律的有关规定。"民族语言文字保护、传承和弘扬民族文化,是实现民族文化相互交流的工具。

社会语言学主要从少数民族语言的维持和转换、语言接触及双语教育等角度来研究少数民族语言,因此,公共空间的语言标牌上呈现的少数民族语言很少受到关注,少数民族语言很少"被看见"。当目标语受众群体处理他们看到的语言信息时,作为信息符号的少数民族语言引起了他们对少数民族语言的关注。公共空间语言标牌上的少数民族语言呈现是保护和传承少数民族语言文字的一个有效途径。研究发现，一个地区的"语言景观"与当地的民族语言活力密切相关。Jansone Cenoz 与 Durk Gorter 分析了荷兰弗里斯兰地区和西班牙巴斯克地区两个多语城市"语言景观"中的少数民族语言。分析发现，"语言景观"反映了少数民族语言在特定社会语境中的地位，"语言景观"中的少数民族语言有助于建构社会语境，"语言景观"与社会语境存在双向互动的关系。

3.3 "语言景观"构建策略

"语言景观"是一种视觉话语实践，可以挖掘不同的多模态展现形式。"语言景观"应该体现统一多元的文化内涵："统一"的理念和"多元"的地方特点。"语言景观"本身就是一种信息传递，可以增强文化活动的效果。构建"语言景观"时应该考虑"语言景观"的"主题性"和"规划性"。"语言景观"的构建可以从文化维度、规范维度和心理维度考量，"语言景观"过程既要有"统一"理念指导，又需要考虑各自的地缘特点，挑选符合当地特点的文化主题更是"语言景观"构建的关键所在。

3.3.1 倡导多样化"语言景观"构建

语言展现民族特色，是人类文化传承的途径，是各国文明、文化交流互鉴的纽带。多样的文明相互交流、相互借鉴，文明因交流互鉴而不断发展壮大。世界各国人民共处一个地球，不论人们身处何地、讲何种语言，都处在一个世界共同体中。保护语言的多样性，倡导多样化的"语言景观"建设，对于构建人类命运共同体具有积极的意义。随着社会经济的快速发展、信息化浪潮迭起、跨语言人员交流密集，在有关语言文字工作的具体政策和措施方面，需要差异化的思维。因此，需要针对不同地区、不同发展水平、不同人群采取不同的语言文字政策，倡导多样化"语言景观"的构建。当今时代是个多元发展的时代，东西方文化、不同地域文化都相互交融，未来社会的发展就是一个多元文化共存的过程。尊重所有的文化是多元文化最核心的原则,即承认文化是多样的、文化之间存在差异,并对其保持宽容认可的态度。标牌上多语言的呈现模式就是尊重多元文化的具体实例。"语言景观"的多语模式带动地域经济和文化的发展,提升地域的竞争实力。店铺语言标牌上多样化语码的呈现展示了店铺的经营特色、民族归属,接纳了外来文化,同时吸引了国外游客。

倡导多"语言景观"构建,推进文化融合并非倡导"语言景观"的"全盘中西结合"。多语标牌在凸显自身特色的同时必须实现"语言景观"的信息功能,向不同的目标语受众传递准确的信息。本土文化特色较重的语言标牌坚持本土特色为第一要义,可在其旁边设置汉语和外语并存的介绍性标牌,在坚持本土化的前提下实现多文化融合,满足不同目标受众语的需要。

"语言景观"语码多样化是世界文化多样性的必然要求,是构建和谐世界的基本要求。为实现语言和文化的多样性,促进多语种化进程,联合国教科文组织确定每年2月21日为"国际母语日"。促进母语传播的各项活动不仅有助于保护语言多样性,发展多语种教育,而且有利于保持世界文化的多样性。中国作为联合国教科文组织的发起国成员,做了许多保护母语和促进语言文化多样性的工作,以实际行动遵守了在《联合国教科文组织世界文化多样性宣言》中所做的承诺。多语化的"语言景观"可以传播多样的语言文化知识。利用"语言景观"的文化教育功能,教育工作者可引导受教育者研究学习"语言景观",从而获得和掌握"语言景观"中使用的语码所涉及的文化。学习语言标牌上展示的内容,学习者可获得实用的文化教育。例如:文化标牌"百善孝为先"向学习者传递的是中国的"孝"文化。多样化"语言景观"的设计和制作应充分考虑到目标受众者的实际需要。

3.3.2 保护本土"语言景观"

象征和信息传递是"语言景观"的两项功能,"语言景观"中语言标牌准确、恰当地使用可以为商铺带来客户,提高商铺经营利润。"语言景观"构建中应充分考虑要保护展现本土传统文化的语言标牌,坚持突出本土文化特色,语言标牌上老字号的使用对本土传统文化特色的坚持起了积极的作用,激起了游客及消费者的归属感与集体记忆,获得目标语受众的支持与认同。将同类相似的老字号聚集起来,形成本土传统文化的商业组块,组成系列语标牌链能进一步提升当地新时代竞争力。可在休闲广场上打造本土文化标牌展示区,设立官方语言标牌使萎缩、后移的本土文化在直接可视的环境中得以显化。私人标牌"语言景观"引导商铺打造自身竞争力,通过语言文字的应用、标牌形式创新等方式,凸显店铺特色,使部分具有突出特色信息传递明显的语言标牌提供显性的指引信息。

3.3.3 语用失准"语言景观"的调整

语言应用(language application)简称语用,是一个动态的言语行为过程,指在特定的语言环境中交际双方遵循共同的交际原则进行的互动行为。多种外部因素交互作用影响语言应用。交际双方为既定的目的,在专门场合下,以多种方式进行的言语表达和言语理解的活动即为语用活动。各语言文化背景下的言语交际活动中的语用失准现象十分普遍。"语言景观"中语言标牌上滥用极限类词语与实际不符,虽然突出了店铺的与众不同,但导致语言贬值,影响语用准确性,在与目标语受众的交际中不能取得预期效果或达不到满意的交际效果。语言标牌中无意义的字母组合及拼写错误,只体现了标牌象征功能而丧失了信息传递功能。语言标牌上语言文字的所指与能指相断裂,能指形式无法有效激活认知中已形成固定联系的所指意义,造成语言交际不能有效进行,让目标语受众在真实语言环境中发生对错误形式的偶发性学习。因此,标牌设立者需要对此类语言标牌进行必要的修正,给予简单提示及说明。

3.3.4 官方标牌整齐化建设

通常情况下,"语言景观"中的语言标牌一般可以分为官方标牌和私人标牌。官方标牌是政府设立的具有官方性质的标牌。具有同一性质和功能的官方标牌上语言文字存在不同的翻译方法,这种多译法并用造成"语言景观"混乱,不利于语言管理与服务,也不利于语言标牌发挥其信息传递功能。官方指示类的语言标牌性质、功能相同,但有的多语对译,有的只有汉语,虽然这类标牌都有相应的白色功能图标帮助识别,但是如果图标与目标语受众的母语文化存在差异,会加大理解难度。因此,政府相关部门构建官方标牌"语言景观"时,应制定统一的翻译标准,构建指示类标牌的"语言景观"

时，应制定统一的标准模式，使同类官方标牌齐整化。政府机关里设置的语言标牌上应使用国家通用语言文字，禁止使用繁体字、异体字和简化字，不得使用各类外国语言文字。

3.4 完善"语言景观"治理

学习和使用语言文字是人类社会生活的重要组成部分。国家和社会的和谐稳定需要"语言景观"的和谐稳定。因此，构建和谐的"语言景观"是构建社会主义和谐社会的一项要求。营造和谐的多语化"语言景观"需要正确处理各语码之间的关系，保护少数民族语言，保证汉语主体地位，实现"语言景观"语码多样化。语言标牌上语言种类的选用、语码的排序及语言的翻译要突出"语言景观"的实用性、常用性和可理解性。完善"语言景观"治理需要提升全社会的语言文字素养和完善"语言景观"管理体系。

3.4.1 提升社会的语言文字素养

语言文字素养是民众在传递信息、传播知识、经营管理和社会交际中准确掌握和使用语言文字的具体体现。2007年，国家语委主任赵沁平同志在国家语言文字工作会议上指出："做好语言文字工作具有重要意义，它可提高公民的语言文字应用水平和综合素质，培育和弘扬民族精神，促进各族人民和谐相处，促进城乡协调均衡发展，建设与中国经济发展相适应的社会主义先进文化。"如今，经济全球化不断深入，民众的语言文字素养关系着国家社会经济的健康快速发展。提升全民的语言文字素养要加大规范使用语言文字的宣传，提高民众对使用语言文字相关法律法规的认识，广泛开展掌握和使用语言文字知识的培训，重视各级学生的语言文字教育及维护世界多语种的和谐共存与发展。

3.4.1.1 加大规范使用语言文字的宣传

规范字的使用体现了民众的个人修养，展现了城市良好的"语言景观"，是城市管理水平提高的重要标志。使用规范字，提高民众对本民族语言的应用能力,是发展全民素质教育的一项重要内容,是每一个公民应尽的责任和义务。推行规范汉字,使用规范汉字,就是要求我们在面向公众的书面语表达中不写错别字,杜绝使用简化字、自造字和异体字,并规范使用繁体字。加大规范使用语言文字的宣传力度是必要和重要的,只有这样才能增强全体民众准确应用语言文字的自律性,提高全体民众规范使用语言文字的意识。加大规范使用语言文字的宣传力度才能让民众认识到语言标牌上的用语需实现规范化和标准化。社会民众语言文字素养的提升需要加大规范使用语言文字的宣传力度。大众新闻传播媒介应及时宣传国家语言文字方针政策,帮助广大民众提高语言文字应用规范化的意识。如广告语新颖独特,影响强势,具有宣传作用,但广告语用语不规范会让广大民众深受其害,忽视了语言文字本来的写法及用法,造成误传及不规范使用。广告用语中的谐音字让很多外国游客感到困惑,引起了一些误解。广告用语的不规范不利于中国传统文化的宣传,并侵蚀和破坏了中国文化。因此,必须使用规范的广告用语,真正实现广告语就是宣传语。

3.4.1.2 提高民众对使用语言文字相关法律的认识

调查案例分析说明,如缺少法律依据,仅依靠政策性文件来规范语言文字的使用,这样只会导致语言文字规范性差、权威性小。要适应社会发展的需要,必须对语言文字实现科学有效的管理,制定国家通用语言文字法律,把语言文字使用与管理工作纳入法治轨道。《国家通用语言文字法》对国家通用语言文字的使用做出了规定,科学地总结了新中国成立以来语言文字工作的成功经验,体现了国家的语言文字方针、政策,第一次以法律的形式明确了普通话和规范汉字作为国家通用语言文字的地位,是我国第一部语言文字方面的专项法律。《国家通用语言文字法》规定少数民族语言文字的使用依据《宪法》《民族区域自治法》及其他法律法规,规定"各民族都有使用和发展自己的语言文字的自由"。积极宣传《国家通用语言文字法》,提高民众对语言文字相关法律的认知,让使用语言文字的法律法规在人们的社会日常生活中得到重视,民众只有懂法知法才能规范使用语言文字。在制定语言文字相关法律法规的同时,呼吁各少数民族同胞热爱自己的本民族语言,自觉规范使用本民族的语言文字,这样才能更好地建设社会主义和谐社会。

3.4.1.3 广泛开展掌握和使用语言文字知识的培训

要提高民众的语言文字功底,需要开展掌握和使用语言文字知识的培训。尤其是需要加强对语言标牌的设立者的语言文字知识的培训,这样才有可能杜绝错误的字词出现在语言标牌上,减少推进社会语言文字规范化工作中出现的负面影响。对语言标牌设计者的语言文字知识培训可以减少不规范用语的现象,减少语言标识牌中"咳"(刻)不容缓、清凉一"夏"(下)、好色之"涂"(徒)、制冷"鲜"(先)锋、默默无"蚊"(闻)这类文字的混淆使用。语言标牌上语言文字的规范使用离不开广大民众的监督,提高广大民众的语言文字认知,可以有效地监管语言标牌上语言文字用语。政府相关部门应制定培训计划,采取线上和线下相结合的教学培训模式,积极扎实推进语言文字知识的培训工作,探索录制网络课程,转发到各微信群及推送至各微信公众号,方便民众及语言标牌设计者轻松自由学习。

3.4.1.4 重视各级学生的语言文字教育

按照国家法律规定使用规范字,是社会经济发展中的一项重要任务,是教育教学的基本要求。各类学校的教学用字要使用规范字。在语言标牌用字等一切面向公众的用字中推行规范汉字。学校是重要前沿阵地,教师在教学过程中传授语言文字知识,教育学生使用规范字,培养学生养成书写规范字的良好习惯。在语言教学中,语言教育的目的不仅是基本的语言书写水平,还应逐步提升学习者语言水平的层级。学生学习语言文字,要注重语言文字的规范化,注重语言文字蕴涵的文化意义。除课堂教学外,学校教师可给学生开设语言文字专题讲座,对语言文字进行专题知识讲解,提升学生对语言文字的理解水平。学生诵读经典可提升自身的语言文字修养和人文素质,增强自身对规范字的认知。学生掌握中国优秀传统文化的精髓,继承和弘扬中华民族优秀传统文化,是提升社会文明水准直接而有效的途径。在教学过程中,学校教师使用美观规范的文字字体教学,为学生书写规范字起到表率作用,满足了学生的欣赏欲望,提高了学生学习和使用规范字的积极性。中华厚重文化发展的呈现需要规范字,这是国家语言文字工作的一项重要任务。在《"语言景观"在对外汉语教学中的作用调查与研究》一文中的调查结果显示,汉语语言标牌在国外留学生学习汉语的过程中发挥了重要作用,对于汉语水平高的国外留学生,促进了他们汉语意识的提高,提升了学习的兴趣,在汉语的学习及文化习得方面均发挥了重要的作用。

3.4.1.5 维护世界多语种的和谐共存与发展

中国走向国际化已成不可阻挡之势。走向世界,面向国际,让中国民众更加自信地面对世界,用多种语言来呈现中国已成为一种必然。"语言景观"的多语化吸引更多的外国友人来中国,了解中国优秀的文化。提升全社会的语言文字素养,我们也应该尊重世界多语种的和谐共存与发展。中国以和平走向世界,一直秉承尊重外来文化的优良传统,但是对外来文化要取其精华、去其糟粕。对于外语规范化有着必然的要求,规范外语使用是对外来文化的尊重。外语标识语的规范化在一定程度上可以促进城市经济的发展。我们"语言景观"中外语使用要规范,这样可减少误会,避免不必要的文化冲突。城市景观中语言标牌上外语的错译、误译或中国式外语的使用让外国游客产生不必要的误解,留下不好的印象,这样严重影响城市良好形象的呈现。许多语言学习者因信任城市标识语,对语言标牌上所呈现的外语刻意模仿和学习。如果外语使用不规范,易造成恶性循环,不利于语言学习者的外语学习。因此,民众要正确认识多语化"语言景观",提升规范使用外语的认知,以展现良好的城市形象。

尊重"语言景观"的多语化,要充分了解本区域的官方语言、少数族群语言及国际通用语言之间的关系。语言标牌的语言多样性在不同性质的标牌上存在差异。官方标牌上多语码的使用反映了显性的语言政策及官方语言的意识形态;私人标牌上多语码的使用体现了隐性的语言政策及民众对多语言使用的态度。对多数人来说,母语学习与外语学习是一对此消彼长的矛盾。当学习外语的兴致超过学习母语的兴致,必然会减弱理解母语文化的能力,在一定程度上忽视自己国家的优秀传统文化,从而导致不能继承与发扬本国的优秀文化传统,因此,我们既要重视汉语在语言标牌中的优势地位,也要重视世界多语种的和谐共存与发展,完善城市多样化的"语言景观"建设。

3.4.2 完善"语言景观"管理体系

3.4.2.1 完善"语言景观"规范化的立法

完善"语言景观",要结合各地实际情况,完善各地"语言景观"治理的相关法律法规,填补法律法规的"真空地带",健全法制保障机制。"语言景观"规范立法的整体和谐需全体民众共同努力。

国家语委于 2007 年在上海召开语言文字依法管理工作现场会,来自全国的各级人大、法制部门、教育行政和语言文字工作部门的 100 多位代表出席会议,共同商议决定将语言文字工作纳入全面法制化轨道。国家语言文字管理工作的重点是加强对国家机关、学校、新闻媒体、服务行业等的语言文字工作管理。各地区应依据《国家通用语言文字法》制定地方性法规、规章,进一步健全和完善当地语言文字法律法规体系。完善"语言景观"治理需要相关政府部门制定相关的政策法规。各地方政府在遵守国家语言文字相关法律法规的基础上,根据各地的"语言景观"状况制定相应的管理规范,对"语言景观"进行引导与治理。为适应国家社会和经济发展的需要,国家出台了《中华人民共和国国家通用语言文字法》,把语言文字工作纳入法治轨道,实现了对语言文字使用进行科学有效的管理。

我国现有的管理"语言景观"的相关政策内容庞杂。政府有关部门按照政策法规基本能监管到主要的公共语言标牌类型。但由于立法标准不一致以及立法逻辑不严谨,不同部门制定的行政法规互相冲突,不能实现对语言标牌的有效监管。如各地语言标牌上中文罗马拼音拼写使用标准不统一。各地存在内容较为滞后的法律法规不能有效地为完善"语言景观"提供具体的实施细则。此类法律法规未根据语言标牌性质规定汉语与外语的主从关系,未规范标牌用字的准确度,未按照国际标准规定拼音的使用,未从标牌可读性的角度制定标牌制作的标准,未考虑语言标牌主体多样性和目标语受众的多元性的现实问题。现行的法律法规不能有效监管目前日益多样的语言标牌,制约了"语言景观"治理效能的提升。民政、交通、城管、旅游、园林、文化、质量技术监督等多个相关部门,未同时认识到语言软实力对城市治理的重要性,导致政策的执行力度不一,政府资源的投入较分散。而且相关部门的权责存在交叉、空白及模糊地带，导致治理责任不明确，不能全周期精细化管理语言标牌的设计及后期的维护。各相关部门未能形成有效的统筹联动机制，难以发挥综合效能完善城市的"语言景观"治理。各地都缺乏符合本地实际的法律法规来规制当地的"语言景观"。官方标牌用语的外语译写规范是城市"语言景观"治理的主要内容。官方语言标牌的制作较为规范，但语言标牌的设置缺乏整体的布局。多数官方标牌只注重工具性，忽视了人文性，当地的地域历史文化元素未在标牌上展示出来。私人标牌中存在汉外语顺序颠倒、纯拼音、多语杂糅、生造词及异体字滥用的问题。因此，制定可操作性的实施细则来规范语言标牌用语用字、语种选择、外文译写标准及字体大小比例等，加强标牌规范标准管理部门和标牌制作者之间有效沟通。

《北京市国际交往语言环境建设条例》（以下简称《条例》）是我国首部关于语言环境建设的地方性法规，在北京市第十五届人民代表大会常务委员会第三十五次会议通过。《条例》的适用范围为北京市外语设施建设、管理以及外语服务等，旨在创建有利于对外开放和交流交往的优良语言环境，推进国际交往中心功能建设。《条例》明确规定了多项外语公共服务内容，着重对外语标识等进行规范化管理，并为在京外籍人士和外资机构提供语言服务。按照《中华人民共和国国家通用语言文字法》的规定，《条例》在外语标识部分规定："公共场所标识应当以规范汉字为基本服务用字，不得单独使用外语；使用汉字同时需要使用外语的，外语应当与规范汉字表达相同的含义。"明确规定五大类公共场所汉字标识须同时设置外语标识，既维护了国家通用语言文字的主体地位，也保障了外籍人士的语言权益。法律法规与规范标准相辅相成，推动了外语标识管理，优化了语言环境。

党和国家一直重视少数民族语言文字工作，致力于少数民族语言文字的保护和使用。随着国际交流的日益推进和少数民族地区旅游业的快速发展，少数民族语言文字工作面临着新的挑战。目前，少数民族语言文字政策法规不断完善，制定了少数民族人名及地名汉字音译转写和英语转写规范，极大地完善了少数民族语言文字的规范和标准。不断加大少数民族语言文字规范标准的宣传，提高了少数民族语言文字规范标准的社会知晓度。跨省区少数民族语言文字协作体系已基本形成，国家、省区、州盟、县旗四级少数民族语言文字管理工作网络已基本展开。国家致力于大批少数民族语言专业人才的培养,壮大了少数民族语言文字工作的队伍,加快了少数民族语言文字规范标准化的制定进程,推进了少数民族语言文字"语言景观"的建设。做好少数民族语言文字管理工作,对传承和弘扬少数民族地区的传统文化,提升少数民族地区的软实力,促进少数民族地区经济的发展具有极其重要的意义。国家民族事务委员会(简称国家民委)发布《国家民委关于做好少数民族语言文字管理工作的意见》,认真贯彻落实党和国家的民族政策法规,做好新形势下少数民族语言文字工作,推进民族团结进步事业。该意见是关于做好少数民族语言文字工作的重要指导性文件,内容包括做好少数民族语言文字管理工作的重要意义、指导思想、基本原则、主要任务、政策措施、保障机制等共21条。

因此,需要根据国家语委及本地语委语言文字工作思路和精神,从各地实际出发明确制定符合当地"语言景观"治理的法律法规,规范语言标牌上语言文字的应用,完善当地的"语言景观"。

3.4.2.2 完善"语言景观"规范化的执法

相关管理部门应建立权责分明、权威高效的监管体制,加强对公共语言标牌的综合执法。各相关部门应避免权责交叉、多头执法,明确权责划分,避免语言标牌管理主体的缺位,加强对标牌的精细化流程管理。各地应建立完善城市"语言景观"的评估指标体系,加强对公共语言标牌常态化的监管。各规制部门应建立健全的沟通机制,制定制作公共标牌的标准及行业规范,及时处理"语言景观"治理中存在的问题。

语言文字主管部门有执法职责,需加大对重点领域语言文字规范的监管力度,完善语言标牌语言文字监管机制和奖惩机制。公众应积极参与语言文字规范工作,监管部门可广泛开展公众有奖举报等活动。积极发挥公众参与及媒体舆论监督等的作用,通过政府公开、市民投诉、媒体曝光等方式,要求广大群众对"语言景观"的执法标准、程序及结果进行监督,提高各有关部门的行政执法水平。"语言景观"中语言文字的规范使用需要有关部门的正确领导、统一协调及社会民众的积极配合。有效落实语言文字规范化的工作需要教育机构、文化产业机构、新闻媒体机构、工商管理等相关部门积极配合,并采取行之有效的措施把工作落到实处。根据国家和当地的法律法规,管理"语言景观"的有关部门要制定监管语言标牌制作的审核制度以及流程,对语言标牌的制作严格要求。相关政府部门应加强检查执行力度,才能进一步加强对"语言景观"监管规范化的执法。各具体相关部门应对自己的工作领域负责,加强与其他部门协调,提高对语言文字规范化使用的检查力度,依照相关法律对不合规的语言标牌进行处理,对语言标牌设立者进行批评、警告教育并要求整改。语言标牌设立者如故意违反《国家通用语言文字法》,应对其进行教育和监督,责令其整改语言标牌。如语言标牌设立者拒绝整改,可采取一定强制措施对不规范标牌进行拆除、销毁。相关部门严格执法才能在一定程度上减少语言标牌用语的不规范现象,并有效遏制影响城市形象的不良"语言景观"的产生。

建设和谐文明的城市语言环境需要多方参与。城市"语言景观"的完善与治理涉及政府、机构及个人等多元主体。不同主体对"语言景观"完善与治理的参与和监督,可有效解决城市"语言景观"中的语言应用的现实问题。语言标牌管理行政部门应面向社会开展全方位的语言文字政策法规及规范标准的宣传及咨询服务,努力从整体上提高语言标牌制作人员及机构的语言应用规范化意识,努力实现语言标牌制作行业自律。相关部门加强执法,才能增强私人标牌责任主体的标牌语言规范意识,充分调动公众参与"语言景观"治理的积极性和自觉性,努力提高公众对语言文字应用的鉴赏能力,建立公众对城市"语言景观"建设的价值共识。这样才有利于培育和谐文明的城市语言空间,完善城市"语言景观"建设。

执法的有效进行离不开社会各方面力量对当地语言标牌的监督。各地政府相关部门应重视媒体和民众的监督作用,建立并完善举报投诉机制。完善与治理城市"语言景观",可通过组建"语言景观"专家智囊团,成立"语言景观"民间监督团等措施,对"语言景观"进行规范设计和监督,对"语言景观"中存在的问题提出意见和完善建议。依托社会力量,广泛开展外语标识纠错活动。例如:微信公众号"石景山外事"开设外语标识查询功能及不规范外语标识"大家来找茬"栏目,组织引导广大民众参与公共场所不规范外语标识"随手拍"日常纠错活动。举办语言标牌用语纠错月活动,对不规范语言标识进行整改。

3.4.2.3 改善语言人才培养模式

高校培养语言专业人才应适应社会的实际需求,确立高等教育汉语言文学专业"服务地方建设"的教学宗旨,为学生构建动态的课程,注重培养学生的实用性技能及社会责任感,为当地"语言景观"建设服务。各高校汉语言文学专业需要改变人才培养模式,构建科学的汉语言人才培养新模式,设置科学性的课程,培养应用型人才,适应社会发展的需要和满足未来社会对复合型人才的需求,为社会培养出更多高素质、高能力的汉语言文学专业人才,助力城市"语言景观"建设。

全国各高校应开设非通用语课程,培养多语种的外语技能型人才,突出复合型人才队伍建设。使更多的人掌握多种语言能力,为各地市语言标牌建设建言献策。建立并支持高校、科研院所建立研究机构和资源基地,调查、收集、整理、保护、开发、利用语言文字资源。外国语言文学教育工作者要重视语言作为交流和协作工具的功能,认识到学生的外语实际应用能力与社会经济、建设与发展息息相关。外语教育教学不是应试教育,最终目的是帮助学生提高跨文化交际的能力,服务"语言景观"建设。各地相关部门应支持加强语言文字工作者和语言专家队伍建设,为完善"语言景观"提供必要的人才保证。

为了更好地为社会输送高素质、全方位的复合型人才,各高校外国语言文学专业的人才培养应该明确教学目标——培养学生的外语应用能力和外国文学鉴赏能力;明确课程定位——提升学生的语言交际能力和文学素养;改革课程教学模式——激发学生的创造性思维;培养学生阅读文本文学的能力——提升学生的外语思维能力和外语应用能力。发挥高校各方面人才聚集优势,加大对"语言景观"的研究力度,加强我国语言服务能力建设和国内各城市的外语环境建设。探索不同地区"语言景观"翻译面临的问题和解决方案,促进"语言景观"翻译研究发展,推动翻译教学和人才培养模式改革,完善"语言景观"理论建设。

3.5 发挥"语言景观"的价值

城市"语言景观"是城市公共空间重要的组成部分,是城市语言现实的"多棱镜",为城市发展提供了语言信息服务网络,建构了城市的人文精神空间。

从传统意义来讲，城市"语言景观"主要是城市公共空间存在的各类公共标牌的书面文本。随着社会的发展，城市"公共空间"被再定义，城市"语言景观"的概念及内涵不断延伸。在新的语境下，多维空间及多方互动产生的话语决定语言的使用，由此反映出不同语言群体占有不一样的社会空间资源。城市"语言景观"既可以解读一个城市语言的具体使用情况，帮助构建城市形象。城市"语言景观"是城市形象的客观反映，展现了本城市的语言生态环境，体现了当地居民的文化认同和城市经济发展水平。城市"语言景观"是城市发展的"软实力"。"硬实力"固然重要，但各地区、各城市之间的综合竞争力更多体现在"软实力"上。城市"语言景观"是塑造城市形象的重要平台，是增加城市文化软实力的重要工具。

"语言景观"中的语言标牌让我们了解各语码的使用频率及功能意义。城市公共空间的标牌是培育人文空间的载体，展现了多语码并存、多元文化的语言生态，维护了公共空间中的语言秩序。"语言景观"将语言意识形态"文本化"，主要以语言标牌的形式呈现着社会公众参与社会公共文化生活的语言场景。城市的发展离不开"语言景观"的发展，城市高质量的发展需要转换发展要素和选择新的路径。"语言景观"的创新发展激发了城市的公共空间的语言活力，促进了语言资源的重新开发利用。语言资源的重新开发利用同时也会促进"语言景观"的完善及健康发展。作为一种普遍的社会语言现象，人们对随处可见的"语言景观"习以为常。但是，对于一座现代化城市而言，"语言景观"不仅具有较强的实用性功能，更是视觉文化以及城市生态的有机构成。

构建符号化的社会公共空间，使公共场所具有人文意味，是"语言景观"最重要的作用。"语言景观"有多重功能：传递信息实现交际、服务等功能，指示象征实现认同、文化及教育等功能。认识"语言景观"的多重功能可构建和谐的"语言景观"和良好的城市形象。"语言景观"的沟通宣传价值、艺术欣赏价值及历史文化价值是"语言景观"多重功能的具体体现。

3.5.1 "语言景观"的沟通宣传价值

文化的重要载体是语言，文化的被接纳程度和对载体语言的熟识度息息相关。增进不同文明、文化之间的交流，实现文化交流及文化价值的扩散，要充分发挥语言的载体功能。建设"语言景观"，要深入发掘当地的历史文化要素。发挥"语言景观"的文化传播及文化辐射功能，对外展示当地形象。"语言景观"包括公共空间呈现的语言模态和非语言模态，既包括文本形式，也包括图像、声音、视频等能够传达信息的复合话语。文字、声音和图片等多模态相结合所呈现的"语言景观"是当前较为普遍的信息表达方式，能够为塑造现代化城市增添丰富的色彩。

世界各地的孔子学院在教学及举办各种文化交流活动时设置的多样化、富有中国元素的"语言景观"强化了其文化传播功能。多样化的"语言景观"以春联、相声、音乐、书法、古诗词、剪纸艺术等形式呈现出来，符合当地受众的需求，有利于中华传统文化的宣扬及传播。海内外的汉语教学者们依托新技术来打造不同形式的富有中国元素的"语言景观"，加强汉语及中国传统文化的交流和传播。新技术的应用实现了"语言景观"的可体验性，增加了"语言景观"的丰富性，发挥了"语言景观"的功能性，让汉语的学习变得更加容易，让中国文化的传播越来越迅速。如在平板电脑上写毛笔字、设计中国特色的节庆卡片，通过增强现实技术，讲述中国传统节日故事，通过活字印刷设备让汉语学习者深入了解汉字。

2021年国家出台的《关于全面加强新时代语言文字工作的意见》为增强国家语言文字的服务能力，提出语言文字要"提高服务国家战略的能力"。"语言景观"作为语言展示的载体，具有语言最基本的社会功能，即交际和服务。近年来，随着国家语言文字事业的健康发展，公众越来越重视"语言景观"的服务功能。健康、文明和规范的"语言景观"引领和教育乡村的移风易俗与环境改善。"小康不小康，关键看老乡""乡村是我家，美化靠大家"等一些耳熟能详的公共标语，通俗易懂，押韵自然，富有感染力，具有很好的宣传和教育效果。

发挥"语言景观"的沟通宣传价值，要进一步加强宣传语景观建设。宣传语是一种独特的"语言景观"。宣传语是高度凝练的语言形式，在音节、声调、韵律上都有显著特征，抑扬顿挫，富有韵律美，这些特点也有助于加深受众的印象。宣传语塑造良好的城市形象，提升城市知名度，是让公众了解城市最快速、最便捷的名片。加强宣传语景观建设对构筑良好的城市形象及传播城市形象具有重大的意义。

语音是人们感知语言的最基本的形式，是语言的物质载体。汉语宣传语经常采用的是一句话的高度凝练形式,因此符合汉语语音修辞的特点是最重要的。如河南信阳城市宣传语——"豫风楚韵,红色信阳",对仗整齐,音节上四字对四字,声调上"仄平仄仄,平仄仄平",做到了邻近字词的平仄相间和上下句的平仄相对,节奏匀称和谐,整个宣传语读起来和谐悦耳、顿挫有致,加深了读者对信阳的印象,并有助于传播该城市的良好形象。除了音节对仗工整、平仄相间相对、节拍鲜明自然外,濮阳的城市旅游宣传语——"帝都龙乡,水韵濮阳"和新乡的城市宣传语——"壮美太行,风采新乡",还注重尾词的押韵。这两个城市的宣传语读起来朗朗上口,不但造就出了音韵律动之美,还提升了听觉美感,便于记忆,有助于读者注意力的保持,加深了读者对两座城市的良好印象。开封的城市宣传语——"一城宋韵,八朝开封",采用了数字对数字即"一"对"八"的工整对仗形式,在音节上整齐匀称,做到抑扬顿挫和节奏的自然和谐。数字对数字的工整对仗形式的运用生动形象地传达了开封独有的古都宋韵和深厚的历史积淀,加强了开封城市宣传语平衡和谐的视觉、听觉美感效果。因此,城市宣传语景观建设要符合和谐悦耳、富有音韵律动之美。

宣传语作为一座城市的标志性名片,在内容上要突出该城市独特的文化意蕴与内涵,助力于该城市独特文化及形象的广泛传播。城市宣传语要突出城市特色,才能增加城市竞争的软实力。平顶山的城市旅游宣传语——"中原灵秀地,魅力平顶山"和驻马店的城市旅游宣传语——"休闲养生地,魅力驻马店"同时使用"魅力"二字;焦作的城市旅游宣传语——"太极圣地,山水焦作"和信阳的城市旅游宣传语——"山水信阳,休闲茶都"同时使用"山水"二字;驻马店的城市旅游宣传语——"休闲养生地,魅力驻马店"和信阳的城市旅游宣传语——"山水信阳,休闲茶都"同时使用"休闲"二字;济源的城市旅游宣传语——"愚公故里,灵秀济源"、平顶山的城市旅游宣传语——"中原灵秀地,魅力平顶山"和南阳的城市旅游宣传语——"卧龙之地,灵秀南阳"同时使用"灵秀"二字。这些城市宣传语中重复使用的词语带来了内容上的重复,并且由于词语意义上的宽泛,无法让目标语受众感受到城市独特的文化,反而带来雷同的感觉,无法有效地传递良好的城市形象,从而无法吸引更多的国内外游客。

富有诗情画意、想象空间并感人至深的宣传语有助于提升地区和城市的内涵品格,能有效拓展地区和城市的良好形象。要突出一个地区或一个城市的独特内涵和文化精神,加深目标语受众对此区域的印象,提高对这个地区的好感度和美誉度,这是宣传语的重中之重。如洛阳的城市宣传语——"千年帝都,牡丹花城",既突出了该城市悠久而深厚的历史底蕴,又塑造了整座城市"人面牡丹相映红"给人美好印象的诗意画面。宣传语将人文之美与自然之美的有机结合起来,加深了人们对洛阳的美好印象,有助于洛阳良好城市形象的广泛传播。再如昆明的城市旅游宣传语——"一城山水一城春",广州的城市旅游宣传语——"诗与画的天堂,心与梦的凤凰",南京的城市旅游宣传语——"开明之都,美善金陵",西安的城市旅游宣传语——"古城古都古风韵,长久长美长平安"。旅游形象宣传语文字精练,主题鲜明,具有特色性、时代性、唯一性、国际性,易于翻译成多国语言,同时易于传播和分享。

运用现代科技手段和创意设计,全面推进语言标牌示范化、规范化、进程国际化,实现旅游交通引导标识系统标准化、便捷化、简洁化、实用性和国际通用性,充分发挥了"语言景观"的沟通宣传价值。为全方位满足不同游客的需求,各地旅游景区的语言标牌上语码呈现种类应要求四国以上语言,同时标牌上也应提供二维码方便游客下载景区地图及景点介绍,便于游客及时了解景区特色及自己所处位置。在传递信息、增进沟通的同时,语言标牌内容要体现人文关怀,宣传人文理念和人文情怀。如警示牌内容要给目标语受众温馨提示,可将"路滑危险"改为"小心路滑","禁止踩踏"改为"小草在生长,请勿打扰"或"别踩我,我很疼","禁止乱扔垃圾"改为"不要乱扔我,送我回家"等,以人为本的理念贯穿其中,内容温馨,语气柔和。全区域要统筹布局、统筹管理,语言标牌、网站网页、宣传手册等整体风格要一致,要做到保留本区域独特的历史文脉,展现本区域人文特色。充分利用互联网新兴传播媒介,制作多语种宣传片,开发多语种旅游应用软件,扩大地区和城市的国际知名度和影响力,依托国家"一带一路"建设,融入国际旅游市场,使"语言景观"的宣传沟通价值发挥积极的作用。

3.5.2 "语言景观"的艺术欣赏价值

美学意义上的景观概念同观赏者的情感体验和评价直接关联,带有主观性。因此景观概念不是纯客观的,不完全是科学的概念。景观存在于人们生活的所有公共空间之中，因此景观审美是知识和文化的综合体。景观美育具有环境教育、文化教育等多方面的价值，能促进学习者的审美能力的提高，增强学习者的审美意识。景观美育需要热爱自然、保护生态环境并能进行审美设计的建设者，同时也能够培养自然景观和人文景观的欣赏者。景观美育注重可持续发展，能加强公众的生态环境意识，发挥着其他美育形态所没有的特殊作用。景观在美学界一般被分成两大类：自然景观和人文景观。景观的分类依据是景观载体的不同，自然景观是自然界天然形成的景观，而人文景观是后期人类根据需要人工建造的景观。自然景观就其本身的特点来说，是以形式取胜的。自然景观的色彩、形状、体量、质地、运动以及自身的发展规律是其独特的审美属性和价值。人文景观是审美形式和蕴涵着历史文化内容的结合体。从某种意义上来说，人文景观就是展现地域特色的独特艺术作品。艺术欣赏是对人的创造性成果的欣赏，其重要内容是作品所体现出来的独特的思想感情、崭新的艺术理念、精湛的艺术技巧等。人们对人文景观的欣赏是对创造动机、过程的理解，是对人文景观所体现的精神力量和文化价值的认知。欣赏人文景观是欣赏创造之美，可认知社会发展带来的变化，评价区域历史文化的传承与发扬。

"语言景观"属于人文景观，是表现形式特殊的人文景观。"语言景观"是异乡的街头巷尾挂着的我们不曾见过的语言文字，是耳畔飘过的陌生人的对白，是我们不曾听过的天书，是我们在旅行过程中一道靓丽的风景。造访一座古典园林或一处名胜古迹，我们可能会观赏到龙飞凤舞的书法景观。行走在各个不同的城市、小镇或边陲村寨，我们可能听到吴侬软语或客家方言，抑或从未听到或无法理解的少数民族语言。物质载体上的印刷物、楹联、牌匾、日常社会交流中的地方话都是"语言景观"。作为人文景观的"语言景观"，应该与周围的自然景观和谐搭配，相互辉映，融为一体。风景区语言标牌的呈现形式、色彩及风格要与园区主题相结合。如景区内的楹联题对借助山水环境的动人效果，利用语言文字的表意功能，使参观者的心理感受与眼前的景物融为一体。在特定时空内，使参观者获得了一种超越时空的审美感受。杭州云栖寺的楹联"身比闲云，月影溪光堪证性；心同流水，松声竹声共玄机"，既把现实的山水描绘得栩栩如生，又抒发了一种心灵的感悟，使人的感情得到了极大的充实和强化。再如，黄山木坑竹海景区将垃圾箱设计成竹形，这种独特的设计为景区增色不少，既实现了垃圾箱的实际功能价值，又符合竹海整体的色彩形态。发挥"语言景观"的艺术欣赏价值，要抓住"语言景观"所处区域的地域主题特色，展现"语言景观"的审美性、地域性和唯一性。

"语言景观"中的语言文字符号，以及书法、碑刻等具有观赏性和创造性的文字表现形式，有力地吸引了游客，增强了游客的感官享受，提升了旅游品位。纳西族的东巴象形文字不仅是纳西文化中的瑰宝，而且是中华文化乃至世界文化的珍品。东巴象形文字更类似于图形，通过绘画的方式将符号与符号的连接来表达事物、事件、地点等内容。语言图形化传达的信息不仅容易理解，而且具有装饰性，能够自然地融合到现代标牌设计中，将纳西族文化以一种全新的形式呈现出来。东巴象形文字还是动态情景的描绘，可以用一个文字来展现一个情景。如日本麒麟麦酒株式会社的"玄米茶"饮料包装使用了东巴象形文字，因文字的图形表意功能实现读者从阅读到观看的成功转变。东巴象形文字既体现文化色彩又蕴含情趣性。语言标牌上东巴象形文字的使用为丽江当地"语言景观"增添了古老的文化色彩，体现了"语言景观"的艺术欣赏价值。

"语言景观"中的文字符号有图形魅力，除具有信息传递、阅读的功能外，还具有满足视觉审美的欣赏功能。创造出一种新的视觉语言，拓宽语言文字的表现空间，从而展现"语言景观"的艺术审美价值。语言文字图形化设计就是以文字为主要元素进行的创意设计，把文字当作一种图形来对待，合理变形搭配文字的笔画，强调字体本身的结构美和笔画美，延伸文字本身的文化内涵，使之产生图形的趣味。一组设计良好、组合巧妙的文字，在视觉传达中作为图形化的画面的形象要素，能使观众看后感到愉快，获得美感并留下深刻的印象，具有传达感情的功能。"语言景观"根据设计的需要，对语言标牌上的文字进行解构，肢解文字原有的笔画，破坏文字结构的整体性，重新组合形成另一种"完整"的视觉形态。对文字的解构减弱了文字原有的阅读功能，增强了图形化文字的视觉魅力。对文字的解构是精心的设计，不是随心所欲的破坏和肢解，是打破传统的设计原则和形式，是一种新的视觉设计创造。我们应多角度、多视角地寻找文字图形化表现形式，突破现有的思维模式，突破现有的视觉体验，突破约定俗成的文字设计印象，将文字由规范书写的层面上升到历史文化表现的层面。利用现代高科技技术，对汉字结构进行图形化展示，实现汉字的意象化创意，这就是"旧字新意"。文字的"意"是创意的根本，以"意"来限制"形"变，以"形"变来拓展"意"。在"形"变中文字的内涵不失本"意"，更充分地显露出来，更丰富地表达出，又更耐人寻味。文字的最根本特征——表"意"，只有在理解了这是什么字的前提下，观众才能更好地理解图文并茂的新视觉艺术效果，同时也读懂了文字的"意"。

汉字本身就是一种美学，在数千年的发展中形成了甲骨文、金文、篆书、隶书、楷书、草书、行书等多种字体。人们发展了书法艺术、篆刻艺术、解字游戏和国画艺术，创造了汉字美学，在人们心目中留下了美学形象，使人们体验了极大的美学享受和精神享受。"语言景观"中语言标牌上繁体字的使用除传递信息外，更多的是作为传递传统文化的符号元素。繁体字，是汉字简化运动之前的整个汉字楷书、隶书书写系统，现在一般是指汉字简化运动时被简化字所代替的汉字，欧美各国称之为"传统中文"，是现在常用汉字的另外一种字体形式。我国香港、澳门和台湾地区仍然使用繁体字，新加坡以及马来西亚等海外华人多为繁简字体并用。中国内地在文物古迹、姓氏异体字、书法篆刻、手书题词等特殊情况下需要保留或使用繁体字。在2001年颁布实施的《中华人民共和国国家通用语言文字法》中明确规定国家推行规范汉字，还明确了可以保留和使用繁体字的范围是文物古迹、姓氏中的异体字，艺术作品如书法及篆刻等，题词和招牌的手书字，需用于出版、教学和研究方面的工作和经国务院有关部门批准的特殊情况。中国汉字一般有多个部分组合而成，多种组合变化形式多样，每个汉字都有其代表的含义。多个汉字组合而成的繁体字传递的含义更深远，也更复杂。从字形上，繁体字可以产生视觉冲击，实现视觉审美的欣赏功能，从字义上，繁体字深刻表达了汉字所蕴含的本来意义。例如"愛"，它包含了爱情、友情、亲情、博爱以及人对所有事物的根本情感，在艺术、哲学、美学等科学文化领域，是一个普遍的主题，也是一个永久的主题。对于爱情，有"心"动，对父母之爱，有"心尖肉"等描述。在"语言景观"的设计过程中，繁体字的每个元素都可以被另一种符号形式所替换，比如，繁体字"愛"中的"心"可替换成手绘的爱心图样，提升设计感，使读者获得美学享受和精神享受。多数带有繁体字的语言标牌设计模式，以方形标牌作为基本背景，符合繁体字更适应方形背景的特点。对于语言标牌上的文字排版，繁体字由于其独特的字体结构比简体字减少了更多"不必要的留白"。繁体字所独有的字体结构决定了在书法中苍劲有力，飘逸洒脱的行书、草书都以繁体字作为书写用字。从符号化的角度出发,每一个汉字的繁体字形都可以作为符号化的设计要素,实现艺术欣赏价值。

"语言景观"所带来的艺术欣赏价值也会发生在特定的社会文化进程中。"一带一路"人文交流促进了民心相通及更广泛的互联互通,加强中华文明与沿线国家文明的交流互鉴,注重在人文领域深耕细作,推动不同文明之间互相欣赏、互相理解、美美与共。汉语在"一带一路"沿线国家公共空间的使用反映了中国文化影响的深度和传播的广度,"语言景观"中汉语的使用是讲好中国故事、传播好中国声音的重要途径。汉语文字是极具美感的一种语言文字,它的美源自对自然的深刻观察与解读,它在一笔一画中显露乾坤,一词一句中展现人生姿态。人们见到汉字就就会产生一种审美上的愉悦,汉字给人的不仅仅是整体感,更多的是审美感。汉字代表着中华民族的文化,代表着中华民族的底蕴,代表着中国人的思想,是中华民族的根本。对称美给人的感受是一种平衡美学,汉字独有的对称艺术性呈现在"语言景观"中,给予读者的视觉感受是一种美学内涵的价值表述。在中国的汉字文化中,讲究的是利用有限的文字书写,营造出无限的创意空间。汉字书法阐释虚实艺术,讲究虚实结合的意境氛围。汉字书写结构表达空间艺术内涵,无论是"半包围"结构还是"全包围"结构都诠释了一种独特的价值内涵,展现了中国人独有的美学情感。"一带一路"沿线国家"语言景观"中使用汉语的场所增多,汉语出现频次更高,汉语放置顺序也发生了相应变化。汉字不断向世界传递着中国传统文化之美,不断提升着中国对世界的影响力。

3.5.3 "语言景观"的历史文化价值

语言是文化保存、交流、传递的媒介,是储藏文化价值观念的仓库,是文化身份的标志。"语言景观"作为展现区域历史文化的重要物质载体,具有强化和重塑地域文化的重要功能,不仅是传播地域传统文化的重要媒介,也是发扬传承地域传统文化的重要途径。传播汉语文化,要充分发挥"语言景观"中汉语作为中国传统文化载体的重要功能。对外汉语文化教育和宣传部门是中国文化传播的主体力量,应注重公共空间内打造中国传统文化信息比较浓郁的"语言景观"。汉语语言标牌、带有汉语的标志物和展示物不仅能传递信息,还能展现浓郁的中国文化气息。如带有艺术字或变形汉字的标牌和书画可以展现中国独特的书法艺术,学习者可通过所处环境的"语言景观"认识和体会中国文化,获取中国传统文化的信息。设计静态"语言景观",通过宣传标语、海报甚至涂鸦静态展现中国传统文化。在动态"语言景观"环境和氛围的浸染中,让学习者去感受和了解带有浓郁的中国传统文化气息的武术和茶道。静态和动态的"语言景观"都是传播中国文化的重要途径。

少数民族的"语言景观"能够体现少数民族思维、性格及文化,承载着少数民族文化的信息,具有传承少数民族文化的功能。少数民族地区"语言景观"承载着丰富的、不同族群的历史文化信息,具有独特的地域性文化特色,反映了不同族群的价值观念。少数民族语言文字打造了少数民族独特的文化。对具有少数民族地区所特有的旅游产品,尽量使用少数民族语言文字进行标识,以突出其民族特色和地域特色。将少数民族语言文字刻在各种文化旅游纪念品上,使其成为富有纪念意义的特殊旅游商品,更具纪念与收藏价值。少数民族聚居区的语言标识牌和景区的指示牌采用少数民族文字和汉字两种文字呈现,这样既能显示少数民族地域特点和民族特色,也能让游客感受到当地丰富多彩的民族文化。在西藏拉萨,当地的"语言景观"就呈现出一幅文化发展的历史性与时代性共生交织的语言画面。众多语言标牌承载着丰富而深厚的藏族传统文化,呈现着藏族特有的族群文化与藏民族特征。拉萨的"语言景观"不仅构建了具有鲜明特色的藏族文化,同时也呈现了藏族文化之外的中华民族各族文化。在少数民族聚居区域,由少数民族语言建构起来的"语言景观"会以不同形式唤起公众及游客的历史与文化记忆,打开了解该区域的语言文化生态的新窗口,有利于构筑各民族共有的精神家园,铸牢中华民族共同体意识。

传承"语言景观"的历史文化价值,要科学保护区域内的古村落遗址、历史文化街区和特色小镇等文化遗产与文化景区。在保护与开发古镇和古迹的过程中,要合理合规,避免"破坏性"的保护和低水平重复建设。依照遗产化发展战略目标,应妥善处理好遗产保护与旅游开发的关系,建立传承民族文化和发展经济对接的可持续发展模式。修复再现历史遗迹,应注意修旧如旧、以存取真,建筑为形、文化为魂。人文景观要再现原有的风格,保持原有历史文化的神韵。尊重历史遗迹,景观才能有效地传承历史文化。

与普通商业街区不同,具有浓厚历史气息的历史文化街区是城市的活态历史文化遗产,是展示一座城市独特历史文化内涵与独特形象的窗口。建设历史街区的"语言景观"以符合历史文化传统为第一要义。苏州历史文化名街山塘街的"语言景观"内容丰富,集中表现出中国传统思想文化对苏州古城的影响,展现了姑苏古城传统服饰、曲艺及饮食文化。街区语言标牌上丰富的私人手书体文字给街区增添了浓厚的历史气息。山塘街保持了明清时期古街风貌,展现了古时姑苏古城建筑文化,部分历史建筑配有官方解说性标牌。公众及游客从信息详尽的语言标牌中获取历史古建筑的各种信息,了解了古代建筑文化。山塘街、和平路、江水路并行,街上桥梁建筑数量多,多数桥梁配有说明介绍标牌,有利于游客了解当地的桥梁历史及桥梁建筑文化。苏州历史文化名街极具特色的建筑是山塘街的御碑亭,碑亭语言文字内容丰富,还配有标牌介绍了碑亭建筑文化。碑亭展示的"语言景观"让观赏游客理解碑亭的语言文字内涵,深入了解碑亭的建筑文化。苏州历史文化名街"语言景观"的另一特色是用语言文字记录民俗活动及民俗表演,展现苏州的民俗历史。苏州山塘街可以说是苏州历史文化的缩影。

  国家历史文化名村大多通过独具特色的"语言景观"来呈现与外化村中的传统建筑群、纪念物和文化遗址等,充分展示了名村的历史、文化和价值。比如,被誉为"万里茶路"起点的福建省武夷山市下梅村、被誉为"天下第一村"的湖南省岳阳县张谷英村、被誉为"石头民俗村"的河北省井陉县于家村。

  反映一个城市语言生态环境的城市"语言景观"不仅代表了一座城市的形象,展现了城市的经济发展水平,还体现了本市民众的文化认同。城市公共空间的"语言景观"传递城市公共交通信息,直接体现城市区域范围内语言使用的特点及语言种类,展现城市文化底蕴,间接展示城市的历史文脉。城市公共空间的"语言景观"是一个城市的重要象征符号。建设地铁公共空间的"语言景观"与规划建设新的城市形象密不可分,地铁公共空间的"语言景观"正逐渐成为区域文化推广的新领域。以安徽合肥地铁一号线为例,合肥地铁一号线为南北纵向骨干线,其"语言景观"在设计时都被赋予了合肥的历史文化印记,形成了独特的合肥城市景观。合肥地铁一号线以"记忆合肥""足迹合肥""印记合肥""创新合肥"为主题,向当地居民以及游客展示了数百幅精美的老合肥图片,这些图片见证着合肥数百年来的历史变迁和时代发展,承载了一代代合肥人的记忆,也彰显了合肥开拓创新的奋斗精神,传承了合肥的文化命脉。合肥地铁一号线整体上以蓝色为主色调，充分利用"档案"元素，主打城市记忆和创新风采。车厢内壁的展览内容图文并茂，色彩清新，主要为合肥的复古建筑、本土名人、历史遗迹等，在行进过程中给人以流动感，"语言景观"更加饱满，激发了合肥人对家乡历史的回忆，增进了外来游客对合肥发展历史的了解。为体现合肥作为全国园林城市的城市形象，地铁车票正面以绿色为主基调。合肥的城市发展口号"大湖名城，创新高地"书写在车票面上。合肥各地标建筑的图案汇集在车票面正中，从左到右依次是安徽省广电中心、合肥奥体中心、合肥大剧院、明教寺、合肥政务中心办公楼、大钟楼以及清风阁。这些标志性建筑讲述了合肥从古至今的历史变迁和发展变化。合肥独具地域文化的历史建筑和地标建筑在票面上的再现凸显了合肥作为一个千年古邑的历史积淀和一座活力新城的创新发展，展现了合肥的历史文化，激发了合肥人对城市历史文化的追忆思索，以及对城市未来发展的期待与展望。票面的"语言景观"结合了直观文字和图案鲜明及色彩丰富的非文字形式，展现了合肥的历史与当下，传播了合肥鲜明的地域文化，塑造了全新的合肥城市形象。展现合肥文化内涵的地铁"语言景观"宣传了合肥的历史文化与创新发展，促进了当地居民和外来游客对合肥文化认同感的提升。

　　加强"语言景观"物质载体的建设是实现"语言景观"传承历史文化价值的有效途径之一。高品质城市公共人文空间的形成要以"语言景观"为载体，需要科学的顶层设计，更需政府相关部门的协同治理。加强博物馆、文化馆、图书馆、市民文化广场等城市基础设施的建设，就是加强"语言景观"有形的物质载体的建设，有利于城市无形的历史文化精髓转化为现实。在开发建设城市旅游景区的过程中，要以地域环境、自然生态、历史文化为基础设计创新地域文化，要凸显地域自身独具特色的历史文化，要传承地域传统文化，实现地域客观历史文化与公众主观价值的和谐统一。实现"语言景观"传承历史文化的价值，还需拓展宣传普及城市传统文化的新渠道，不断更新传统文化的表达方式，加大官方媒体对城市的推介力度，鼓励微博、微信等自媒体渠道的宣传方式。

　　从长远战略角度出发提升城市"语言景观"的服务水平，就要完善城市"语言景观"的建设体系，形成定位清晰、功能健全的公共空间语言规划体系，实现城市公共空间语言规划的可持续发展，为城市的健康发展提供保障。在"语言景观"建设中植入区域文化基因,展现具有文化内涵的良好城市形象,用"语言景观"讲好城市发展故事,促进城市健康发展。完善城市"语言景观"的治理体系,发挥城市"语言景观"的价值,有利于展现文明城市公共空间,提升城市的形象。

3.6 规范"语言景观"翻译

"语言景观"展现地域民族文化,揭示地域的文化内涵。恰当的"语言景观"翻译反映地域的国际化水平。"语言景观"管理部门对语言标识的使用缺乏统一有效的管理,导致"语言景观"的翻译存在着使用者和管理者理念不统一。"语言景观"中存在语言标牌上英语翻译混乱、拼音和英语翻译混杂使用的问题。凌乱的"语言景观"翻译没有遵循既定的翻译指导思想。例如,"天坛"翻译为"The Temple of Heaven",汉语中"天、地、日、月"是平行的四个概念,自然应该享受同等礼遇。但"地坛公园"翻译为"Ditan Park","日坛公园"翻译为"Ritan Park","月坛公园"翻译为"Yuetan Park"。在城市公共场所中,控烟和禁烟公共标识的英语翻译也是多样化。"无烟区"的英语翻译有"No smoking""No Smoking Area""Non-smoking section""Smoke-free area""WU YAN QU"。在汉语中,"无烟区"和"禁止吸烟"的意义差别非常明显,前者是提示,而后者是警告。"无烟区"是提示一个事实,希望吸烟者注意到这个标识后自觉放弃吸烟;"禁止吸烟"所表达的意义则是吸烟者会受到某种程度的惩戒。"抽烟罚款,禁止抽烟"翻译为"Smoking is a fine, no smoking",这样的翻译容易让目标语受众误以为抽烟罚款是前提,禁止抽烟是必然结果;而"禁止吸烟,违者罚款"翻译为"No Smoking on the spot fine",只有具备一定汉语基础的外国人才能理解其真正的意义。翻译多样化、翻译表达混乱的"语言景观"会让外国游客感到迷惑,不利于城市良好形象的展示。

为了充分发挥"语言景观"在社会学、符号学、语言学等学科和社会文化发展进步中的独特价值,必须规范"语言景观"的翻译,提高翻译质量。近年来,国家相关部门颁布实施了《公共服务领域英文译写规范》,不少城市也出台了利于当地"语言景观"建设的译写标准,发布了英文标识的翻译准则,并提供了一些行业的常用表达方法。"语言景观"的翻译关系到语言竞争、语言发展活力和国家语言文化建设。

"语言景观"的翻译者首先应当提升自己的语言翻译和文化水平,具备扎实的语法基础,力争全面准确了解其他语言文化习惯。只有这样,翻译"语言景观"时才能避免语法及拼写错误,避免因为不熟悉其他语言文化所造成的翻译词不达意、语境使用错误、中式英语等问题,准确明白地传达源文信息。一词多义是语言的常态。语境理解错误、词义选择不当导致翻译时出现较多错误,比如"出口"的翻译。如果是进出口码头的道路标志,告诉卡车司机出口货物从哪边走,进口货物从哪边走,"出口"(export)与"进口"(import)相对应。但一些旅游景点、公园、公共设施等的语言标牌上的"出口"(exit)和"入口"(entrance)误译为"export"和"import"。城市里的很多公共设施设有"残疾人专座""残疾人专用通道""残疾人专用停车位"等。对于"残疾"的翻译和"专"字的翻译存在着不同的版本,形成了另类的"语言景观"。"残疾"的字面意思是指生理上有活动限制或者是被剥夺了某种生理功能。但是这些特殊人群内心深处是不希望被社会"标签化"的。所以根本不需要出现上述的字眼,因为当人们在公共交通工具上看到"priority seat"(优先座)、"courtesy seating"(礼貌座)或"reserved seating"(预留座)时,就知道这些座位有特殊的用途,为有需要的人准备。有些车站或公共场所的指示标牌"残疾人通道"英语呈现为"Facilities for disabled person"。"残疾人通道"实际表达的意思是指无障碍通道,英语"Facilities for disabled person"表达的意思是"为残疾人提供的设施"。因此,"残疾人通道"准确的英语翻译应为"Wheelchair Accessible"。因此翻译时翻译者要避免因语境使用错误而造成词不达意。

"语言景观"的翻译者要准确掌握和理解原文内涵及功能特点,进行语意的翻译而不是词语的翻译,实现标语源文和译文之间的功能对等。在翻译公共服务领域的常见标识时,译者的任务不应逐字翻译,可以参考在国外相同的情景下怎么表达。译者翻译"小心落水"的语言标牌时,可能只会用一个单词"water"或一个短语"be careful"来表达,但是对于目标语受众来说标牌上英语传递的意思和汉语传递的意思是有差别的,英汉之间功能对等没有实现。国外语言标牌上通常使用"Danger"或"Deep Water",这样的英语表达和汉语中"小心落水"所表达的内涵意义基本实现一致。机场上下乘客的地方有"即停即走"语言标牌,英文表达如果为"Stop or Go",其直意是"如果你不停下来,请离开",汉语的实际意思和英语表达的意思不一致,未实现源文和译文的功能对等。"即停即走"语言标牌的英语表达应为"Pick-up and drop-off only""No parking"或者"Pick-up and Drop-off point"。欧美国家的"医疗救护点"普遍使用语言标牌"FIRST AID STATION",通常以大写字母呈现,具有指示作用。中西方医疗救助站的功能是一样的,就是第一时间给人提供帮助。因此,语言标牌"医疗救护站"的英语表达应为"FIRST AID STATION",实现了汉、英语的等效翻译,而不是"Medical&Care Station"。

"语言景观"的翻译者要全面考虑目标语受众的语言文化习惯、思维价值观和接收能力,根据标示语所属类型和功能进行灵活翻译,实现有效呈现"语言景观"所蕴含的文化,达到"语言景观"的交际目的。由于地域、发展历史、人们生活习惯及思维方式的差异,英汉两种语言各自承载着本民族的文化传统、特色和信息。翻译是不同语言转换的过程,更是不同文化信息交换的过程。醒目的公共标识是为了实现指示、提醒、警告、禁止等功能,汉语及英语表达都必须简洁明了,翻译时需灵活处理。比如,开水水龙头的语言标牌上汉语呈现为"温馨提示""注意高温""小心烫伤",而英语呈现为"Caution"或"Very Hot"。景区在陡峭的山路旁设置"一失足成千古恨"的警示牌,提醒国内游客在欣赏风景之时要注意安全。作为警示语的汉语谚语对国内游客来讲寓意深刻,承载着中国文化又有着警示作用。翻译成英语时如直接套用英语谚语"Old skin makes new shame"则无法告知目标语受众山路危险,起不到警示作用。这种情况下翻译时需要进行意译,要把源文的警示功能翻译出来。因此,可以翻译成"Danger"或"Stay back from edges"。

"语言景观"的翻译者要熟悉"语言景观"翻译的相关规定,掌握科学的方法手段,做到合法、规范、准确、科学地翻译"语言景观",要认真学习《公共服务领域英文译写规范》,翻译时要综合考虑、符合国家标准。政府有关部门作为语言政策规章制度的发布者和执行者,应当积极承担"语言景观"的审查监督职责,不断整改社会面存在的"语言景观"翻译不规范问题,面向社会进行意见征集,及时专门培训相关从业者,提升他们的语言知识能力。除此之外,"语言景观"的设计者、翻译者和目标语受众等主体之间要形成合力,加强合作联系,不断总结反思"语言景观"中存在的主要实际问题,为建设一个良好的城市"语言景观"环境而努力。让公众依法参与管理"语言景观"翻译,结合现代信息化手段,提升"语言景观"翻译质量,加强"语言景观"宣传效力,助力区域文化的充分传播和顺畅交流。

完善"语言景观"要努力克服"语言景观"翻译上存在的不足,使作为文化展现重要载体的"语言景观"真正成为区域文化外显的符号。

第四章 语言景观案例分析

城市形象的塑造可通过"语言景观"这一重要平台来实现,城市文化软实力的扩大可通过提升城市"语言景观"形象这一重要途径来实现。"语言景观"研究的对象是那些承载着语言文字的物质载体,即公共空间的语言标牌。公共空间的语言标牌上的内容和形式反映了一个地区的语言状况、语言现状及语言政策。某个区域的"语言景观"是由公共路牌、广告牌、街名、地名、商店招牌以及政府楼宇的公共标牌上使用的语言构成的。对"语言景观"的研究就是分析研究公共标牌上的语言使用状况。对语言标牌的特征进行分析以及研究语言标牌上的语用现状,能够了解本地的"语言景观"是否体现了地方及民族色彩,"语言景观"是否体现了本地语言特色。"语言景观"的功能一般情况下可分为两种:一种是"语言景观"能够传递信息,即人们可以通过"语言景观"了解一些事物,获取某种认知,同时了解语言的使用状况;另一种是"语言景观"能够象征某事物,即地域语言权势与地位可通过"语言景观"来获取,也就是权势关系、身份认同感和意识形态可以通过"语言景观"反映出来,这也是"语言景观"研究的重要目的所在。在国外,语言学家斯考伦提出了"地理符号学"的整体路径和框架,对公共场所标识语进行研究;本-拉斐尔等学者对以色列社区的公示语进行了广泛的研究;戈特介绍了"语言景观"研究的新方法;巴克豪斯对东京市"语言景观"进行了研究;肖哈密和戈特在国际背景下从理论、实证、批判等多种角度对"语言景观"进行研究为后来的"语言景观"研究者提供了新的研究思路。在中国,尚国文、赵守辉对"语言景观"研究的背景、研究方法、研究理论、发展前景及挑战等进行了综合考察,对这一领域的研究状况进行了全面展现,对"语言景观"研究的认识理论、基础、分析维度和理论构建进行进一步的论述;徐永罡、任燕以"语言景观"信息功能与象征功能的理论框架为基础,对纳西东巴文"语言景观"的影响进行深入研究,研究了纳西地区旅游对纳西地区"语言景观"的影响;张媛媛、张斌华对澳门地区的"语言景观"进行抽样调查,利用社会统计学方法对"语言景观"中澳门多语现象进行分析和揭示。基于此现状,本章利用现有的"语言景观"研究理论及方法,对少数民族地区城市、省会城市及新农村"语言景观"进行案例分析。

4.1 少数民族地区城市"语言景观"案例分析

我国是一个多民族的国家,在日常生活中各个少数民族传承、学习并使用本民族的语言。这样的情况使得我国少数民族地区语言文字的使用情况处于一个比较复杂的状态。少数民族地区的语言文字是本地民族文化的一个重要表现方面。居住在某一特定行政地区的少数民族语言活力最明显的标志可能就是"语言景观"。少数民族语言文字作为一种商品化的文化符号,以开发旅游或者凸显地方文化为目的呈现在公共空间中,可以吸引国内外游客为当地政府和各个商户带来经济利益。范·孟斯(Van Mensel)指出"少数族群语言在"语言景观"中的象征性使用被认为可以提供一种本真的或者异国风情的格调是包装一个区域的一种途径,以便把它作为商品销售给所预期的游客"。莫里亚蒂(Moriarty)的研究发现,在爱尔兰的一些旅游小镇,爱尔兰语以及其他符号性资源已被用作促进旅游发展的手段,因此,少数民族语言以及其他象征性和符号性资源已是高度市场化的商品。塞诺斯(Cenoz)与戈特(Gorter)深入分析和阐述了语言经济与"语言景观"之间的关系,他们认为,"语言景观"中语言多样性的使用价值就是语言标牌使用的价值,语言标牌的间接使用价值是营造了一个现代化、都市化及多元文化的城市或区域的形象,吸引了更多的游客,通过语言环境的"友好性",显示了不同族群的融合。"语言景观"中语言的设置并非随意选择安排的,往往是建立在政治和经济的深刻考量之上的。城市"语言景观"的价值分为遗产价值和存在价值两类。遗产价值指的是当代人将传承和保留的语言资源使用于"语言景观"中,使其子孙后代受益;存在价值是指城市景观中特定语言的存在为当地经济的发展带来收益。

4.1.1 丽江市古城区"语言景观"案例分析

位于云南省西北部的丽江市,包括古城区、玉龙纳西族自治县、宁蒗彝族自治县、永胜县以及华坪县,是一个多民族聚居区域,汇集了纳西族、汉族、白族、藏族、普米族和彝族等民族。丽江市古城区是世界文化遗产、世界自然遗产和国家 5A 级旅游景区,是驰名中外的旅游胜地之一。纳西族是在丽江古城区生活的主要少数民族。纳西族的文字是东巴文,是目前世界上仅存的活象形文字,属于世界濒危语言文字。2003 年,东巴文被联合国教科文组织列入"世界记忆遗产名录"。2001 年 6 月,为了保护与传承东巴文化,丽江市政府颁布实施了《云南省丽江纳西族自治县东巴文化保护条例》。2008 年 8 月,为了规范旅游经营场所的语言文字,丽江市出台了《丽江市旅游管理暂行办法》明确规定旅游经营场所的语言文字的使用办法。调查丽江古城区福慧路和新华街的语言使用状况,既可以帮助人们了解本地区城市"语言景观"的具体情况,又可以有效地保护与传承纳西族东巴文,维护当地语言生态。市政府机关的所在地——古城区福慧路起于民主路止于西安路;历史较为悠久的新华街临近古城的中心四方街,是市内著名的商业街之一,起于古城入口,止于黄山上段。

研究丽江这两条街的"语言景观",语料收集最主要的办法是对福慧路和新华街两侧标牌进行拍照。到目前为止,无论国外还是国内学者对"语言景观"研究中语言标牌的分类还没有制定统一的标准。丽江"语言景观"案例分析参考塞诺斯与戈特所采用的方法进行分类研究,此方法是每一个独立的单位或机构(不是每个符号)构成一个完整的分析单元。在本项研究中涉及的语言标牌数量分别为福慧路 330 个,新华街 213 个。从语码使用数量来看,在丽江市政府所在地——古城区福慧路,单语(汉语或者英语)标牌的数量占总数的 1/5 多,双语(汉英、汉东、英东)语言标牌的数量约占总数的 1/4,多语语言标牌的数量超过总数的一半。在新华街单语(汉语或英语)语言标牌使用的比例明显偏小,数量仅占总数的 7% 左右,双语(汉英、汉东、英东)语言标牌的数量占总数的 1/5 左右,多语语言标牌的数量占总数的 2/3 多。通过对比历史较为悠久的新华街的语言标牌和福慧路的语言标牌,发现前者比后者的语言标牌更具多样性,前者语言标牌上使用语言的种类也更多。

根据 2008 年出台的《丽江市旅游管理暂行办法》"旅游经营者应当在其经营场所的醒目位置使用符合国家规定的公共信息图形符号,并配以除中文以外至少一种以上的外国文字,世界文化遗产——丽江古城内还应当使用东巴文字"。统计显示,在福慧路和新华街这两个区域,在单语标牌的语言使用上汉语是最占优势的语码。尽管目前还没有相关语言管理条例对这两条街道语言标牌上外语的使用做出具体要求,但是在这两个区域的语言标牌上外语的呈现语种主要为英语。对多语言标牌调查发现,在福慧路一半以上的语言标牌以三种语言呈现,即汉语、英语与东巴语。商业发达、国内外游客云集的新华街最能体现丽江古城的历史文化,此区域"语言景观"中三语标牌的比例占总数的70%。值得注意的是,虽然东巴文是纳西族的书面语言文字,但是仅使用东巴文的语言标牌在福慧路和新华街上都没有出现。根据统计数据,这两条街的"语言景观"中语言标牌都存在使用四种语言的情况,福慧路为1例,新华街有4例,主要是提示游客的公示语标牌。

本案例中,三语语言标牌是丽江古城区福慧路和新华街"语言景观"中的一个显著特征。汉语在本市的"语言景观"中占据优势主导地位。丽江是世界知名的旅游城市之一,为给大量国外游客提供方便,需要英语来实现"语言景观"中的信息指示功能。因此,英语作为国际通用语言在旅游业发达的丽江城市"语言景观"中的使用十分普遍。

4.1.2　满洲里市"语言景观"案例分析

内蒙古自治区主要以蒙古族和汉族为主,自治区官方使用语言为蒙古语和汉语。作为中国最大的陆路口岸城市,位于内蒙古自治区东部贝尔草原上的满洲里市与俄罗斯、蒙古国毗邻,其市中心距离中俄边境线最近的地方只有3千米。因其优越的地理位置,使中、俄、蒙三国贸易市场和文化交流活跃,因此满洲里市逐渐发展成为经济与文化的重要交流地以及旅游业快速发展的地区之一。1991年满洲里市与苏联赤塔市正式开通边境旅游。1992年国务院正式批准满洲里市为沿边进一步开放城市。1992年3月,国务院国函文件《国务院关于同意建立中俄满洲里—后贝加尔斯克边民互市贸易区的批复》批准设立满洲里中俄互市贸易区。随着中俄边境贸易的迅速发展,越来越多的俄罗斯人来到满洲里市,俄语在这里逐渐得到普及,并且已成为满洲里市的另一种主要语言。因此,满洲里市的三语"语言景观"直接影响本市经济与文化的发展以及城市美化建设。这种独特和谐的三语"语言景观"吸引了大量国内外游客,推动了本地旅游业的发展,从而提高了经济效益,同时创造了多元化的城市形象,让蒙古国和俄罗斯的游客有回家的感觉,让国内的游客有国外旅游的感觉。

满洲里市使用的主要语言是汉语、蒙古语和俄语,其中汉语和俄语的使用比较广泛。2003年满洲里市政府出台了《满洲里社会市面蒙汉两种文字并用管理办法》《满洲里市社会市面蒙汉文并用牌匾制作单位资格认定办法试行》。2004年内蒙古自治区根据《中华人民共和国宪法》《中华人民共和国民族区域自治法》和国家有关法律、法规,结合自治区实际,制定了内蒙古自治区蒙古语言文字工作条例。该条例于2004年11月26日在内蒙古自治区第十届人民代表大会常务委员会第十二次会议通过,并于2005年5月1日起施行。《内蒙古自治区蒙古语言文字工作条例》第二十二条提出"自治区行政区域内的社会市面用文应当蒙汉两种文字并用"。满洲里市加强实施社会市面蒙、汉两种语言文字的政策,规定了语言标牌上语言的使用由市民族宗教局、市公安局和市城市行政管理执法局等多个部门协调管理,并公布了标牌上的语言应用管理细则。满洲里市政府强调,遵守社会市面蒙汉语并用的政策,同时也对多语言的呈现表示认可。

对满洲里市语言标牌的调查发现,蒙、汉双语并用形式主要呈现在市政府机关和事业单位的语言标牌上;蒙、汉、俄三种语言共用的形式主要呈现在高等教育机构标识牌上及道路的标识牌上。多语形式呈现的语言标牌通常是旅游景点的道路指示牌。警示牌的主要语码为汉语和俄语,但路边警示牌和医院、公园等公众服务机构的警示牌的语言呈现有差异。路边警示牌以汉俄双语形式呈现,而公众服务机构的警示牌多以蒙、汉、俄三种语言呈现。满洲里市国际机场里的指示牌主要以汉英双语形式呈现。本市政府办事机构警示语、指示标牌大多以汉语单语形式呈现,但是政府机关、事业单位标语多以蒙汉双语或汉俄双语形式呈现,也以蒙、汉、俄或蒙、汉、英三种语言形式呈现。

对私人馆所、商店、酒店等的牌匾"语言景观"调查发现,牌匾语言的呈现多为汉、蒙、俄三种语言。以中俄双语或俄语单语形式呈现的商店标牌主要针对俄罗斯顾客。"孙家砂锅""马氏推拿""郭氏木门""马氏化妆品"等以姓氏命名并以汉语形式呈现的私人店铺名称,体现了汉姓文化;"布里亚特包子""巴尔虎火锅"等以部落命名并以汉蒙双语形式呈现店铺名称,反映了蒙古族部落的居住习俗。不同民族的文化特点及跨国文化元素体现在多元化、个性化的私人商铺牌匾"语言景观"中。

语言文字使用及翻译不规范和语言文字书写不规范是满洲里市标牌

"语言景观"存在的主要问题。语言文字使用及翻译不规范主要表现为"语言景观"制作者对社会市面语用字管理方法不了解,对语言的准确使用意识不强,不了解文字规范化的重要意义;"语言景观"翻译者不够了解三种语言文化,语言功底不够扎实,造成了错译、漏译而导致信息篡改或丢失。语言文字书写不规范主要是由于"语言景观"制作者不懂蒙古文和俄文,只是简单地模仿字形,导致错别字的产生。

"语言景观"的构建是一种理性驱动行为,受政治、经济、社会、文化、情感等多种因素的影响,体现多种构建原则。从经济层面来说,语言与其他资源一样,具有价值效用、费用和效益等经济学属性,是一种可用于生产或再生产的资产和资源。因此,"语言景观"对于满洲里市经济发展具有现实意义并产生经济效益。"语言景观"可以展现一个民族的思维方式、民族性格及民族文化特点。文化的核心是语言,文化发生、保存、交流、传递的媒介和文化价值观的储藏仓库也是语言。因此,"语言景观"既是各个民族文化的承载者,也是传承者。满洲里市的私人商铺牌匾"语言景观"体现了汉族和蒙古族部落不同民族的生产、生活特点。蒙古族对自然的崇拜体现在用自然山水命名的蒙古族商人的商铺牌匾"语言景观"中;农耕文化的特点体现在"农家乐""农家院""田园小吃"等这样的牌匾名称中;蒙古族居住文化的特点体现在"金帐汗蒙餐""陶诺图民族工艺品店"等这样的牌匾名称中。城市特色文化是立市之本,也是兴市之本。城市"语言景观"能够优化城市发展环境,展现不同民族的文化风貌,是城市特色文化之一。书写方法、文化特色各有不同的汉、蒙、俄三种语言是满洲里市独特的"语言景观"。满洲里市汉、蒙、俄三语"语言景观"建设是本市市容建设和城市文明建设的一项重要内容,是本市文化建设的重要组成部分。因此,政府相关部门、企事业单位和个人应通力合作来规范满洲里市的"语言景观",这样才能更好地呈现满洲里市的城市面貌,让其得到更多的了解与欣赏。

4.1.3 丹东市"语言景观"案例分析

边境城市——丹东市位于辽宁省东南部,与朝鲜民主主义人民共和国的新义州市隔鸭绿江相望。丹东市是东北亚的中心地带,是东北亚经济圈与环渤海、黄海经济圈的重要交汇点。作为国家特许经营赴朝旅游城市,丹东市是中国对朝贸易最大的口岸城市,并设有中朝边民互市贸易区。丹东境内以自然景观开发形成24处国家、省级以上旅游风景区、自然保护区和森林公园,总旅游资源占地面积1 500平方千米。中朝界河鸭绿江穿丹东而过,是一条别具风情的百里文化旅游长廊。丹东市包括3个市辖区,2个县级市——东港市和凤城市,1个自治县——宽甸满族自治县。丹东市有汉、满、蒙、回、朝鲜、锡伯等29个民族,少数民族主要以朝鲜族和回族为主,是一个多民族聚居地区。随着社会的发展和改革开放的不断深入,丹东以更开放的姿态迎接世界各地的游客,世界各地的语言文化也不断影响着丹东市的"语言景观"。丹东市民的日常用语为汉语和丹东话,常用外语为朝鲜语和英语。丹东市"语言景观"的主要语码呈现为汉语和朝鲜语。"语言景观"中的语言标牌为单语标牌、双语标牌和多语标牌。

对丹东市单语标牌调查发现,标牌用语主要是汉语、朝鲜语和英语。单语标牌以汉语呈现的数量最多,以英语和朝鲜语单语形式呈现的数量占不到调查总数的1/10。丹东市市民普遍接受和使用的语言是官方语言——汉语,且汉语的书写能有效、简洁地传递信息。因此本市语言标牌以汉语单语形式呈现的数量较大。商业店铺名称以汉语命名,市民通过汉语标牌就明白本商业店铺的经营范围,如"侨雅发艺""川菜馆""宝利源水果店"等。店铺标牌为汉语单语标牌也能让语言标牌的设计者有更多发挥创意的空间,如汉语标牌"小馋猫","馋"字的使用让市民很清楚这是一家卖食品的商业店铺。再如店铺标牌"狼的诱惑","狼"字的使用让市民清楚这是一家出售各类肉类制品的饭店。

在经济全球化的影响下,丹东市作为旅游城市吸引了大量的国外游客,国际语言英语的广泛使用也是必然现象。广大市民普遍认识一些简单易懂的英语单词,因此也能够明白英语标牌的指示意义。在丹东,使用英语单语标牌的商业店铺一般都带有浓烈的西方特色,同时使用英语标牌也更容易凸显经营店铺的风格,如咖啡厅"SPR COFFEE"、西餐厅"Seafood & Pasta"、酒吧"July bar"以及服饰商店"Girldear或Balabala"。因其独特的地理位置,朝鲜语为丹东流行的第二语言。店铺使用朝鲜语单语标牌,主要是突出店铺经营的风格特色。使用朝鲜语单语餐饮类标牌的店铺都是朝鲜特色餐厅;使用朝鲜语单语服饰类标牌的店铺皆出售朝鲜族服饰或韩款衣饰;韩式汗蒸房的语言标牌用朝鲜语单语形式呈现。

对丹东市双语标牌调查发现,双语标牌在本市标牌"语言景观"中的占比相当大。双语标牌语言呈现主要形式为:汉朝双语、汉英双语。英语和朝鲜语双语标牌的数量极少,在调查总数中的数量占比不到1/10。汉朝双语标牌的使用数量超过汉英双语标牌的使用数量。在丹东,几乎所有与生活日常相关的语言标牌都使用汉朝双语。出售朝鲜族食品为主的商家使用汉朝双语标牌,标牌上的朝鲜语不仅起到了彰显风格特色的作用,方便了丹东市民,同时还吸引了国内外游客来品尝美味的朝鲜族美食。日杂超市类标牌、服饰类标牌、休闲娱乐类标牌、旅游出行类标牌、医疗保健类标牌等也使用汉朝双语标牌,既彰显了地方特色,又准确地传递了信息,方便当地民众。汉英双语多使用在路标牌、标识语标牌、政府相关部门标牌和景点介绍类标牌上。如"青年大街"(QINGNIAN AVENUE)、"鸭绿江断桥"(YALU RIVER BROKEN BRIDGE)、"东港市滩涂贝类管理站"(Donggang Mudflat Shellfish Management Office)。这样的双语标牌为国内外游客提供了便利,方便了出行。这也使得丹东市与国际接轨,吸引了众多国内外游客,促进了本市经济的发展。

对丹东市多语标牌的调查发现,汉英朝三种语言呈现在几乎所有类型的多语标牌上。景点介绍类标牌都以汉英朝三种语言形式呈现,如"鸭绿江断桥景区收费公示板""观光码头""售票处"。从对多语标牌的调查结果来看,使用最多的语码是汉语,其次是朝鲜语,再次是英语。汉语使用最多是因为丹东市民日常交流使用的主要语言是汉语,除汉语之外,丹东人次优先使用的是朝鲜语。汉英朝三种语码所负载的经济价值和强弱关系可经由汉英朝三种语码之间的优先关系反映出来。从语码优先角度出发来研究某一区域的"语言景观",会发现经济价值更高、更强势的语码更易受到标牌用语设立者的青睐,因此优势语码会放置在中心位置,并且被使用的频率最高。

尽管丹东是个多少数民族聚居的城市,但在社会生活中,其他少数民族的语言文字难以占有一席之地,在丹东城市的"语言景观"中也是极少见到的。从标牌用语的调查数据来看,在丹东市"语言景观"中使用其他少数民族语言的语言标牌数量并不多,有包含蒙语的餐饮类语言标牌的"蒙古包手把肉"和"油酥茶"。带有蒙语语言标牌的店铺吸引的不只是会说蒙语的人,而是所有想要品尝蒙古族美食的丹东民众及游客。在这样的"语言景观"中,语言标牌上起传递信息作用的语言是商业目的的符号,是一种文化符号。正如兰德里与布尔希所说"商业标识上的语言不仅仅是用来表达信息，更重要的是一种象征意义"。

城市"语言景观"大多存在官方与非官方的差异。调查丹东市语言标牌发现，在单语标牌的数量上，官方标牌与非官方标牌存在差别，但在双语标牌的数量上差别不大。多语官方标牌主要是景点介绍类的标牌，这样的语言标牌是为了方便各地游客，而由于多语标牌字数较多较长，且在当地市民日常生活中用处不大，因此非官方标牌较少使用多语标牌。官方与非官方语言标牌上除了在语码使用数量上的差异之外，在语码取向上也存在较大的差异。丹东市标牌用语主要使用汉、英、朝三种语言。其他语言在官方标牌上基本没有被使用，而在非官方标牌上被零星使用。除汉语外，英语较多被使用在官方标牌上，而朝鲜语较多被使用在非官方标牌上。调查单语标牌发现，官方标牌用语的呈现形式均为汉语，而非官方标牌用语的呈现形式主要为汉语，其次为其他语言：朝鲜语、英语、蒙语等。在双语标牌中，官方标牌用语的呈现形式主要为汉语和英语，其次为汉语和朝鲜语，而非官方标牌用语的呈现形式为汉语和英语、汉语和朝鲜语、英语和朝鲜语及英语和法语等。在多语标牌中，官方标牌用语的呈现形式为汉、英、朝三种语言，而非官方标牌用语类型多种多样，除汉、英、朝三语外还有汉、朝、日三语以及汉、朝、蒙三语等。由调查结果推断，官方标牌选择语码是基于语言的政治地位，而非官方标牌选择语码更多的是考虑语码使用所带来的经济商业价值。

丹东市是边境城市，隔江相望的朝鲜文化对本市"语言景观"影响最大，因此，本市语言标牌上朝鲜语的使用频率超过了国际语言英语的使用频率。因全球经济的快速发展，其他国家的语言文化也不断影响着丹东市的"语言景观"，其他外语在"语言景观"中的使用有利于丹东市经济和文化的快速发展，也有利于实现丹东与世界更顺利地接轨。

大家都希望"语言景观"尽善尽美，为自己的城市增彩。但是"语言景观"的内容包罗万象，所以也会呈现出不少问题，需要进一步完善。丹东市的"语言景观"需要在城市的发展中不断改进完善，为城市发展提亮增色。错别字的使用、不规范使用繁体字和外文混乱是丹东标牌"语言景观"中存在的主要问题。

（1）错别字的使用

语言标牌的设立者为了让自己的店铺能够吸引顾客，满足其求新求异的心理,制作语言标牌时忽视了语言文字的规范性,因此,语言标牌上出现了错别字。与此同时,语言标牌上的错别字也没有因为电脑制作语言标牌而消失。错别字指错字和别字。错字,指规范的汉语字典里查不到的字;别字,指人为把"甲"字写成"乙"字。在丹东市语言标牌中有的汉字呈现出错字和别字,如"寻物启示(事)""金利装璜(潢)""饮德食和(饮和食德)""源涞(原来)牛肉馆"。

(2) 不规范使用繁体字

受中国传统文化和现代人求美心理的影响,"语言景观"的设立者和追求古风的商家都喜爱和追捧繁体字,因此,繁体字在社会用语中的使用一直备受关注。《国家通用语言文字法》第十四条中明确规定了标牌用语是普通话和规范汉字,明确限定了繁体字等字体的使用,即使用繁体字时不能使用其印刷体,可使用其手写体。从社会用字的角度出发,社会用字的社会示意性作用决定了语言标牌所用汉字必须是规范汉字。丹东市标牌用语存在不规范使用繁体字的现象,如眼镜店标牌"亞姿眼鏡"中的"亞""鏡"使用印刷体的繁体字,同时在这一标牌上把繁体字和简体字混用。再如"紫雲美容白金会馆"中的"雲"使用了繁体字,而"会馆"使用了其简体字。丹东市语言标牌上繁体字的乱用违背了国家的语言文字法规定的"国家的通用语言文字是规范汉字"。

(3) 外文混乱

外文混乱的情况表现在汉外字体比例不协调、字体多样、翻译不规范。《国家通用语言文字法》第十三条规定:"语言标牌上汉语和外语同时出现时汉语需要使用规范汉字,且汉字应处于整个标牌的主要位置。"调查发现,很多不规范的语言标牌将英文置于主要位置,如"menten 麦特""SPR COFFEE 咖啡比萨"等。还有许多汉字和外语比例失调、协调性差的语言标牌。语言标牌上使用的汉语和外语的字体缺乏统一性,呈现形式多种多样。制作标牌时,语言标牌设立者都是根据自身的需要选择汉语和外语的字体,为标新立异,不考虑统一性,由此产生的"语言景观"不仅杂乱不美观,顾客还容易错认语言标牌。

翻译不完整和外语使用不准确是丹东市语言标牌上外语使用出现的主要问题。调查发现,在有的双语标牌上,汉语意思表达清楚具体,而英语呈现的部分只是翻译了一部分汉语,未完整地翻译出整个汉语的意思,导致翻译不完整,如"咖啡之翼咖餐厅"——"WING CAFE"。在有的语言标牌上,外文使用不正确,直接使用英文字母呈现出每个汉字中的读音,且字音对应,未考虑任何英语语法规则,如"北大荒集团"——"BEIDAHANG GROUP"。

  社会语言文学素养不高是丹东市标牌语言使用不规范的根本原因。语言素养(faculty of language),是语言学习的最高层次,又称语言意识(language awareness),培养学习者的语言能力和交际能力。在丹东市语言标牌上语言使用不规范的问题并未引起民众与社会的关注。双语标牌的设立者不了解语言的重要性和使用语言的目的,制作双语标牌的目的对他们来说,就是用于简单地对照指引,只要出现相应的意思即可,所以对标牌上的两种语言是否规范,他们并不会过多在意。设立具有指示、警告、提示、请求等功能的语言标牌如宣传语、广告语、路标、路牌、警示语、商铺名称等是为了使人们的生活更加便捷,而当双语标牌及多语标牌的用语不规范时,会削弱语言标牌的功能,会影响丹东市的贸易环境、旅游环境,降低城市的竞争力。因此,只有丹东民众使用规范语言文字的能力和对标牌语言使用规范化的认知得到提升,丹东民众的社会语言文学素养得到提高,丹东市的"语言景观"才能得到提升。

  政府及社会监管力度不足也会导致丹东市"语言景观"出现问题。政府相关部门要对"语言景观"进行监管,群众和媒体也要发挥对"语言景观"的监督和监管作用。属于社会公共语的标牌用语,主要用于宣传、提示或警告,在人们的生活当中起着十分重要的作用。如果标牌用语书写错误,那标牌的作用就荡然无存。翻译语言标牌时,要根据语言标牌的不同种类和所展现的不同特点及特殊功能进行准确翻译,如标牌中涉及地名、特有机构名称、特有品牌名称以及著名人物时,要具体情况具体分析,进行合理翻译。因此,相关部门需要制定一套可以参考的翻译标准,社会力量也应参与其中监督翻译标准的实用性。在互联网上,民众可以直接查到北京、西安、沈阳以及大连等地区的牌匾标识设置管理规定,相比之下,丹东市的牌匾用语管理不到位,一些明显不符合《国家通用语言文字》规定的标牌用语长时间处于无人监管的状态。这种"语言景观"现状带来了一定的负面影响,减缓了丹东市语言标牌上语言文字规范化推广的进程。

  《中华人民共和国国家通用语言文字法》对少数民族语言文字的使用也

仅仅依据《宪法》以及民族自治区域法等其他法律的有关规定对少数民族语言文字的使用做出总体原则上的规定。少数民族语言的使用规定缺乏完善的法规制度，导致了语言标牌上少数民族语言使用的不规范。随着社会的发展和科技的进步、国内外交流的不断深化，少数民族地区大量涌现新鲜事物，大量的新词新语也出现在了少数民族语言中。语言标牌上使用由少数民族语言词汇和语法规则构成的词语，体现了本地的民族特色，增强了本地区少数民族的自信心与自豪感。当标牌语言用少数民族语言呈现时，要具体情况具体分析。政府要按照法律法规规范少数民族语言的新语新词，保证少数民族语言文字健康发展，加强少数民族市民对本民族语言的使用。国家及地方政府有关部门应加强对少数民族语言文字的研究，合理制定规范少数民族语言文字的政策法规。新闻媒体以及教育等部门也应积极响应国家号召，对各少数民族语言文字规范性进行了解，理解并积极宣传国家政策。少数民族地区地名、人名翻译大多使用音译，政府应该在原有的基础上，为人名、地名等名词转写做出规范，制定音译转写对照表，为以后出现的音译词汇做参考。因此，解决少数民族地区标牌用语的不规范问题，需要政府有关部门制定出相应的法律法规，规范少数民族语言文字，也让语言标牌的管理者有法可依，让语言标牌的制作者及使用者有据可循。在少数民族地区，"语言景观"中少数民族地区特色的标志由语言标牌上的少数民族语言体现出来。少数民族文字的使用不能只是为了吸引游客，必须遵循法律法规。语言标牌中的少数民族文字应与汉语文字相协调，字号不能随意缩小或放大，要与汉语文字放在同等重要的位置。由于我国是一个多民族、多语言的国家，语言文字的使用一直处于一个相对复杂的状态。促进民族团结、稳定边疆地区团结和谐，做好少数民族语言文字规范的工作具有十分重要的意义。

4.2 省会城市"语言景观"案例分析

良好的城市形象与恰当、得体的城市"语言景观"息息相关。"语言景观"运用恰当得体，既展现城市形象，还能构筑乃至重构城市形象。省会城市通常是本省的第一大城市，是本省的经济、金融、文化、教育、交通和集散中心。省会城市也是每个省极力治理、大力发展的都市,所以其知名度优于省内其他城市。省会城市对本省其他城市具有辐射带动功能。省会城市内的交通路牌、广告牌、街道名、商铺招牌等以及政府机构的公共标牌上的语言文字构成了省会城市的"语言景观"。经济全球化的影响加快了中国城市国际化的进程。作为中国城市国际化的代表城市,省会城市的"语言景观"正在发生着巨大的变化。在新的时代背景下,对省会城市"语言景观"的分析有助于城市良好形象的展示和塑造。

4.2.1 成都市"语言景观"案例分析

素有"千年商都"之称的成都是位于西南内陆的四川省的省会。说起成都的商圈,显然与春熙路密不可分。成都市"语言景观"案例分析基于春熙路以及相邻的太古里。"语言景观"可以展现某个区域内语言的使用特点,与此同时,语言种类的搭配使用可以清晰地反映出当地的"语言景观"。成都市春熙路附近商铺标牌形成的"语言景观"提供了丰富的语言文化信息,也反映了成都社会经济发展的真实面貌。春熙路附近商铺名称使用的语言主要为汉语和英语,其次是汉语拼音、法语、日语和意大利语,还有少量的芬兰语、韩语、德语和丹麦语等。地处内陆的成都,其国际化程度不如沿海地区的城市,但是店铺名称以英语呈现的数量相对较多,且多为国际知名品牌和奢侈品的店铺,如"adidas""JIMMY CHOO""GUCCI"等。调查发现,成都该区域商铺销售超过 200 个国际品牌的货物,品牌数量占全球国际品牌总数的 4/5 以上。

根据《国务院关于印发中国(四川)自由贸易试验区总体方案的通知》的精神,成都结合创交会、西博会等重大展会活动,充分利用中法、中德、中意等国际产业合作平台,围绕内陆自贸试验区建设,加强国际贸易合作。随着成都的经济越来越国际化,对欧洲国家所持的开放态度,国际合作的进一步加强,用法语呈现的商铺标牌数量和用汉语拼音呈现的商铺标牌数量基本相等。成都大力鼓励发展个性消费、定制消费来满足不同群体的多样化消费需求。同时大力发展个性化旅游、教育、医疗等,促进消费服务精细化、精品化,并以大数据技术为基础,创新开发旅游产品。因此,很多本土品牌的商铺标牌或商标非常有个性,语言标牌上的商铺名称中会出现自造字或者是品牌的商标符号。

通常来说,商铺名称符合大多数群众的语言认知,多使用简洁易记的简化字。但是有部分商铺为营造出历史悠久、古朴典雅的氛围,在语言标牌上优先选择使用繁体字。调查发现,含有繁体字的商店名称在北京、上海、深圳、武汉、西安五大城市中,所占比例分别为1.3%,15.2%,18.2%,3.5%,2.1%。而成都市繁体字在语言标牌上的使用比例比上海和深圳低,但比北京和西安高。成都语言文字官网公布的四川省《中华人民共和国国家通用语言文字法》第十四条规定:"企业名称、商标名称、标签、标识、产品介绍等用字应当使用规范汉字。商业牌匾和招牌等需要保留繁体字、异体字的,应当在显著位置配放规范汉字标志牌。"在语言标牌上正确使用繁体字的合法性推动了成都市的商业牌匾和招牌使用繁体字来吸引大众的注意力,提高了店铺的竞争力,促进了经济的发展。

在成都市的春熙路及周边以汉语单语形式呈现的商铺名称最多说明汉语的社会地位是不容动摇的。其次是以英语单语形式呈现的商铺名称,说明英语的功能性远远超过其他外语。

成都市商铺名称"语言景观"中存在语言文字使用不规范的现象主要是繁体字的使用和汉语拼音的使用。《国家通用语言文字法》规定在语言标牌上可以使用繁体字,但是"应当在显著位置配放规范汉字标志牌"。调查结果显示,在工商部门注册的商店名称和实际使用的牌匾存在差异,标牌名称中有繁体字字形的商铺并未遵守《国家通用语言文字法》的规定,这表明政策的实施和语言标牌设立者的选择是有差异的。《国家通用语言文字法》第十六条规定:"国家通用语言文字以《汉语拼音方案》作为拼写和注音工具。汉语拼音在公共设施中不能单独使用,需要使用汉语拼音时,可加注在汉字的下方。"但在成都市春熙路的商铺招牌中有单独使用汉语拼音作为商铺名称的现象。店铺使用这样的标牌应该是一种为了区别于其他店铺而采取的营销策略。"语言景观"既有信息功能又有象征功能。信息功能是"语言景观"的基本功能,是语言的显性功能,也是语言本身存在的前提,指"语言景观"可以提供信息;象征功能是语言的隐性功能,指"语言景观"能映射语言权势与社会身份和地位。因此,商铺语言文字使用不规范的现象应得到重视,政府相关部门应进一步加强管理、规范标牌用语。

4.2.2 呼和浩特市"语言景观"案例分析

呼和浩特市是内蒙古自治区首府,是内蒙古的政治、经济和文化中心。呼和浩特市是呼包银城市群核心城市和呼包鄂城市群中心城市,是中国向蒙古、俄罗斯开放的重要沿边开放中心城市,是连接黄河经济带、亚欧大陆桥和环渤海经济区域的重要桥梁。汉族人为全市主要常住人口,蒙古族是主要少数民族。呼和浩特文化集典型的游牧文化、农耕文化于一体,是两者的结合体。

主要参考塞诺斯与戈特采用的方法来分析呼和浩特市的"语言景观","语言景观"中的语言标牌主要来源于呼和浩特市的四个区域:回民区中山西路和高校周边商业区、内蒙古大学和内蒙古师范大学、旅游景区大昭寺和内蒙古博物馆。在这四个区域中,语言标牌使用的语码种类为:单语(汉、蒙、英)、双语(汉英、汉蒙、蒙英)和三语(蒙、汉、英,蒙、汉、藏)。四个区域中使用单语的情况较为一致;高校和景区的标牌用语基本为双语和三语;为了更好地服务参观者,博物馆的标牌用语主要为三语和双语。调查发现,博物馆展览与民族文化相关的内容时,语言标牌呈现为双语和三语的比例比较高,而在一些普及展览中,博物馆大多使用单语标牌。由于大昭寺是藏传佛教的寺庙,在此景区的一些语言标牌上出现了藏语。

呼和浩特市的语言标牌多是双语(汉蒙、蒙英)标牌或三语(蒙、汉、英,蒙、汉、藏)标牌,这与当地的语言政策相关。2001 年,呼和浩特市和内蒙古自治区人大常委会审议通过了《呼和浩特市社会市面蒙汉两种文字并用管理办法》。2012 年,政府对《管理办法》进行了修正。内蒙古自治区作为蒙古族聚居地,蒙古族为呼和浩特市的主要少数民族,蒙古族语言文化必定会受到保护并传承下去。内蒙古自治区结合本区实际情况,根据《中华人民共和国宪法》《中华人民共和国民族区域自治法》和国家有关法律、法规,制定了《内蒙古自治地区蒙古语言文字工作条例》。2004 年 11 月该条例在内蒙古自治区第十届人民代表大会常务委员会第十二次会议上通过,并于 2005 年 5 月 1 日起实行。制定该条例是为了规范蒙古族语言文字,为学习和使用该语言文字制定标准,促进蒙古族语言文字繁荣发展,使其在社会生活中更好地发挥作用。该《条例》第二十二条规定,内蒙古自治区行政区域内的社会市面用文应当蒙汉两种文字并用。因此,在调查的四个区域中,双语标牌和三语标牌的用语中都使用蒙文,且多以蒙汉和蒙汉英语言组合形式呈现。蒙汉两种文字在呼和浩特市"语言景观"中的使用率都超过了95%。

象征功能是"语言景观"象的隐性功能,开发城市"语言景观"的象征功能可以提升本地的知名度,促进城市经济发展,带来更多的经济收益。历史悠久和文化深厚的蒙古族拥有丰富的"语言景观"资源。语言标牌上蒙文的规范使用可服务游客,为游客带来便利。与此同时,蒙文"语言景观"的审美欣赏价值需要被开发,"语言景观"应与景区自然风光和人文景观相互搭配、相互融合。少数民族文字使用在旅游景区的指示牌上会给游客带来一种异域的新奇感受;少数民族文字字体和符号在历史遗迹、古代建筑这类景区语言标牌上的适当使用可营造出一种时空穿越的氛围,让游客沉浸其中。

呼和浩特市标牌"语言景观"中也存在一些问题,主要为两种双语标牌中蒙汉两种文字使用不够规范和蒙语翻译没有统一的标准。《呼和浩特市社会市面蒙汉两种文字并用管理办法》(简称《管理办法》)第五条对语言标牌上蒙汉两种文字的使用在书写、制作、悬挂、摆放等方面都提出了具体要求。调查发现,《管理办法》制定的标准落实不到位,一些蒙汉双语标牌上蒙汉文字字体大小不一致,制作材料不同。蒙文翻译缺乏统一的标准,翻译方面的法律法规亟须制定。蒙文"语言景观"是呼和浩特市公共场所中所有可视的书面语言的集合,是外来游客对这座城市的第一印象。确保语言标牌上蒙文运用的准确性,基于正确规范的基础,才能创新呼和浩特市的"语言景观"。随着全球化的深入,城市中随处可见的广告牌、交通指示牌、警示牌、宣传标语等这些"语言景观"都不再仅仅服务于本市民众,而是服务于更为广泛的群体。"语言景观"标准化、整齐划一的城市,其品质和文化将更加突出。

4.2.3 长沙市"语言景观"案例分析

湖南省省会——长沙市是湖南省的政治、经济、文化、科教及商贸中心。长沙有着3 000年悠久的历史文化,是楚文明和湘楚文化的发祥地。调查的长沙市"语言景观"主要是商业区和景区的语言标牌。商业区语言标牌主要来源于长沙最繁华的商业圈,选取商业圈内现代商业街、历史文化风情街、居民生活背街小巷三种不同类型的街道为代表。现代化商业街是长沙时尚消费的主要场地,街内汇集了众多的大型购物中心、品牌专卖店和连锁卖场。历史文化街体现传统商业民俗风情,汇集了老字号、传统餐饮等店铺。居民生活背街小巷是指居民生活区域内的小街巷。景区语言标牌主要来源于长沙市5A级景区——岳麓山风景区和橘洲景区的语言标牌。

"语言景观"的信息功除了能为人们提供信息外,还能帮助人们了解一个城市内语言使用的特点。调查显示,长沙市语言标牌中使用的语码包括汉语、英语、日语、韩语、泰语以及藏语。语言标牌主要分为单语标牌(汉语、英语、日语、韩语、泰语以及藏语)和双语标牌(汉英、汉韩、汉日、汉泰、汉藏),三语及以上的标牌基本没有。单语标牌中,纯汉语标牌的数量占总数的1/2以上,纯外语的语言标牌数量比较少。双语标牌中,以汉英双语呈现的标牌数量最多,其他双语呈现的标牌数量极少。双语标牌中,汉语为优势语码的语言标牌数量最多,英语为优势语码的语言标牌数量占比不到总数的1/3。地处中部地区且对外交流并不丰富的长沙市,国际化程度并不高。长沙市的语言标牌多为单语标牌和双语标牌,且语言标牌中汉语的使用占绝对优势,其次是英语。汉语用来交际并传递信息,英语通常没有实际的交际功能。日语、韩语、泰语和藏语在语言标牌上的使用并不是为了交际,而是为了展现店铺商品的特色,表明店铺出售的商品可能与这些国家或民族有关。因此,汉语是长沙市"语言景观"中频繁使用并传递实际信息的主要语码。使用英语的语言标牌中大多是服装、餐饮等品牌名称,如美国著名的帆布鞋品牌"Converse"、丹麦时尚品牌"Kilo & Meters"、国内男装品牌"K-boxing(劲霸)"、国内鞋类品牌"red dragonfly(红蜻蜓)"。有些店铺为了给人一种国际化、高端化、潮流化的感觉,店家根据汉语拟音将自己的店铺以英语命名,如"Moral Houses""Souso"。因此,呈现在长沙市语言标牌上的英语只有象征、装饰功能,不传递实际信息,没有实际交际作用。

根据标牌的设立者的身份不同,语言标牌可以分为官方标牌和私人标牌。政府设立的路牌、街牌、政府通告和宣传标牌等具有官方性质的语言标牌为官方标牌;私人或企业设立的商铺名称、企业名称、广告牌、海报等以传播商业信息为目的的语言标牌为私人标牌。依据现行的政府语言政策,长沙市的官方语言标牌主要为汉语单语标牌和汉英双语标牌。官方汉语单语标牌通常用于政府宣传标语标牌和政府机构名称标牌;官方汉英双语标牌主要用于道路指示牌和地铁站名称标牌。私人单语标牌包含汉语和英语单语标牌;私人双语标牌有汉英双语标牌、英汉双语标牌以及少量的汉韩、日韩等双语标牌。在私人标牌中,汉语单语标牌的使用数量在总数中占绝大多数,其次是汉英双语标牌。

  一个城市独特的"语言景观"可由城市内各具特色的街道反映出来。长沙市的现代商业街和历史文化街语言标牌主要为单语标牌和双语标牌,标牌语码呈现形式为:汉语单语和英语单语、汉英双语和英汉双语以及汉日、汉韩双语等。在现代商业街,单语(汉语或英语)标牌和双语(汉英或英汉)标牌的数量基本相等。在历史文化街,汉语单语标牌的数量最多,其次为英语单语标牌和汉英、英汉双语标牌。而在居民生活背街小巷,语言标牌主要是汉语单语标牌和汉英双语标牌,且汉英双语标牌主要用于路牌和街牌。街道性质的不同,决定了"语言景观"的不同。虽然居民生活背街小巷和历史文化街都使用双语标牌,但是由于这两条街性质不同。居民生活背街小巷相对来说具有封闭性,语言标牌多服务于本地居民为其传递信息,双语标牌仅限于汉英双语标牌。而具有地域文化的历史文化街为展现历史以及当地风情,语言标牌使用汉英、英汉双语标牌以及其他语言的标牌,既传递了信息,又吸引了外来游客,展现了城市形象,"语言景观"的象征性在此得到体现。长沙市"语言景观"中汉语单语标牌的数量占绝对优势,而其他语言标牌的使用又显示了其开放的一面,吸引了大量的国内外的游客,促进了城市经济的快速发展。

  根据调查,长沙市旅游景区语言标牌上呈现的语码主要有汉语、英语、日语和韩语。在旅游景区所有调查的语言标牌中,汉语单语标牌的数量占总数的1/2,英语单语标牌的数量极少。双语(汉英、英汉)标牌和多语(汉英韩、英汉韩、汉英日韩)标牌的使用数量基本相当。所有的语言标牌上都有汉语,有英语的标牌占1/2左右,有韩语的标牌不到1/3,有日语的标牌要少于有韩语的标牌。多语标牌上语码的排列顺序首位为汉语,其次为英语。调查结果显示,旅游景区的语言标牌上汉语是占绝对优势的语码。长沙市旅游景区的语言标牌呈现形式为以汉语语码为主,并配有英语翻译,外加韩语和日语配注。韩语和日语在标牌中的使用,反映了长沙市的外国游客有很多来自韩国和日本。长沙市提高景区语言文字的软实力,提升语言标牌的服务力度,吸引了更多外国的游客,努力把景点推向国际。

  翻译不规范是沙市"语言景观"中存在的主要问题。翻译不规范包括两种,一种是翻译用词不统一,第二种是不同语种的翻译排列顺序不一致。翻译用词不统一主要存在于路牌和交通指示牌上,其语言标牌通常以汉英双语呈现。"街"的英语呈现形式有汉语拼音"Jie"、英语单词"street"及英语缩写形式"Str."。"路"的英语呈现形式有汉语拼音"Lu"、英语单词"road"及英语缩写形式"Rd"。"大道"的英语呈现形式有汉语拼音"DADAO"和英语缩写形式"AVE"。"西路"的英语呈现形式有汉语拼音"XiLu"、英语形式"West RD."及英语缩写形式"Rd(w)"。不同语种的翻译顺序不一致主要存在于岳麓山景区和橘洲景区的多语标牌上。景区中的多语标牌上日语和韩语的呈现位置不一致,有些语言标牌上日语呈现在韩语之前,而有些标牌上日语在韩语之后。

  城市中的交通指示牌、路牌、公交站牌等语言标牌上语码翻译的不统一,会给在当地生活和来此旅游的外国人带来困惑和不便。翻译混乱的"语言景观"也会影响城市形象。1967年第二届联合国地名标准化会议做出决定,要求各国和地区在国际交际中都使用罗马字母拼写,使每个地区的地名中只有一种罗马字母的拼写形式,称为"单一罗马化"。如"太平街——Taiping Str."Taiping是中文罗马字母拼写,Str是英文罗马字母拼写,一个地名中出现了两种罗马字母拼写不符合"单一罗马化"的规定。《中华人民共和国国家通用语言文字法》第十八条规定"《汉语拼音方案》是中国人名、地名和中国文献罗马字母拼写法的统一规范,用于汉字不便或不能使用的领域。"按照此规定,城市中的有关路牌的名称,不需要翻译成英语,直接以汉语拼音呈现即可。《中国地名汉语拼音字母拼写规定》第一条规定:"由专名和通名构成的地名,原则上专名与通名分写。"此规定给出了汉语拼音连写与分写的标准。因此,路牌"车站路"以中文罗马字母呈现形式为"Chezhan Lu"。《中国地名汉语拼音字母拼写规则》第十条规定:"地名中的第一个字母大写,需分段书写的,每段第一个字母大写,其余字母小写。特殊情况可全部大写。"因此,街道语言标牌上的中文罗马字母拼写全部大写并没有错,但是不便阅读和识别,最好应有字母大小写。《中国地名汉语拼音字母拼写规则》第二条规定:"专名或通名中的修饰、限定成分,单音节的与其他相关部分连写,双音节和多音节的与其他相关部分分写。"由此可得,路牌"湘江中路"以中文罗马字母呈现形式为"Xiangjiang Zhonglu"。从整体调查结果来看,长沙市"语言景观"中除路牌的翻译的英译名外,其余语言标牌的用字、拼写、外语词的使用相对来讲都比较规范,这说明长沙市的语言文字规范工作成效显著。

4.2.4 乌鲁木齐市"语言景观"案例分析

新疆维吾尔自治区首府——乌鲁木齐,简称"乌市",其历史悠久,是自治区的政治、经济、文化、科教、金融及交通中心。"乌鲁木齐"为古准噶尔语,意为"优美的牧场",是中原与西域经济文化的融合处、东西方经济文化的交汇点——古丝绸之路新北道上的重镇。城区内有驰名中外的红山、鉴湖、阅微草堂等"八景",近郊有南山风景区等旅游胜地。乌鲁木齐是一个多民族聚居的城市。世居民族有汉族和维吾尔、回、哈萨克、满、锡伯、蒙古、柯尔克孜、塔吉克、塔塔尔、乌孜别克、俄罗斯、达斡尔族12个少数民族。维吾尔族和回族在城区有相对集中的居住区域,其他少数民族则是居住分散。气势雄伟、形态壮观的红山位于乌鲁木齐市中心的红山公园内,是乌鲁木齐繁荣发展的象征。红山海拔910.6米,是国家4A级景区。红山公园是当地市民和国内外游客休闲、游憩的主要场所,是一座独具古典特色并具有旅游观光、人文内涵和体育健身功能的综合性自然山体公园。乌鲁木齐市"语言景观"的调查对象主要是红山公园景区内的语言标牌,主要从标牌分类和功能对语言标牌进行分析。

调查结果显示,红山公园内的语言标牌分为官方标识牌和私人标识牌。由于红山公园是国家级4A级景区,语言标牌主要为官方标识牌。在园区内的所有语言标牌中,单语(汉语)标牌最多,多语(汉、英、维)标牌次之,最少为双语(汉英、汉维)标牌。官方标识牌中,多语(汉、英、维)标牌的数量仅次于单语(汉语)标牌的数量;在私人标识牌中基本全是单语语言标牌,不存在多语语言标识牌。

"语言景观"反映着某一特定区域内公众交流沟通的用语倾向。中国境内的风景区,语言标牌上以汉语为优势语码,无论是从语言政策的角度,还是从语言服务目标语受众的角度来看,都是合理合规的。红山公园园区内多用单语(汉语)标牌,国家通用语言——汉语是红山公园语言标牌上的优势语码,但只使用单语(汉语)语言标牌会给国外游客带来不便。在全球化发展的大背景下,多语标牌是一种独特的"语言景观"。红山公园内,多语

(汉、英、维)标牌的使用仅次于单语(汉语)标牌的使用说明越来越多的国内外游客来新疆观赏其独特的风光,体验新疆不同于别处的独特文化。社会市面的语言标牌中,多语标牌上英语的呈现形式的表现分为两种类型:一种是通用名的音译;另一种是"单一罗马化"的原则——用罗马字母拼写呈现。因此,红山公园园区内的多语(汉、英、维)标牌英语呈现方式为两种,如语言标牌上"红山"的英语呈现形式为"Red Hill"和"Hong Shan"。但新疆维吾尔自治区政府相关部门应重视多语(汉、英、维)标牌中存在的问题,即英语拼写错误。在乌鲁木齐市红山公园全景导示图中"远眺楼"正确的英语拼写方式应为"Yuantiao Pavilion"。

指示是人类语言的基本功能,语言加图形的结合更清晰明了地起到了指示作用。分布在红山公园园区内的沿途信息语言标牌起到服务指引游客的作用,如入口处的语言标牌、出口处的语言标牌以及加箭头图像的语言标牌。

宣传具有激励鼓舞、劝服、引导、批判等多种功能,其作用是劝服。公园园区中的宣传栏是思想宣传的阵地,公益宣传语及"文明游园的十不准准则规范"等标牌的设立,起到号召公众注意自己行为举止的作用。

说明的意思是解释清楚,讲明白,说明原因。公园园区垃圾箱上的"可回收"和"不可回收"的语言标识告诉公众垃圾应分类丢弃。红山铭文、红山宝塔简介及各个游玩处名称的语言标牌让市民及游客对红山公园的历史及发展状况和游玩项目有全面的了解。

限制的意思是阻碍制约;强制的意思是用某种强迫的力量或行动对付阻力或惯性,以压迫驱动达到或影响,使别人服从自己的意志。在红山公园内,我们可以看到"文明游园十不准准则规范"。这类语言标牌的设立是让游客遵守规则以保证游客在园区内正常游玩。

伴随着社会经济的快速发展,人们也越来越关注区域文化景观。好的语言环境得益于良好的"语言景观",同时良好的"语言景观"也可以拉动该区域的社会经济效益;反之,混乱错误的"语言景观"会给人们的学习生活带来诸多不便,也不利于当地社会经济的发展。蓬勃发展的新疆旅游业吸引了越来越多的国内外游客来新疆欣赏独特的西北风光,新疆政府部门应该规范语言标牌用语,完善当地各景区语言标牌,提高各景区的"语言景观"服务质量。

4.2.5　郑州市"语言景观"案例分析

河南省省会——郑州,简称"郑",是长江以北经济发达的省会城市,古称商都,是中原城市群核心城市。郑州是国务院批复确定的中国中部地区重要的中心城市和国家重要的综合交通枢纽。"博大、开放、创新、和谐"是郑州的精神所在。

郑州市"语言景观"的研究调查对象主要是繁华商圈及周边临近的商铺招牌和广告牌等。研究此区域的语言标牌采用的是国际"语言景观"研究惯例的个体法,即每一个语言标牌为一个分析单元。"语言景观"中商铺招牌名称包括四个部分,即所在地名、通名、属名和业名。所在地名,居于店铺名之首,是商铺所在国家(地区)名称或者县级以上行政区划名;通名是商业单位的通用称呼;业名展示商铺经营特点和范围,是对通名的限定;属名标明商店所属或区别性特征,是商铺个性特征的体现。

调查发现,郑州市的商铺招牌和广告牌的语言标牌主要为汉语单语标牌,汉英双语标牌数量较少。郑州市的商铺招牌和广告牌遵循语言标牌命名的"黄金格"原则。商店命名的"黄金格"原则是商铺名称存在着一个最佳的音节数(3、4或5个音节)。3个音节、4个音节和5个音节的长度范围能够提供最有效的语言信息,符合人类的记忆规律,因此是命名的最佳音节长度。"祥和源金店"共5个音节包含属名、业名和通名,读店铺名称让民众一目了然,清楚这是一家出售黄金饰品的商店。大众熟知的鞋类品牌"富贵鸟"和"千百度"虽然省去了业名和通名,语言标识只剩3个音节,但仍然能够有效地传达信息,而且符合语言的经济省力原则和标牌命名的"黄金格"原则。谐音是许多店铺名称青睐的命名手法。这种手法的使用将店铺个性特征和店主的美好心意融入语言标牌中,体现了店家的标新立异,吸引了消费者的眼球,促进了消费,可谓一举两得。如"豪享(好想)来西餐厅""尚(上)座自助火锅""携(鞋)时尚潮流鞋店"。

经济全球化不断地影响着郑州,世界通用语言——英语被广泛应用在语言标牌上。郑州市的语言标牌中也存在一定数量的双语(汉英、英汉)语言标牌。多语语言标牌上各语言文字的排列顺序代表了各语码的优先关系,反映了各语码在本区域内的语言地位。郑州双语店铺标牌上的语言排列顺序表明了英语为优先使用的语码,汉语语码不占优势。一些国内的品牌选用英语标牌意欲展现国际化、时尚化。店铺名称用英语呈现体现了店铺经营者想显示自己商品的优良品质和高品位。这说明作为省会城市的郑州开放程度比较大,外来事物对其影响较大。郑州市"语言景观"调查研究帮助我们了解城市现代化的程度对语言生态和语言政策制定都有一定的影响。

4.2.6 西安市"语言景观"案例分析

陕西省省会——西安,是副省级市、特大城市、关中平原城市群核心城市、国务院批复确定的中国西部地区重要的中心城市,是国家重要的科研、教育和工业基地。西安一直是中国最佳旅游目的地和中国国际形象最佳城市之一。随着西咸一体化建设的跨越式发展,西安成为国家中心城市,引领城市群发展,带动区域发展,西咸都市圈应运而生。作为西咸都市圈的引领城市,西安的"语言景观"既是对外交流、对外宣传的重要名片,又是西安旅游形象展示的窗口。"语言景观"必然是这座城市文化底蕴的展示牌。西安市"语言景观"建设的质量在一定程度上反映了西安市的文明程度和国际化水平。西安市"语言景观"案例分析的调查对象为回民街的语言标牌和西咸都市圈生态农业产业园区内的语言标牌。

回民街是西安小吃街区,是西安著名的美食文化街区,是6万多回族穆斯林群众的聚居区。街区内,中国传统建筑风格和穆斯林建筑风格相融合的各色店铺随处可见;民族服饰店、工艺品店、清真副食店、回民餐饮店鳞次栉比。清真饮食城、民族购物中心、清真寺和回民生活区"相映成趣"。回民街作为西安最具代表性的文化景点之一,每天接待成千上万的国内外游客。

调查结果显示,作为饮食集中的街区而出名的回民街,其语言标牌多以餐饮类的语言标牌为主。语言标牌的呈现形式主要为单语(汉语、阿拉伯语、英语)或双语(汉语为主,阿拉伯语、英语、泰语、日语为辅)标牌。因清真餐饮是回民街的主要特色,餐饮店多使用阿拉伯语单语语言标牌和双语(汉语和阿拉伯语)语言标牌,因此,阿拉伯语在此区域为较为优势语码。以汉语呈现的单语语言标牌数量占总数的1/3。整体来看,在所有语言标牌上,汉语为优势语码。汉语文字有字形和繁简的差异,在回民街语言标牌上,汉字的多种字形被使用在店铺牌匾上，主要以行书和楷书为主。在回民街的语言标牌上，汉字为繁体字的店铺标牌的数量占总数的1/3多。汉字字形的呈现形式及繁体字的使用与回民街的历史文化感相符合，蕴含着浓厚的历史文化气息。黑色给人庄严肃穆的感觉，黄色即金色蕴含着富贵吉祥。回民街店铺名称标牌的颜色以黄黑色组合为主，黑底黄字符合传统商业牌匾的特点。另外，黑底黄字也含有"金字招牌"的意思。回民街作为西安重点旅游区域，其"语言景观"是西安市对外形象展示的一个窗口，是西安市的重要标志与符号。

  调查发现回民街的"语言景观"也存在不少问题。调查的官方标牌中，回民街的路牌名称语言呈现形式多样化，有的以汉语和拼音形式呈现，有的以汉语、英语和拼音形式呈现。官方警告语、街区旅游服务点关于路线介绍的语言标牌都仅以汉语单语形式呈现，缺少外语。旅游纪念品街的语言标牌为双语（汉语和阿拉伯语）标牌，但对于大多数游客来说，阿拉伯语只是起符号象征作用，外来游客如果不懂汉语可能会造成不便。调查发现，私人商业标牌的设置随意性较大，缺乏统一的监管。一些私人店铺的标牌有主标牌和副标牌，且主标牌被副标牌淹没，店铺标牌可观性较差。还有一些私人商业标牌的信息功能较弱，仅凭店铺名称，顾客无法知晓店铺出售何种商品。信息功能和象征功能是语言标牌作为"语言景观"的两大功能。信息功能是主要功能，如果店铺招牌用语信息混乱，那么招牌存在的意义就弱化了。

  政府相关部门应按照"语言景观"的信息功能和象征功能对回民街的"语言景观"做整体规划。首先应对双语和多语标牌进行规范管理。恰当、准确的"语言景观"才能更好地向中外游客展示回民街区历史文化的内涵和魅力。其次应对私人商业"语言景观"进行整改。在尊重店铺经营者意愿的基础上，给予科学、统一、规范的指导建议，要求店铺语言标牌的设计者结合语言学、景观设计等专业知识来设计店铺的语言标牌。只有对回民街的"语言景观"进行科学合理的规划，起到模范示范作用，整个西安旅游景点的服务水平才能得到提升。

  随着西咸一体化进程的发展，西咸都市圈生态农业产业园区的规模逐渐扩大。西咸都市圈的"语言景观"建设质量反映了国家中心城市——西安市的文明程度和国际化水平，有助于招商引资，扩大农产品销售渠道。农业产业园区被打造为西咸新区现代农业的新名片,也是城市形象对外宣传的重要名片。农业产业园区"语言景观"的质量对于招商引资、拓展产品销售渠道发挥着重要的作用。农业产业园区"语言景观"建设质量低下会制约西咸都市圈农业产业的对外形象,不利于农产品的品牌化战略建设。西咸都市圈生态农业产业园区"语言景观"的调查对象为农业产业园区的语言标识牌,主要分析语言标牌上英语的表达方式。

泾河生态农业产业园位于泾阳县,当地大力发展地方产业,一些地方特产已经作为地方特色文化引领品牌潮流,如泾阳县的泾阳茯茶。泾阳茯茶香味独特,享誉全国,给产业园带来了较为丰厚的利润,因此建立了茯茶文化体验园。"茯茶文化体验园"的语言标牌采用汉英直译的方法,在形式上显得死板,从"语言景观"的信息功能方面看也无法为目标语受众准确、清晰地展现茯茶文化。因茯茶制作工艺独特,制成后为长方砖形,规格为35厘米×18.5厘米×5厘米,因此茯茶应翻译为"Fubrick Tea"。要让"语言景观"的信息功能得到有效发挥,必须解决中心词汇表意不清楚的问题,因此,"茯茶文化体验园"其英语的呈现形式应表达为"Experience Park of Fubrick Tea Culture"。

"创译"不仅是翻译,而是传统翻译的高级延伸。"创译"是在语言翻译的基础上,用目标语的语言依据文化背景对信息进行重组,使信息读起来就如同为目标语读者编写的一样。创译的文本可以与目标语受众产生强烈的情感共鸣。"绿盈盈农业观光园"的语言标牌上英语的表达为"Green Agricultural Sightseeing Park"。其汉语表达用到了形容色彩的叠词,既有和谐音律,又有摹状的效果。英语的表达淡化了汉语的表现形式,只凸显了其本质含义。但是针对语言标牌使用的环境,为了达到一定的语义效果,语言标牌设计者需要对译文进行"创译"。因此"绿盈盈农业观光园"经创译后英语表达为"Agricultural Sightseeing Park with Vitality"。"with Vitality"作为介词短语加在了中心词"Park"之后,让目标语受众感受到了生机和新生,有一种心旷神怡的感觉。经创译后的英语表达准确传递了语言标识牌的指示意义,"Vitality"的使用准确传递了园区"语言景观"设计的用意。

标志里的文字大小写主要为标志的视觉效果服务,不同的产品定位决定了标志标牌上中英文大写还是小写。如汽车和大部分电器,为了让消费者产生信赖感,让产品给人高档感,通常标志标牌中的英文会采用大写。通常情况下,一些机构为了体现严肃性与信赖感,其标志中的英文会选择大写居多。"雅泰羊乳文化中心"的语言标牌上英语的表达为"YaTai Goat Milk Cultural Center"。语言标牌设立者在确立准确的语言表达时,必须查阅相关企业文化和相关表述。"雅泰"是羊乳品牌,是品牌标志,应大写。这种情况下,"雅泰羊乳文化中心"准确的英语表达应为"YATAI Goat Milk Cultural Center"。因此"大秦之水生产基地"的英语表达应为"Production Base of DAQINSPRING"。

社会人文素养是社会文明的标志,是一个社会汲取历史经验教训、积累文明成果的结果。它是衡量社会文明的尺度,是文明成果的最重要部分。人文素养指人的内在品质,是人类的知识水平和对人文科学的研究能力以及人文科学体现出来的以人为对象、以人为中心的精神。天人合一思想,是中华民族五千年的思想核心与精神实质。它指出了人与自然的辩证统一关系,表现了人类生生不息、则天、希天、求天、同天的主义和进取精神;体现了中华民族的世界观、价值观的思维模式的全面性和自新性。天人合一即人与自然的和谐统一。旅游是人们与大自然直接接触,是一种娱乐行为。人们通过旅游感受大自然的丰富内涵,增长了知识,满足了好奇心,促进了身心健康。旅游养生就是人们利用旅游活动来调整心态,保持身心健康。"天人合一观光园"这一语言标牌上英语的呈现为"Unity of Heaven and Human Sightseeing Park"。天人合一观光园里的花木郁郁苍苍,宛如世外桃源,走进天人合一观光园,来此旅游便可以享受诗画生活。因此,英语表达应该突出人类与自然界和谐的理念,比较恰当的翻译应为"Sightseeing Park of Nature-human Harmony"。对具有文化内涵的"语言景观"进行翻译时,语言标牌的设计者必须具备一定的人文素养和背景知识,这样才能使目标语受众能够准确理解语言标牌的含义。

语言服务经济,传承文化。为了保证西咸都市圈各大产业园的"语言景观"的翻译质量,政府相关部门应该严格监督各大产业园区"语言景观"的设计和翻译。语言标牌的设计者也必须具有专业素养和扎实的语言功底,这样才能保证语言标牌的译文的质量,杜绝粗制滥造。合理构建各大产业园区的语言标牌,对提升西安城市品位将起到积极的促进作用。西咸都市圈各大产业园区的建设顺应时代要求,做好该区域的"语言景观"建设尤为重要。

4.2.7　广州市"语言景观"案例分析

广东省省会——广州是国家历史文化名城,是国务院定位的国际大都市、国际商贸中心、国际综合交通枢纽和国家综合性门户城市。广州地处华南,与香港、澳门隔海相望,是中国的"南大门",是海上丝绸之路的起点之一,有"千年商都"之称。作为对外贸易的窗口,众多外籍人士在广州居住,因此广州也被称为"第三世界首都"。广州市"语言景观"案例分析的调查对象为广州重要商埠——沙面岛、上下九路步行街、北京路步行街及天河城商圈的语言标牌。

沙面岛曾是广州的重要商埠。百年间,在沙面岛上设立领事馆的国家已超过10个,在沙面岛经营的外国银行有9家,经营的洋行有40多家,在沙面岛上相继设立了粤海关会所、广州俱乐部等。作为我国近代史与租界史的缩影,沙面岛见证了广州近代史的变迁。独具欧洲风情的建筑在沙面岛上形成了一个别具一格的露天建筑"博物馆",吸引了大批国内外游客,使沙面岛成为广州著名的旅游观光区、风景点和休闲度假胜地,现已被开发为国家5A级旅游景区。

调查结果发现,广州沙面岛旅游区的语言标牌主要是单语(汉语)标牌和双语(汉英)标牌。如果仅使用单语(汉语)标牌会给国外游客带来不便,限制他们解读广州沙面岛旅游区的历史文化。因此,作为各个国家和地区首选的语言文字传播媒介,英语是国外游客与广州历史文化之间的桥梁和纽带,帮助外国游客了解广州沙面岛的历史文化。广州沙面岛旅游区双语标牌上外语文字的呈现形式主要是英语。双语标牌上英语表达必须翻译准确才能有助于沙面岛旅游业的发展。

语言标牌上英语表达准确必须严格遵循翻译标准,提高翻译的质量。翻译时要保留语言标牌中汉语的本质意思;在不改变汉语本质意思的基础上,适当减少不必要的繁杂字句;翻译结果要避免中式英语,语言表达要符合英语的表达习惯。"鹅潭居委会"的语言标牌为汉英双语标牌,其中英语表达为"Etan Neighborhood"。《中华人民共和国城市居民委员会组织法》(以下简称《组织法》)第二条规定:"居民委员会是居民自我管理、自我教育、自我服务的基层群众性自治组织"。自《组织法》颁布实施以来,在城市基层社区建设和服务中,居委会发挥的作用越来越大。而 neighborhood 在英语中的意思为"邻居或附近片区",不带有居委会的意思。"鹅潭居委会"的英语翻译方式为漏译——只转换了部分的汉语语义,使英语译文信息量低于汉语源文信息量。外国游客读到这样的语言标牌不能理解其指示意义,语言标牌的信息功能没有发挥作用。这种翻译失误行为导致国外游客不能准确认知与理解中国文化专有项。"鹅潭居委会"语言标牌上英语准确的表达方式应为"E'tan Neighborhood Committee"。

2000年10月通过的《中华人民共和国国家通用语言文字法》第十八条规定:"《汉语拼音方案》是中国人名、地名和中国文献罗马字母拼写法的统一规范,用于汉字不便或不能使用的领域。"根据这一规定,城市中的街道语言标牌上的名字不需要翻译成英语,但应用中文罗马字母拼写。在宋、元、明、清时期,沙面岛已为中国国内外通商要津和游览地。鸦片战争之后,在清咸丰十一年后沦为英、法租界。在19世纪的世界地图上沙面岛已被翻译成"SHAMEEN Island"。倘若简单地将语言标牌上的"沙面"用"SHAMIAN"来呈现,就无法向外国游客传达沙面岛悠久的历史。英语中表示街道的英语单词有 street 和 avenue。street 一般指两边有密集店铺或商业区的街道;avenue 一般指大道通常较宽较长。1967年召开的第二届联合国地名标准化会议做出决定,要求各国和地区在国际交际中都使用罗马字母拼音,每个地区应只有一种罗马字母的拼写形式,即"单一罗马化"。综上所述,根据沙面岛上街道的实际情况,"沙面大街"的语言标识牌上的英语表达应为"SHAMEEN Str."; "沙面北街"的语言标识牌上的英语表达应为"SHAMEEN North Avenue"。

沙面导览图的作用是方便行人精准实时定位,全面了解景区内的全部景点,便于游客在景区内快速获取服务。沙面岛主要以行人步行游览为主,但是在沙面导览图中,"沙面导览"被翻译成"Shamian Navigation","navigation"虽然有导航的意思,但是其行为主体是船只或车辆。这样的翻译造成了信息传递错误,让外国游客不知其意。其准确翻译应为"SHAMEEN Map"。语言标牌设计者的语言能力及工作态度,会造成语言标牌翻译时语言应用的错译。在旅游服务行业的语言标牌上,错译会产生即时效应,直接引起误导和误解。

国家5A级旅游景区代表着我国的国际形象,景区语言标识牌的翻译质量关乎着城市形象和一个城市的文明水平,影响着城市语言生态环境的发展。广州沙面岛旅游景区语言标识牌整体翻译质量的提升是一个系统工程,需要政府相关部门的通力合作。要提高语言标识牌的英语翻译质量,政府相关部门首先应制定统一翻译标准,规范"语言景观"翻译,为旅游景区语言标牌翻译提供准确指引。语言标识牌的语言内容翻译应深刻而丰富,要提升当地民众的文化自信,让国外游客感受到当地的文化魅力,体会到当地的文化特色。只有这样才能打造广州旅游城市的靓丽名片。

2001年,广州市政府斥资3600万元人民币,全面整饰了别具岭南风情和西关民俗的上下九路商业步行街,重现了广州繁荣的商业风貌和骑楼建筑风格。这条古老而传统的商业街焕发了青春,重新成为海内外游客认识广州的窗口。上下九路步行街是广州市三大传统繁荣商业中心之一。这条全长1200多米的商业街,位于老城区西关,东起上下九路,西至第十甫西,横贯宝华路、文昌路。整个路段店铺林立,共有商铺300余家,是广州市首条经国家商业部批准设立的商业步行街。这条古老的商业街每天承载着60万人次的客流量。传统与时尚在这里交融,无论是百年老店,还是新潮小吃,在上下九路步行街都能找到。明代,西关就形成了著名的商业街,商品经济发达。清代,西关发展成为广州对外贸易与文化交通的交会点,带动周边形成了多条商业街。在悠久的历史长河中,这里逐渐形成了中西合璧的西关风情特色商业街,构筑成了一副独特、绚丽多姿的西关风情画,营造了一道亮丽的旅游风景线。上下九路步行街集合了岭南的建筑文化、饮食文化和民俗风情。

对上下九路步行街的语言标牌调查发现,语言标牌主要有单语标牌、双语标牌和多语标牌。单语标牌数量占总数的2/3,其中汉语单语标牌数量最多,英语单语标牌数量占不到单语标牌总数的1/10。双语和多语标牌数量共占调查标牌总数的1/3,双语标牌中汉英双语标牌数量最多。双语标牌上英语语码出现的频率较高,其他外语语码的出现频率都较低。调查发现,上下九路步行街的"语言景观"在语码上已具备多样化特征,但是使用频率及数量处于较低水平。除了英语单语及其他单语标牌外,其余语言标牌都出现了汉语,表明了汉语语码占绝对优势地位。英语作为国际通用语言发挥着重要作用,在以外语呈现的语言标牌中为优先语码。语言标牌上语码的呈现与当地的语言政策和语言环境密切相关。在步行街调查的所有语言标牌中,私人标牌的数量大于官方标牌的数量。官方标牌主要为单语语言标牌和双语语言标牌,单语语言标牌数量多于双语语言标牌数量,且在官方标牌中,汉语为优先呈现语码。官方"语言景观"单一化突出。私人标牌大多以双语及多语标牌呈现,语言标牌语码呈现多元化,但汉语仍为优先语码。步行街的官方标牌和私人标牌在语码的使用上体现了一致性,汉语为两类语言标牌上占主导地位的优势语码。

对上下九路步行街带有汉语的语言标牌调查发现,丰富的文化内涵经由特色语言标牌体现。步行街店铺的语言标牌上,店铺名称的汉字字体出现简体和繁体两种字体。使用繁体字的语言标牌多为老字号店铺,这种呈现形式以文字载体保持着本土文化特色。有的标牌以汉语拼音组合呈现,这种呈现形式体现了标牌设计者追求新奇、时尚的理念,满足了消费追求个性的需求,也为国外游客提供了可拼读形式,这种特殊的语言呈现形式,是汉语与字母文字在接触过程中的"过渡形式"。步行街中的多数语言标牌材质为塑料材质,部分标牌是带有传统雕刻的木质牌匾。历史悠久的传统老字号店铺的店铺标牌多使用木质牌匾。有的店铺标牌带有明显的地域、民族特色。如有的标牌上的店铺名称以粤语发音的形式呈现,如"森头好百货商店""靓仔買单"。再如部分店铺标牌上的店铺名称使用藏密、滇西文化概念,体现了民族、地域特色。上下九路步行街便民性特征突出,高端品牌较少,本土化优势明显,该区域消费者年龄构成多样,多为中等及中等偏下收入水平人群。因此,该区域"语言景观"语码多样性不明显,处于全球化起步阶段。

北京路步行街全长440米,北起中山五路,南至惠福路,步行街沿街商铺以经营服装、百货、鞋类、餐饮和珠宝为主。1997年3月,北京路商业步行街被中宣部确定为"全国文明商业街示范点"。1999年初,越秀区斥资3000万元全面翻修了人行道,整饰了商铺立面、广告招牌,增加了灯光照明,美化了道路夜间景观。建设北京路商业步行街以"现代都市特色,岭南建筑风格,浓厚商业文化氛围,文明示范窗口"为高标准原则,全面贯彻落实省委、省政府和市委、市政府提出的实现城市环境"一年一小变、三年一中变、2010年一大变"的目标。

对北京路步行街的语言标牌调查发现,此区域单语(汉语或英语)标牌的数量占比超过一半,双语(汉英、汉法、汉日、汉韩、汉泰、汉意)标牌少于单语标牌,多语标牌的数量占比较少,仅占调查总数的2%,且北京路步行街双语、多语标牌的语言呈现组合模式种类较多,不同语种的共时呈现较完整。在所有调查的语言标牌当中,汉语语码为绝对优势语码,英语语码次之。北京路步行街的官方标牌分为三类:单语(汉语)标牌主要为历史遗迹标牌;双语(汉英)标牌主要以指示牌为主;多语(汉、英、日)标牌主要是文化旅游图、方向指示牌、警示牌及老字号简介等。三类官方标牌中,单语(汉语)标牌设置最早,双语(汉英)标牌设置时间在其后,多语(汉、英、日)标牌较新。官方标牌语言从单语到多语的演变过程,表明了政府相关部门对城市"语言景观"的重视。北京路步行街的目标群体主要为中等收入水平及以上消费者,既要考虑部分高端消费者的需要,也要照顾绝大多数中等收入消费者的需求,因此,"语言景观"多样性明显。

"中国第一商城"——天河城是一座规模宏大、功能齐全的现代化综合购物中心,打造了广州全新的消费理念,将广州的商业提升至新高度。对天河城商圈语言标牌调查发现,天河城的单语标牌以八种不同的语码呈现,单语(汉语或英语)标牌占了绝对比例,其中英语标牌的数量多于汉语标牌的数量;双语(汉英、汉日、汉意)标牌仅占总数的1/4。天河城内部的语言标牌主要是店铺标牌和指引性标牌,都不是官方标牌。店铺标牌多为单语标牌;指引性标牌由汉语单语标牌和汉英双语标牌组成,此类标牌上的语码皆以汉语为优势语码。汉语单语标牌主要为警示标牌和方向指引牌;汉英双语标牌主要为楼层导览图和店铺指引标牌。整体调查发现,天河城商圈语言标牌上汉语语码数量占比低于外语语码数量占比,汉语的核心地位在此区域发生了调整、转变。天河城的目标消费群体多为高收入水平人群,以高端消费定位,语言标牌设计者以外语作为语言标牌的优先呈现语码,外语的权势高于汉语,全球化程度较高,国外品牌多以原有语言形式呈现,语种多样化明显。

4.2.8 济南市"语言景观"案例分析

山东省省会——济南市又称"泉城",是全国15个副省级城市之一,是新一线城市,是山东省的政治、文化和教育中心,是山东半岛城市群和济南都市圈核心城市。济南是史前文化龙山文化的发祥地之一,是国家级历史文化名城和首批中国优秀旅游城市。2022年济南市政府工作报告中明确提出提升城市软实力的目标,城市软实力是一座城市区别于其他城市的标志。济南市"语言景观"对于济南街区的规划和建设起着重要作用,其信息功能和象征功能可助力济南"城市软实力"建设,是省会城市的一张名片。

占地671亩的融汇老商埠位于济南市市中区经四路和纬二路沿线。老商埠历史文化街区融文化、旅游、商业于一体。与当下时尚生活相结合,街区复兴了百年前的商埠区历史风貌和繁荣景象,发展成了一个具有百年商埠风情的历史文化街。城市记忆、文化片段、生活场景和商业空间的有机融合让街区兼具文化传承、旅游观光和商业功能,让老商埠历史文化街区变成了展示济南古城历史文化的窗口。历史街区文化功能和经济效益离不开此区域蕴含着厚重文化底蕴的语言标牌。

对老商埠历史文化街区的语言标牌调查发现,此区域的主要语言标牌为店铺标牌、官方指示牌和信息指示牌等。老商埠的许多官方标牌中都体现了文化的传承,老商埠历史文化街区不同于现代化的购物中心,游客在此区域游览消费,是为了获取精神文化体验,感受历史文化和当地风俗等。因此,在一些历史建筑墙体上有"二安诗词"标牌("济南二安"指辛弃疾和李清照两位宋代著名词人。因二人都是济南人,且字号中均有"安"字,故后人合称二人为"济南二安")。对此区域店铺标牌调查发现,很多店铺名称选用了中国传统商铺用字,如"斋""记""馆""社"等,还有部分店铺使用了突显"地域性"的语言(济南方言)标牌。例如"杌扎子"(小凳子,济南方言,一家济南菜馆的标牌)。老商埠历史文化街区能够屡屡成为网红打卡地,吸引了更多青年游客,实现了传统文化与网络文化的融合。例如"糊涂馋师"——麻辣烫小吃店张贴文案"没有什么是一勺红油解决不了的,如果有那就两勺"。此区域中私人语言标牌以店铺招牌为主,标牌设计者在设计制作语言标牌时充分考虑其产生的经济价值,并充分展现店铺的外在形象。因此语言标牌既是店铺名称,又是广告,其目的是激发顾客的购买欲望。

牌匾广泛应用在宫殿、牌坊、寺庙、中国古建筑、中式装饰上的明显位置。牌匾应用的目的是向民众传达权力、文化、身份、信仰、商业等信息。牌匾不仅是信息指示标志,而且是文化标志。用于商业领域的牌匾类标牌是我国一种独特的传播商业信息的广告形式,承载着厚重的历史民族商业思想,反映出传统的文化色彩。老商埠街区牌匾类标牌体现了店铺主人的文化身份,展示了所售的商品具有历史年代感,同时也给游客带来浓郁的传统文化视觉审美享受。老商埠历史文化街区中具有"中华老字号"称号的店铺标牌,在标牌上加上了统一的"语言景观"——"中华老字号",从字体、字号到位置几乎一致。一些店铺标牌上店铺名称用承载着中国传统文化的繁体字来呈现。这类语言标牌的使用让顾客感受到商品中蕴含的悠久历史,从而实现所售商品的经济价值。

但是,此区域的语言标牌也存在一定的问题,有些店铺标牌设计者仅仅为了迎合自媒体时代青年消费者的猎奇心理,店铺标牌没有准确地向以中国人为主的老商埠游客传递商铺信息,使大量游客不清楚该商铺的经营范围。如一个商铺名称为"HakunaMatata",仅从语言标牌上无法判断店铺经营的商品类别。对此,济南市相关政府部门应该重视对老商埠历史文化街区"语言景观"的监督和制约,统一审核管理历史街区商铺的"语言景观"。整体看来,老商埠历史文化街区"语言景观"既保留了各个商铺特色,又符合街区整体风貌。这样的"语言景观"既有助于历史文化街区文化价值的展示,又有助于个体商铺保护性和可持续性的发展,还有利于济南市的旅游竞争力的提升。

4.3 新农村"语言景观"案例分析

民族要复兴,乡村必振兴。新农村建设对于改善农村群众生产生活条件,整体提升农村建设水平,建设美丽宜居乡村,促进"三农"工作水平,具有十分重要的意义,是全面推进乡村振兴的一项重要任务。建设新农村需要全方位考虑,其中新农村的"语言景观"建设是新农村建设中不可或缺的一部分。

4.3.1 西咸新区新农村"语言景观"案例分析

2014年1月6日,国务院发布国函文件正式批复陕西设立西咸新区。经国务院批准设立的西咸新区是首个以创新城市发展方式为主题的国家级新区。西咸新区的建设,对于创新城市发展方式、深入实施西部大开发战略、引领带动西部地区发展和扩大向西开放都具有重要意义。西咸新区建设大力发展都市农业,发展新农村,促进农民就业,促进了工业化、信息化、城镇化和农业现代化同步发展,最终形成"城乡共荣"的局面。在建设新农村过程中,西咸新区有关规划设计部门统一要求,全部实行统一规划建设,实现了村容村貌整体美观,村庄建设整齐划一。在城市化进程中西咸新区新农村建设快速发展,广大村民依托优势的地理条件,大力发展宾馆业、餐饮业、休闲娱乐行业等,村镇每天接待着大量的海内外游客。新农村"语言景观"建设必须与西咸新区建设的发展速度和步调一致,才能与西安城市品位相匹配,更好地体现西咸新区的文明程度。因此,政府相关部门必须按照规定规范西咸新区新农村的餐饮住宿招牌、村容标牌、村委会办公室标牌和娱乐标牌等。

调查发现,西咸新区新农村语言标牌上的语码呈现形式主要是汉语和英语。汉语在新农村语言标牌上是绝对优势语码。双语语言标牌的应用是为了跟上西咸新区建设发展的步伐。西咸新区新农村的双语标牌存在翻译不规范的问题。如西咸新区的"北槐村"英语呈现为"BeiHuai Cun"。"北槐村"拼音式的英语表达让外国游客困惑。汉语中"农业行政村"翻译成英语应为"village"。因此,"北槐村"的英语译文应为"BeiHuai Village"。这样外国游客就能理解他们来到了一个叫"北槐"的村庄。再如西咸新区河南街的"幸福超市"的标牌上英语为"Wel-being Super-market",超市标牌上"幸福"的英语应表达"well-being"。语言标牌上的英语拼写错误使城市文化内涵大打折扣。因此,在对"语言景观"进行翻译时,应避免翻译错误和拼写错误。杜绝各类形式的出错是对语言标牌设计者的基本要求。设计者不仅要具备扎实的翻译功底,还需有严谨的翻译态度。又如火烧寨有一家名叫"小意思"的餐馆,其英语翻译为"Little Meaning Restaurant"。这是一家定位于工薪阶层消费的餐馆,餐馆名称"小意思"是指让大家吃到经济、实惠的饭菜。此处的英语翻译只是简单地进行了语言文字的直译,目标语受众无法实现有效的心理认知。西咸新区新农村中的"语言景观"的建设质量与新区的建设规划不协调,既不利于提升城市文化品位,又给城市形象建设带来消极影响。

西咸新区新农村"语言景观"的营造,对提升西安城市形象具有重要的现实意义,是一个西安城市文化内涵和城市品位的重要体现。政府相关部门应按照政策法规监管"语言景观"的设计和"语言景观"的翻译,把好质量关,杜绝不规范的"语言景观"建设。翻译语言标牌时,要有严谨的翻译态度,尊重目标语受众的心理认知,严格按照译文规范,采取恰当的翻译策略。只有这样,才能完善西咸新区新农村的"语言景观",为业界研究"语言景观"建设提供借鉴。也只有这样,才能真正融入大西安发展的战略格局,提升西安城市形象。

4.3.2 义乌淘宝村"语言景观"案例分析

随着电商大潮的兴起,淘宝村越来越多。作为"中国网店第一村","淘宝村"青岩刘村不断发展壮大,成功开启电商产业发展1.0时代。这得益于地理位置的利好以及市场与人才要素的有机融合。青岩刘村发展以点带面,整体变化大,已基本形成美丽乡村建设格局,产业兴旺,村民富裕。作为一个特殊的经济现象,"淘宝村"在农村社区中脱颖而出,极具活力。农村不再是原来意义上的农村,成为电商创业的孵化地;农民也不再是传统意义上的农民,成为拥有新商业文明思维的新商人。对淘宝村的"语言景观"进行案例分析,让我们了解淘宝村"语言景观"建设是否有利于淘宝村的对外开放并展现其经济发展活力,了解淘宝村的语言标牌所承载的功能。

按照"语言景观"的信息功能,"淘宝村"青岩刘村的语言标牌可分为三大类:名称标牌、广告标牌和警示标牌。名称标牌主要是指店铺名、机构名和建筑名等;广告标牌主要指商业广告标牌和公益广告标牌;警示标牌分为官方提示标牌和警示标牌、私人提示标牌和警示标牌。名称标牌的语言呈现形式主要为单语(汉)和双语(汉英、汉阿、汉韩、韩英),双语标牌的数量多于单语标牌的数量,多语标牌数量较少,其语言呈现形式主要为汉英韩三语组合。广告标牌的语言呈现形式主要为单语(汉、英、韩)和双语(汉英、汉韩),且单语(汉、英、韩)标牌的数量多于双语(汉英、汉韩)标牌的数量,多语(汉英韩)标牌的数量非常少。警示标牌中双语(汉英)标牌的数量不多,标牌的主要呈现形式为单语(汉语)标牌。在这三大类标牌当中,单语标牌的数量占绝对优势,双语标牌数量次之,多语标牌数量占比较少。单语标牌主要以汉语形式呈现,其他语种呈现形式较少。英语和韩语单语标牌主要是广告标牌。双语标牌的呈现形式主要为汉英双语。多语标牌主要用于名称标牌。从语码的取向看,汉语是绝对优势语码,标牌上汉语语码的数量多于英语语码的数量。从外语语码的取向看,英语的地位明显高于韩语及其他外语。英语使用频率之高,彰显了其作为世界通用语种的优越性。

　　名称标牌向目标语受众提供信息,体现的是"语言景观"的信息功能,其标牌上的语言选择以双语为主,语码使用优势为汉语＞英语＞韩语＞阿拉伯语。广告牌分为商业广告标牌和公益广告标牌。商业广告标牌反映了淘宝村的经济特色,体现了淘宝村的经济活力。公益广告标牌的语言节律性强,且注重押韵;内容上以标语为主,多体现"创新、党建、礼仪文明"等现代新主题,且注重对称性。广告标牌语码选择以单语为主,语码使用优势为汉语＞英语＞韩语。警示标牌语码选择以单语(汉语或英语)为主,语码使用优势为汉语＞英语。私人警示标牌上的"禁止停车"映射出淘宝村仓储量大、物流发达的经济生活现象,但是存在语言使用不规范现象。如在20世纪七八十年代,中国试行"二简字"方案,"二简字"因笔画少、书写简单,被广泛使用于宣传力度较强的媒体、报刊上。因此,语言标牌"白天门口,请不要仃车""仓库门口仃车留电话""库门前禁止仃车"上"停"字写作"仃"字。再如语言标牌"仓库门前请匆仃车"上,"勿"错写成"匆"。国家、社会和个人共同努力才能解决不规范的语用现象。政府层面应加强语用的规范化,社会层面尤其是新农村社区应加大用语及用字规范的宣传,个人层面应加强规范语言文字的学习。

　　名称标牌上的语言呈现形式多元化——汉语和阿拉伯语,韩语和英语,汉语、英语和阿拉伯语,汉语、英语和意大利语。这样的语言标牌强调店铺经营产品的归属地,获得了某些群体的认同,从而提高了店铺的知名度,也体现了语言标牌设计者对语言活力的认知。广告标牌里存在韩语单语形式和汉韩双语形式的语言标牌,说明此区域存在以韩语为背景的群体。淘宝村语言标牌上的汉语、英语、韩语和阿拉伯语的使用说明这四种语码是本区域的"能见性语言";汉语和英语语码在语言标牌上高频率的使用说明这两种语言具有语码优势;韩语的频繁使用说明其在此区域也有一定的语码权势。

　　"语言景观"是讲好本地故事,传播本地文化的重要载体。隐形语言政策也呈现在"语言景观"的案例中,在语言文化交流比较深入的地区,"语言景观"能够反映出语言政策的包容性和价值取向。某个地区的人文交流影响力越大，此区域语言政策和"语言景观"呈现出兼容并蓄的特征越明显。一个地区为了经济的发展，往往会考虑将"语言景观"作为驱动经济增长的工具，因此，经济因素也会对"语言景观"的形成产生一定的影响。如私人商铺对标牌上的语言加以设计用来招揽国内外游客，从而引发潜在的消费行为。中外民间文化深入的交流影响了各自的社会语言生态，从而也会影响到各自社会的"语言景观"。多元一体的语言格局呈现在"语言景观"的案例中，在各地的语言标牌中日益增多的外语或民族语言不仅展现出了"语言景观"设计者的语言意识，也能更好地服务国外游客。作为"语言景观"中的优势语码，汉字传达了中华民族的审美情趣，得到了群体的认同。"语言景观"的信息功能包含交际服务的功能，多语种"语言景观"发挥了语言标识的信息功能，实现了服务的目的，满足了不同语言和不同文化背景人群的需求。政府和非政府机构通过城市"语言景观"与公众沟通，既反映出了语言信息发出者的意图和期望，又反映出了本区域信息接收者的身份特征与语言背景。城市"语言景观"的制作和产生既是本地政府语言法规政策管理的产物，也是本区域公众语言意识的结果。"语言景观"的象征功能包含文化认同和教育教学的功能。认识"语言景观"的多重功能才能发挥它在构建和谐城市"语言景观"中的重要作用。

第五章 青岛国际化进程中城市双语"语言景观"建设规划

青岛作为一座拥有诸多时尚元素的现代化城市,同时也蕴含着很多优秀的传统特色文化。作为新亚欧大陆桥经济走廊主要节点和海上合作战略支点城市的青岛,其作为国际时尚城市的形象建设虽然已经取得了一定的成绩,但是在城市形象打造和传播方面还存在很大的成长空间。因此,在研究领域,我们需要追根溯源,补齐城市文化传播过程中的短板,稳步推进青岛城市时尚城建设,打造具有世界影响力的时尚之都、魅力之都。

每座城市都拥有其独特的历史、文化、古迹、习俗等,如何守护这些珍贵的历史文化遗存,既保留其独特的"味道",又要将其融入现代生活中并继续使其为城市的发展进步和居民的生活发挥作用成为研究者们所关注和思考的问题。对任何一座城市来讲,能够留住这些传统不仅是为了保存文化和延续历史,更多的是为了更好地拥抱未来。城市的发展和进步与城市形象紧密相关。所谓城市形象是指社会对一座城市的主观认识与直观印象。良好的城市形象能够极大地提升城市的知名度和国际国内影响力,有利于促进该城市的综合实力的发展和提升。城市形象的元素众多,其中包含这座城市的历史、地理、环境、建筑、经济、人文等方方面面的信息。为推动城市的快速发展、提升城市的品牌形象,国内部分城市着力于促进城市多元文化的交汇交融,打造拥有创新思想的国际时尚新城市,以此吸引全世界的优质青年群体前来学习、工作和生活,同时也要积极传承和传播自身的优秀传统文化,让优秀传统文化融入市民生活的方方面面,进而提升市民的整体生活品质,激发市民对自己生活和工作的城市的深厚感情。因此,传播城市专属的传统文化与建设国际时尚新城市这两个方面是提升一座城市品牌形象的重要"利器",二者之间不仅不是互相排斥的关系,而是相辅相成、相互促进的关系。

另一方面,"语言景观"可以从一个侧面反映一个地区的社会权势地位、不同的族群活力、文化认同程度等,因而加强一座城市的"语言景观"建设是完善城市国际化语言服务体系的重要路径。城市国际化进程脚步的加快使得城市语言文字工作面临新局势和新挑战,构建完善的国际化语言管理和服务体系、加强多语种形式的"语言景观"建设离不开政府、社会群体以及个体的通力合作和共同努力。

2020年7月,《青岛市推进"国际化+"行动计划(2020—2021年)》发布,如何打造青岛国际化城市,提升青岛城市的整体吸引力是该项计划的重点议题。就目前的城市语言经景观研究来看，对于外国人聚居区的双语"语言景观"研究大多集中在北京、上海、广州等国际化特征明显的一线城市，而针对青岛这类正在推行城市国际化进程且有着大面积旅居在此的外国人的沿海城市的特色研究比较缺乏。现有的城市"语言景观"研究对于城市公共空间"语言景观"的语言模式、语码构成、语言形式的偏好的探讨较为深入，但尚未将其转化为服务于区域"语言景观"建设和城市国际化发展的有效对策。

青岛市政府在提供公共服务的过程中充分尊重外来语言文字，在一定程度上保障了旅居青岛的外国居民的生活质量。随着青岛市城市国际化建设不断推进，来自其他国家和地区的外籍人士也逐年增加，在城市"语言景观"当中所使用的语言文字形式也日益向中英双语模式侧重。基于这种情况，在针对青岛开展"语言景观"研究的过程中，我们可以借鉴相对成熟的"语言景观"研究模式，采取定量与定性研究相结合的方式方法，以青岛市特有的"语言景观"标识语为语料素材展开研究，考察青岛市不同区域各类"语言景观"的语言形式选择、文字使用情况，根据语言选择理论和地理符号学理论入手研究该区域的社会语言生态特征，以及该"语言景观"背后隐藏的权势关系、文化认同度、不同族群的语言活力，以及这些因素与青岛城市国际化建设的关系，并结合研究成果，利用城市语言服务为切入点，对推进青岛市国际化城市建设提出合理化建议。

5.1 青岛城市固有文化因素分析

青岛的城市传统文化成分错综复杂，来源途径较多，深入剖析后，我们通过青岛城市的齐文化成分、崂山道教文化成分、节庆民俗文化成分、海洋文化成分、建筑文化特色、西方工业文化成分和啤酒文化成分等七个方面展开剖析。

5.1.1 青岛传统文化之齐文化成分

"齐文化"可以理解为齐国文化、齐地文化、齐人文化三种解释，作为一个完整的文化体系进行科学研究时研究者们认为,齐地文化和齐人文化都不属于严格意义上的科学,所以对齐文化这一概念难以进行规范性研究。从齐文化的发展历程来看,齐文化是在发展过程中广收博采、融合创新并不断走向成熟和壮大的。发展过程中,齐文化又可以分成姜齐和田齐两种文化,所谓姜齐,指的是以姜太公为代表的时代,主要历史人物包括姜太公、管仲、晏婴等,他们既能博采,更能创新;所谓田齐则指以田忌为代表人物的时代,这一时代似乎博采有余而创新不足。姜齐时代的齐文化具有广收博采、融合创新、学有主旨的特征,而田齐时代的齐文化则呈现出开放、自由、活跃的特点。

虽然在2000多年的漫长封建社会中,齐文化逐渐演变成为鲁文化的附庸,但是不可否认的是齐文化对现代化的市场经济发展与法制社会建设显示出较为明显的借鉴作用。相对于鲁文化的注重个人修养,齐文化更多的是强调社会的秩序。如齐文化的代表著作《管子·明法解》中描述到:"法者,天下之程式也,万事之仪表也。"《管子·权修》中也出现了:"取于民有度,用之有止,国虽小必安;取于民无度,用之不止,国虽大必危。"这些观点和理念都体现了当今社会依法治国、取用有度的治国理念。不仅如此,齐文化的包容与开放、以经济建设为中心的强国方略更是极为符合我国现代化建设的实际需求。但是齐文化中过于功利的思想注定会带来诚信缺失和物欲横流的社会问题。齐文化和鲁文化一样,都是中国传统文化的瑰宝,也是青岛传统文化的核心思想,我们应该认识到齐文化的精华,摒弃其糟粕,使传统齐文化思想为促进我国精神文明、物质文明和法治文明的现代化进程提供有效的参考和借鉴。

青岛的地理位置刚好处于胶州湾历史悠久的齐鲁文化圈之中,齐鲁文化属于青岛市的传统文化,对于今天青岛市的发展产生了极大的影响。相较于鲁文化,青岛地区更多地受到齐文化的影响。古代的胶州湾所处位置隶属于古代齐国,绵长的海岸线为这里提供了丰富的鱼和盐资源,而内陆地区的丘陵地形方便了植桑种麻,同时,由于齐国水陆交通相对其他国家较为发达,因此齐国一边开展鱼盐商贸活动,一边大力发展纺织业,形成了"天下之商贾归齐若流水""齐冠带衣履天下"的局面。在青岛地区,这种重视商业发展的文化特质一直流传影响至今,成为齐文化对青岛地区最具典型的影响。青岛人讲究吃穿、宴饮铺张等风气迎合了齐文化中崇尚利益的特点。

同时,齐鲁文化的崇尚气节、自强不息、经世致用的精神对于青岛城市文化的形成与发展也产生了极为重要的影响。

5.1.2 青岛传统文化之崂山道教文化成分

21世纪的今天国际的文化交流将更加频繁,同时国际社会将更加趋向于多元化发展,在这样的时代背景之下,那些富有民族特色又易于被世界所普遍接受的文化传承和文化创造日益凸显出其独特的魅力。从这个角度出发,民族的和世界的、传统的同现代的,都将呈现出相互转换和融汇发展的生机,而不再只是表现为一种壁垒森严的对立。崂山道教文化作为青岛历史上最为古老的文化传承,其在历史上曾被誉为道教"天下第二丛林"的美称,崂山道教文化在整个中国的道教发展史上都有着举足轻重的地位。随着中国道教文化与道教文学经典在世界范围的广泛传播,崂山道教已经不局限于在国内享有很高的声誉,同时也逐步发展成为让全世界众多区域的知识阶层和民众了解和认识青岛的重要渠道,从而承担起可与海尔和青岛啤酒等青岛特色著名商业品牌相媲美的文化品牌价值。但是,纵观崂山道教文化研究的历史与现状,我们不得不承认的客观现实是我们对这一文化品牌的重视程度是远远不够的。

进入21世纪之后,伴随着青岛旅游业的日新月异的发展势头,崂山道教文化与青岛经济发展的关系也逐渐密切起来。20世纪80年代以来的城市"语言景观"研究大多着眼于旅游经济服务的角度,真实的情况是国内外的游客们只是在景区介绍的旅游小册子中对崂山道教才有所了解和认识,这种简单的介绍基本上不能认为是对崂山道教的研究。

事实上,崂山道教文化一直是青岛城市文化构成中与传统文化有关主体部分。地处青岛东部的崂山是我国道教的发源地之一,自古便流传着崂山道士的传说和故事。道教认为"道"为核心信仰,道教认为人可以努力修炼成为长生不死、神通广大的神仙,即便不能够成仙,每个人也都应该努力提升自我修养,用心感知自然,追求和热爱生活,达到"自我、平常、和谐、循环"的境界。也许青岛人那种逍遥洒脱、宽容谦让的性格就是因为受到了道教信仰的影响,而道教信仰和学说也构成了青岛特有的城市文化的一个部分。

近年来,随着青岛经济的飞速发展,青岛人民努力把青岛这个美丽的城市建设成为国际化大都市和文化示范市的呼声越来越高,日益引起了青岛市社会各界的关注和重视,由此引发了青岛文化的飞速发展。为了能够适应青岛文化发展的整体需求,崂山道教文化的研究也日益完善和发展起来。在开发崂山道教文化的最近几年里,研究者们迫切需要研究的不是崂山道教文化应该如何开发利用的问题,而是更多地关注于有关崂山道教文化的一些基本的学术问题。其原因在于如果我们缺乏对崂山道教文化的基础性问题的认识和了解,如何应用、开发崂山道教文化就会变得缺乏根基、毫无意义。

那么,我们该如何展开对崂山道教文化的理论性研究呢?首先,研究者们需要对已有的有关崂山道教文化的研究中那些有价值的成果进行调查和分类整理;其次,研究者们还应该对相关崂山道教文化现存的书籍以外的一些民间传统和有价值的仪式活动、道教传统信仰等进行调查、取证和整理。其实国际道教研究中对于这些方面也是非常重视的。身为民族宗教的一个重要分支,崂山道教与中国其他地区的道教存在着千丝万缕的关联,因此通过对其他地区道教的取证和调查研究,也可以成功还原崂山道教已经失传的部分传统。再次,对崂山道教中的文化遗产,如文学、音乐、武术、养生等方面,进行去伪存真的全面整理研究,才能真正做到古为今用,将道教传统文化有机地融入现代生活当中。

作为一个对外开放的城市、一个海滨旅游城市的青岛无论未来怎样发展,其过程都离不开崂山道教文化的加入。换句话说,崂山道教文化研究在青岛经济发展和文化发展中起到了举足轻重的作用。崂山道教文化可以被作为青岛对外文化交流的一个重量级文化品牌,崂山道教文化能够有效地改善和提升青岛的文化形象。纵观今日的道教文化研究热潮,我们不难看出针对道教和崂山道教的研究,其研究意义都已远远超出了学术范围,它们更多地起到了文化交流的作用。通过道教及崂山道教这一桥梁,青岛将会又快又好地在国际文化领域形成自己独具特色的文化特征,为青岛走向世界、被国际社会认可和接受开辟一条新的文化通道。

5.1.3 青岛传统文化之节庆民俗文化成分

各类节庆、民俗活动是青岛城市文化中另一重要构成部分,它们既与青岛的自然环境有关的,又能够从中体现青岛人民自由淳朴的民风。这些节庆民俗中最具代表性的要数海云庵糖球会、元宵山会、天后宫庙会、青岛樱花会、十梅庵梅花节等。这些节庆民俗多源于青岛渔民的日常生活,譬如海云庵糖球会,这个每年一度的盛会最初来源于渔民出海前会吃一串大红糖球这一民俗形式,其寓意为驱邪避灾。这些节庆民俗直观而真实地表现了青岛市的风土人情,同时也铸造了青岛城市文化中较为特殊的部分。

民俗是一座城市的文化符号标识和精神特质体现。民俗文化则是人民群众的风俗、生活及文化的总称。以民俗文化为载体的民俗形式以海外受众为对象、在全球层面上广为传播,通过传播弘扬青岛市特色民俗文化,守望这座美丽的精神家园。作为国际著名旅游城市和品牌城市,青岛通过对外传播其特色民俗文化,提高青岛的国际知名度,从而吸引更多国内外游客的光顾,拉动城市的经济增长速度。

在2014年全国宣传思想工作会议上习近平主席曾经指出,要把跨越时空、超越国度、富有永恒魅力、具有当代价值的文化精神弘扬起来,把继承传统优秀文化成果又弘扬时代精神、立足本国又面向世界的当代中国文化创新成果传播出去。要实现这一目标,就要精心做好对外传播工作,创新传播方式,着力打造融通中外的新概念、新范畴、新表述,讲好中国故事,传播好中国声音。因此,努力做好青岛民俗文化的外宣工作,一方面可以让世界了解、走近中国特色传统文化,另一方面还可以提高青岛市本土文化的自觉性,树立青岛市的文化自信心。

青岛民俗文化在对外传播的过程中,既要努力实现文化适应,深入挖掘那部分能触动传播受众的文化内涵,又要努力构建能够带来传媒受众共鸣的文化主题。由于不同国家的文化背景存在较大的差异性,因而对于同一款旅游产品,传播主体和传播受众之间在对于同一文化的感知方面必然存在较为明显的差异,而这种差异性在很多情况下会直接或间接地带来一定程度上的传播信息不畅。因此,为了能够更好地将青岛民俗文化传播出去,我们首先要解决的便是传播的内容选择和传播受众的兴趣点问题。在语境的全球化范围扩大和互联网飞速发展的加持之下,处于多元文化体系下的各个国家的特色文化的生存、创新及贯通均面临着新的挑战和要求,为了适应这一挑战,本土民俗文化在其国际传播过程中,必须要与国际受众所熟悉的文化形式相结合,努力探索一条既能够体现青岛民俗文化的特色,又能够适应国外受众文化理解能力的道路。研究者们只有通过研究青岛民俗文化底蕴，感知中西文化差异，找寻传播主体与传播受众之间的理解桥梁，力求建立起具有共同情感基础和良好互动关系的青岛民俗文化外宣平台，从精神层面和价值观层面找寻能打动和吸引受众的情感共通点，顺应文化传播规律，做好青岛民俗文化的外宣工作。通常来讲，我们把西方文化视作强势文化形式，西方大众那种根深蒂固的文化优越感使得中国民俗文化在对外传播过程中更具挑战性。那种为了迎合西方人的文化好恶而进行的文化对外传播方式显然是不合时宜的，以严重伤害国家形象和民族感情为代价来传播中国传统文化是不可行的。因此，我们在努力把青岛民俗文化对外传播的时候，找准文化定位并强化本土文化特性才是争取的方向和途径。

在民俗文化的推广实践中，我们应该不拘一格，多管齐下，努力尝试不同的方式和方法，其中培养优秀合格的翻译人才及合理运用青岛特色品牌和区域名人效应都是可以积极尝试的推广思路。本土文化中有国际影响力的名人，就如同这座城市的一张民俗文化的名片，我们应该学习利用名人效应努力打造青岛民俗文化国际传播的平台。臧克家、莫言、孔孚等人的文学作品散发着对青岛的热爱与眷恋，浸润着青岛民俗文化的生动气息。在中国的经济转型过程中，正经历着一场重大而深刻的文化变迁。面对这些变化和发展，文化交际一体化与民俗文化差异化已成为衡量民族文化研究的尺度。文化交际一体化带来了不同文化形式的趋同性，而文化差异化则刚好凸显了民族文化的特殊性。在当今世界各种文化形式的多元化发展的情况下，这种文化的趋同性与特殊性之间的交流和转换使得民俗文化中最精彩、最活跃的生命力得以彰显。在这种国际大趋势为青岛民俗文化的国际推广传播提供了良好的机遇，只要我们能够遵循正确和恰当的发展之道，一定能够把以"包容与竞争，沉淀与潮流"为特色的青岛民俗文化托举并呈现在世人面前。青岛民俗文化必将在多元文化格局与世界其他优秀文化形式共同进步和发展，随着青岛民俗文化的对外传播，这种青岛本土文化特色会迸发出勃勃的生命活力。

5.1.4　青岛传统文化之海洋文化成分

青岛的地理位置处于东夷海岱文化靠海之地，此地居住的先民主要从事与海洋直接或者间接相关的工作。结合前面我们分析过的青岛的齐文化特质,作为居住于海边同时从地理位置来讲又属于古齐国的青岛人,他们从很早就开始从事海上的渔盐类行业,并在此基础上开始了初步的海上交往。现在位于胶南的琅琊地区,早在春秋战国时期,就已经成为中国的五大港口之一。唐代早期,板桥镇(今胶州市)就是北方的大海口和天然良港。20世纪初期开始,青岛已经成为一个十分活跃的港口城市。现在的青岛已经逐步发展成为一个重要的国际贸易港口和沿海大工业城市。由此可见,海洋文化孕育了青岛,而青岛的发展和繁荣始终离不开古老而又崭新的海洋文化。就青岛的城市特色来看,青岛的历史文化属于海洋文化。而反过来青岛海洋文化的发展对我国海洋文化事业的发展有着极大的促进作用。

其中的海洋文化旅游是指通过海洋文化资源来吸引各地游客的旅游形式,海洋文化旅游是集海洋文化、海洋旅游与海洋经济于一体的特种旅游形态,通过海洋文化旅游,游客对海洋文化或海洋旅游资源文化的内涵会产生深入的理解和体验。作为一座依海而建、因海而兴的城市,青岛既有光辉灿烂的海洋文化,又有源远流长的海洋旅游传统。因此,加快青岛海洋文化旅游业发展,既能够促进青岛市旅游业转型升级和可持续发展,也是我们打赢海洋攻坚战,建设国际时尚城,使青岛逐步发展成为开放且充满现代活力的时尚国际大都市的重要手段。

青岛是我国著名的海滨城市,历史文化悠久,本土文化中蕴含着显著的海洋文化特色。同时青岛也是一座有着深厚海洋文化情结的城市,从古至今,在先民对海洋的不断探索、开发和利用的过程中,海洋文化逐步演化成为青岛地区的主体文化基调,积淀了一系列体现青岛城市文化特质的海洋文化资源。青岛海岸线漫长,总长达到817千米,拥有海域面积达1.22万平方千米,星罗棋布地分布着69个海岛;由南向北自然形成琅琊湾、灵山湾、胶州湾、崂山湾、鳌山湾以及市区的青岛湾、汇泉湾、太平湾、浮山湾等49处大大小小的海湾,这些海湾岬湾相间、沙滩沙质良好、海岸凹入处常伴有小规模海积地貌,形成了海滨沙滩和岬角交错分布的优美自然景观。青岛所辖海域"湾阔而水深,方向位置举得其宜,外当黄海之门户,内通中原之奥区",优美绵长的海岸线为青岛形成良港创造了得天独厚的自然条件,自古以来,这里就是对外交往和商业交流的核心地区。始建于春秋时期的琅琊港是中国有文字记载的建立最早的海港和东方海上丝绸之路起点。始建于唐代的青岛板桥港,发展到宋代就成为中国北方地区唯一的对外贸易口岸。青岛的塔埠头港在历史上是宋金对峙时期北方唯一保持开放的港口。发展到明清时期,青岛的金口港成为胶东第一大海港和北方著名大港。20世纪初,青岛港建成之后立即成了东亚的重要港口和贸易中心。我国的改革开放见证了青岛港逐步发展成为综合性枢纽大港这一历程。青岛港的日新月异的变迁,谱写了历史悠久的海洋港口与海运贸易文化的壮丽篇章。

基于这一地理特征,结合青岛市初具规模的城市文化布局,我们认为青岛市基本形成了两大特色文化区:一个是以海滨文化为主的市区现代旅游文化区,另一个则是以崂山景区为主的郊区古代旅游文化区,二者都具有海洋文化的突出特色。在未来的发展中,我们应该更加明确营造青岛海洋文化特色城的战略构想,努力营造以市区为中心的现代海洋文化区和以崂山为中心的古代海洋文化区的同步开发建设,未来,要将青岛建设成为一个融旅游、文化、经贸和港口为一体的新型中国海洋旅游文化名城,进而使得青岛更加迅猛地向国际化大都市的行列挺进。

在青岛的城市文化特征中,海洋文化所占比重极大。海洋文化的特色铸就了青岛城市的发展、居民的风俗习惯的形成以及市民的性格养成。青岛的海洋文化除拥有自由、开拓、竞争、冒险、创新等海洋文化的共性之外,又具有青岛这座城市独有的地域文化特质。青岛的海洋文化除了深受齐文化的影响,在具有开拓进取特性的同时,又增添了一份保守和传统。自由进取的海洋文化特质和保守传统的齐文化相辅相成,共同影响着青岛海洋文化的发展,使得青岛的海洋文化呈现出独特的文化特质。

在青岛的城市定位和青岛城市精神上,我们都得寻觅青岛的海洋文化的踪影。青岛的城市精神是"诚信、博大、和谐、卓越",其中的"博大"二字就是体现了青岛"海纳百川"的精神,从昔日的小渔村到现今天的沿海开放城市,青岛的发展与其海纳百川的气魄是密不可分的,正是这种兼容并蓄的胸怀才孕育了青岛这座城市丰富而深沉的文化底蕴,彰显了海洋文化对青岛的深刻影响。

5.1.5　青岛传统文化之建筑文化特色

青岛又被称为"万国建筑博览",这不仅是因为青岛的建筑多姿多样,而且是山海城的完美融汇,构成了青岛特色的城市基调,更是由于近一个世纪经历过欧亚美多个帝国的统治和蹂躏,在他们对青岛疯狂的掠夺之余,遗留下一些未被搬走的残留,这个残留就是现存的万国建筑群,它们的存在构成了青岛市独特的城市建筑特色。欧式建筑风格造就了青岛老城区主体建筑特色,成为青岛市的主体格调。这些由水泥、钢材、玻璃、机制砖瓦所构成的建筑的最大特色,摆脱了中国传统建筑方式中的用料特色——砖木结构。这些残留的欧式建筑大都利用了青岛的自然地理形势,凭借天然的漫长海岸线和山地相间的构造,巧妙组织道路和布局建筑。青岛建筑特色的本质在于,它是不同国家不同历史时代的城市思想和建筑模式与当地自然环境完美结合而共生共存的现象,这其中的代表有迎宾馆、火车站等风格凸显的欧式建筑,也有回澜阁、博物馆这些美轮美奂的本民族建筑,它们既承载了不同的历史阶段,也记载了城市的发展和生活的变迁。青岛老城区的建筑完美体现了东西方文化相互杂糅共生的多元化模式,其中以德系建筑为主流建筑风格,兼具中国传统建筑特色。下面我们就介绍一下其中最具代表性的里院建筑、德系建筑,以及青岛特有的建筑色彩。

(1)青岛建筑文化特色之里院建筑以及市井文化成分

里院可以说是青岛最有代表性的传统建筑形式,里院是在中国传统合式院落建筑的基础之上糅杂了西方的建筑风格后改造而成的独特建筑样式,在《青岛概要》一书中,里院被称为"华洋折中式建筑",这类建筑现在主要集中于青岛的老城区内。里院作为青岛本土特有的居住形态,已经拥有百年历史了,是青岛城市中最为重要也是最为特色鲜明的建筑类型。这种始建于青岛殖民时期的民居建筑是青岛不可或缺的一部分,作为历史文化的载体,里院构成了青岛这座城市的背景与基本脉络。它们造型各异、大小不一地散布于青岛市的西部老城区,围合式的建筑空间呈现出独特的城市人文景观。

关于里院的解释众多,其中青岛文史学家王铎解释道:"里"和"院"是两个概念,"里"最初是为商业功能设计的,而"院"则是出于居住功能设计的,1999年在制订《青岛历史文化名城总体规划》时,才将两个概念合二为一,并从建筑、文化和民俗的角度定义了里院。里院这种融合了中国民居风格和西式商住风格的建筑样式,是青岛外来文化和传统城市文化共同发展而衍生出的一种建筑形式。里院建筑可以被认为是记录青岛移民史和青岛民俗文化的活体博物馆。这些里院通常临街而建，多是两层和三层的楼房，属内天井式居住单元。尽管"里"和"院"的功能性在最初设计时有所不同，使得里院在建筑形式上存在一些差异性，但是它们的基本建筑形式是相似的，所以今天的人们习惯性地把这类建筑统称为"里院"。伴随着里院独特格局而诞生的和谐的"里"文化，一直是老青岛人魂牵梦绕的故乡情结。而产生于里院、兴盛于里院的商业和表演文化，也逐步成为这个城市民俗文化的丰富遗产的重要组成部分。里院建筑风格成为青岛城市发展的参考样本和指路明灯，这个城市的人民正是在里院这方土壤的滋养下生生不息地繁衍发展起来。

从建筑形式上来看，里院的外形主要是四周包围的方形，中间围成一个大的院落，其中的建筑多为两到三层的小楼形式，第一层多为商业用途，二层以上则多为住宅，属于院内有天井式的居住院落形式。红色的瓦片是构成屋顶的主要材料，墙面则是以抹灰线条作为装饰的水泥拉毛，形成了"红色牛舌瓦屋面，中黄色拉毛墙身，老虎窗，毛石基座"的建筑特点。青岛里院呈现出浓厚的商业氛围，酒楼、茶肆和棋牌室等等因里院而形成的商业和娱乐业构成了青岛特色的市井生活及市井文化。

作为专为居民居住使用的建筑，里院的社会生活价值正在逐渐衰退。这是因为里院建筑越来越不适于当代社会生活的居住条件，很多里院的建筑现状堪忧，里院恶劣的居住条件和相对很差的居住环境已经无法满足人们越来越高的生活要求。有些里院里面的建筑物逐渐老化、缺乏专业的保护，有的更是已经被高楼大厦所取代，里院正面临着消亡的困境。而作为青岛城市发展的见证者，里院独特的建筑风格及其对整个城市历史文化传承上不可取代的作用，使得保护里院不仅仅是为了满足人们对历史的追思，更是对整个青岛城市独有特色甚至生活的延续和保存。仍然居住于此的居民们在里院生息繁衍，他们不急不缓的生活设定了青岛城市平民生活的基本节奏，正是这些琐碎的日常生活让我们真真实实地感受着人间烟火气和浓浓的邻里情。将近一个世纪的洗礼使里院建筑早已不再是单纯的物质名称，而是深深地镌刻了浓浓的人文内涵。相较于青岛沿海高耸的高楼大厦和现代繁华，里院朴实的烟火气息才真正体现了青岛平民阶层的生活方式。青岛人这种弄得化不开的"里院情结"，如同民俗博物馆般成为青岛市特有的城市文化的物质载体。

(2) 青岛建筑文化特色之欧式建筑以及西洋文化成分

青岛市的欧式建筑群是19世纪末随着德日的占领开发而陆续建成的。1897年德国占领青岛后,在青岛兴建了比较完整的德系建筑群,当时的德国十分流行青年派、哥特式、罗马式、巴洛克式以及折中主义为主的建筑风格,这些建筑风格展现了那个时代欧洲现代建筑艺术的美学倾向。在青岛兴建的德系建筑群将西洋文化带进了青岛的市民生活中,也构成了青岛城市文化中独特的部分。

正如中国有中国传统的建筑风格,欧洲大陆也有欧洲传统的建筑风格。在德租期间,青岛出现了一大批欧洲风格的建筑实体,其中还有很多建筑出自著名设计师之手,许多还被列为中国近代优秀建筑。在山东省300多处优秀历史建筑中,青岛独占131处之多,占比达到了1/3以上。青岛的建筑已经成为青岛城市的一笔财富,青岛老城区本身就是一座国际建筑博览会。

由于青岛这座城市是在近代才刚刚建立的年轻的城市,青岛在城市风格的形成和城市样态的呈现方面显示出与其他城市极大的不同。同时,作为一座曾经的被占领城市,其风格的形成必然受到被占领国家风格的影响,即一定是以德国人审美趣味为中心的欧洲风格。但是,具体到选择何种欧式风格的问题上,又具有一定的偶然性。一个城市的气质和风格包含了非常丰富和复杂的内容,其中既有物质的也有文化的,既有视觉的也有非视觉的,既有外在的也有内在的。如果单纯研究青岛的近现代建筑风格,我们很容易就会发现青岛的近代城市建筑具有一种既规则又奔放,既粗犷又优雅,既原始又现代的美学特质,是浪漫主义的优雅精致与自然主义的原始浑朴的完美融合。从视觉感受上说,青岛近代建筑在整体上建构了一种以欧洲建筑风格为原型,以红色为基调,以未经加工的花岗岩石料为主体建筑材料,完美地将浓厚的抒情性和粗犷的乡土性融合为一体。

有趣的是,在青岛,不仅是德国人毫不犹豫地选择了德国建筑风格为主导的欧洲建筑样式,即便是当时中国人建造的自己的住宅和会馆也很时髦地采用了西洋建筑样式,其中的典型建筑如华人区山东街、两湖会馆等。在青岛德租时期,建筑师拉查鲁维茨一直活跃在建筑设计和管理第一线,他的设计代表作就是青岛德国总督官邸,这一建筑创造出了一种东西融通、雅俗兼备、原始而又现代、奔放而又理性,并且带有浓厚的乡土特色的美学风格。这种通过博采众长、中西合璧的独特风格,铸就了青岛近现代建筑的美学基调。还要特别强调的是青岛观象台主楼,这座大楼由德国建筑师保尔·弗里德里希·里希特设计,被称为"皇家青岛观象台"。该建筑于1910年6月奠基,1912年1月落成。该楼的主体全部采用花岗岩石砌结构,带有浓厚的欧洲中世纪城堡风格。这种整体以花岗岩石砌覆盖全楼的做法,体现了欧洲新艺术运动的风格,是由拉查鲁维茨引发的自然主义和原始主义美学冲动的一次爆发,"皇家青岛观象台"与其他欧式建筑的不同就在于其他建筑在原始主义和自然主义方面以及在抒发奔放无羁的美学激情方面都采取了比拉查鲁维茨谨慎和收敛的形式,唯有保尔·弗里德里希·里希特的表现是如此的恣意。

(3)青岛建筑文化特色之青岛特有的城市建筑色彩成分

"碧海蓝天,绿树红瓦"是我们今天最常见的描述青岛城市建筑特色的语言。这里面提到的"红瓦"其实是1901年租借地《城市规划》中规定的青岛的建筑屋顶一律使用红色陶土瓦,也正是这一规定奠定了青岛的城市建筑色彩基调。从那个时候开始,青岛的建筑以红瓦取代了传统的青瓦,建筑外墙也同样选涂上了明快的颜色,蓝天、碧海融合了红色屋顶和绿色树木,这四种明丽的色彩相互辉映。著名学者余伯平曾用诗句"三面郁葱环碧海,一山高下尽红楼"来描绘青岛,绿色的生机勃勃、红色的热情如火、蓝色的海纳百川令这座城市避免了单调和沉闷,彰显着令人心旷神怡的异域风情。1917年,康有为移居到青岛并在自己的家书中这样描写青岛:"碧海蓝天,不寒不暑,绿树红瓦,可舟可车",这段话中的"碧海蓝天,绿树红瓦"后来就演变为描述青岛城市特色的一句人尽皆知的流行语。

青岛的建筑特色在我国的众多城市中独树一帜、独具风貌,这种建筑特色是青岛城市文化中极具代表性的部分,无论是传统的里院建筑,还是充满风情的欧式建筑,都展现了青岛这座城市文化兼容并蓄、自由开放的特点。

5.1.6 青岛传统文化之西方工业文化成分

中西文化的交流与融合在青岛这座城市的兴起和发展过程中起到了促进城市文化的发展与进步的积极作用。西方工业文化和现代城市理念的涌入,使青岛的城市建设、市民生活、城市文化等等方面发生了翻天覆地的变化。1898年,青岛建成了我国最早的气象机构;同年青岛又建成了第一座灯塔:朝连岛灯塔;早在1900年,青岛市区就实现了电力照明等。由于这些先进科学技术的应用,青岛的城市建设在当时的中国处于领先地位。青岛的交通运输业及相关行业也同时蓬勃发展起来,伴随着新式教育的出现,青岛的城市建设、市民生活方式,以及城市文化都经历着巨大的改变。

5.1.7 青岛传统文化之啤酒文化成分

青岛啤酒作为青岛形象的一张名片,已经成为世人认识青岛、了解青岛的重要媒介。作为青岛啤酒的原产地,青岛这座城市借助啤酒这一重要的地方文化要素来发展无疑具有显著优势。青岛与啤酒的故事,就像里院与欧式建筑一样是一种异域文化与本土文化认同的互动史,可以毫不夸张地说,青岛啤酒见证了青岛的发展历程,是青岛城市历史文化的见证者和承载者。经历了漫长的历史岁月,青岛啤酒已经渐渐地成为青岛的一张特色名片,不仅给外地游客留下了深刻的印象,也是当地人的身份认同的标志,啤酒文化已经深度融入青岛当地居民的日常生活当中。

青岛啤酒与青岛这座城市的关系是密不可分的,青岛啤酒一个多世纪的发展历史也正好是青岛这座城市成长和发展的历史。青岛啤酒厂始建于1903年。当时的青岛正处于被德国统治的时期,英德商人为了迎合德军和德国侨民的嗜好开办了"日耳曼啤酒公司青岛股份公司"。建厂初期的年生产能力是2000吨,生产设备和原料全部来自德国进口,当时的啤酒品种有淡色啤酒和黑啤酒两种。在上海、青岛、天津、大连等设有销售总代理。当时的青岛啤酒质量就十分出色。今天的青岛啤酒以其优秀的品质产生了很大的国际影响力,其产品更是远销美国、日本、德国、法国、英国、意大利、加拿大、巴西、墨西哥等70多个国家和地区,占中国啤酒出口总量的一半以上,销量遥居中国啤酒行业首位。根据全球啤酒行业权威报告,依据产量排名,青岛啤酒为世界第五大啤酒厂商,也成为美国市场上销量最高的亚洲啤酒,青岛啤酒还先后在比利时布鲁塞尔、西班牙马德里获得国际金奖。

作为代表青岛啤酒文化的青岛啤酒节也为青岛城市形象的国际化做出了巨大贡献。历年的青岛国际啤酒节都会吸引来自国内外的众多新闻媒体的关注,是青岛向全世界展示其整体城市形象的大好时机。近年来,中央电视台、中央人民广播电台、中国国际广播电台、山东电视台、青岛电视台、中国台湾东森电视台、美国CNN、英国BBC等海内外电台、电视台,都对啤酒节开幕式进行过现场直播或录播,200多家国内外新闻及网络媒体对开幕式进行采访报道,向世界全方位地展示了青岛国际啤酒节的盛况,青岛的城市形象也随着青岛啤酒节传播开来。青岛国际啤酒节是青岛对外宣传啤酒文化的窗口。啤酒节是青岛海纳百川精神气质的物化表现,青岛啤酒与啤酒节的成长见证了青岛城市的发展,青岛啤酒与啤酒节也携着最纯正的"青岛味道"走遍了中国,走向了世界。自1991年举办首次啤酒节至今,青岛啤酒节的发展已发展成熟。但是我们不得不面对着这样一个事实:青岛啤酒节的发展仍面临着地域特色不明显的困境。青岛啤酒文化还不能实现与青岛城市文化及区域文化充分融合。近年来,在青岛啤酒节期间,青岛市虽然会在青岛各区设立分会场,但是主体客流还是集中在主会场,这种现象既与分会场缺乏自身特色有关,还与各区旅游资源整合力度不够有关,也与分会场所处的地理位置的可达性及便利性有关。每年的啤酒节开幕仪式流程大致相同,且较为冗长,很难让游客参与其中。而啤酒节期间的活动内容虽然丰富,却缺乏和谐统一的基调,缺乏青岛主题特色,而且商业气氛浓厚且明显,缺乏节庆该有的传统特色氛围。

青岛的啤酒文化逐渐成为整个青岛城市文化的底色,这座城市每一个人对啤酒的热爱都诠释了这一底色。在青岛,大街小巷遍布着啤酒桶,市民们更是用特制塑料袋购买散装啤酒等,这些都是啤酒文化在市民生活中的表现。而啤酒博物馆、啤酒街、每年8月的啤酒节是政府推进的商业化行为。啤酒从最初的德国舶来品进入青岛,因纬度相似、气候接近,很快在青岛扎根并蓬勃发展起来,逐渐成为青岛人生活不可或缺的一部分。青岛人的爽朗、不拘小节的性格似乎正迎合了啤酒的特质,形成了以啤酒为特色的青岛城市文化。

青岛啤酒是以其产地来命名的,青岛啤酒也逐渐演变成青岛这个城市的标志性"语言景观"。位于青岛市市北区登州路的青岛啤酒博物馆,是国内唯一一所专业的啤酒博物馆,啤酒博物馆为人们呈现了一个全新的啤酒文化空间。2020年,中国旅游景区协会和华侨城创新研究院联合研发编制"中国旅游景区欢乐指数(THI)研究报告及排名",青岛啤酒博物馆在博物馆类排名第七位,被认为是来青岛必打卡的网红地标型博物馆。其不足之处主要体现在两个方面:一方面表现在参观体验欠佳。除景区基础设施较差,尤其是停车场车位明显不足、管理不到位外,被诟病最多的是景区的性价比低,游客普遍认为啤酒博物馆的门票价格偏高、体验不深刻,很难参与到啤酒酿制过程,通过参观仍不清楚原浆、扎啤、瓶装啤酒的区别等方面。另一方面表现在周边体验不佳,主要是周围环境差、距离青岛其他景点远等,这些都是影响游客体验的主要因素。

青岛这座城市与啤酒水乳交融,啤酒已经深深地融入市民文化当中。在青岛人的眼中,啤酒不仅是一种能带给人愉悦感受的饮料,更是代表了一种惬意的生活方式。一杯杯青岛啤酒里,注满了这座城市最舒畅的欢乐和最常见的美好。青岛啤酒文化是青岛文脉的重要组成部分,反映了青岛的城市文化特性。对于青岛这座城市而言,青岛啤酒不是一种饮品,更多的是一种生活方式和一种文化感受,可以说是一张亮丽的青岛文化名片。不同类型、不同特点的文化元素在青岛相互交织,共同构成了青岛的特色城市文化,让青岛这座城市的文化更趋多样化,让青岛这座城市展现了别样的城市文化风貌。

5.2 以"语言景观"建设促青岛城市国际化进程

一座城市"语言景观"对外籍人士的友好程度客观真实地反映了该城市的国际化程度。青岛是中国东部重要的沿海城市之一,每年都有大量外籍人士涌入青岛,国际游客对青岛市城市"语言景观"的跨文化适应程度无疑为研究者们提供了探索和改善青岛市国际化建设的重要视角。随着经济全球化的迅猛发展,青岛的国际合作日趋广泛,因此对青岛城市国际化程度的要求也随着日益增高,城市"语言景观"作为城市规划建设指标之一,理应得到优化,只有这样才能提升国际友人对青岛城市"语言景观"的跨文化体验的满意度。

作为中国东部沿海的重要港口城市,青岛市承载着连通中国与世界的使命。近年来青岛市接纳的外籍人士逐年增加,这对于青岛国际化城市建设,尤其是青岛市的文明形象,提出了很高的要求。2016年2月22日,青岛市政府出台了有关开放发展的纲要性文件后,青岛就开始致力于提高城市的现代化水平,力求实现青岛与国际早日接轨。我们优化城市"语言景观"

建设的目的是为了通过完善城市街区的语言环境使青岛城市居民能够享受现代化文明的成果。优化城市的"语言景观"是为了营造更好的国际交流平台和环境,所以从某种意义上来说,一座城市的"语言景观"对外籍人士是否友好能够体现出该城市的文明和发展水平。

2020年,青岛市政府制定了"企业、市场、产业、园区、城市"五大国际化目标,努力实现推动青岛城市国际化进程,致力于提升城市吸引力和竞争力,要认清当下城市语言文字工作的新形势,即如何升级城市国际化语言管理和服务体系,进行科学的语言规划。

在国际化城市建设的过程中,能够提供多语种的语言服务可以在日常生活交往中,给来自不同母语背景的城市居民提供方便快捷的本民族语言支持和帮助,从而提升外侨的生活质量和生活满足感,促进不同民族和国家的人们之间的理解和交流,这有利于促进社会的和谐稳定发展。同时,发展完善的良好的国际化语言服务环境更有利于吸引外资,促进国际化城市的经济可持续发展。

"语言景观"建设是城市国际化语言服务的重要组成部分之一,一座城市的"语言景观"应当与该城市的国际化语言服务水平相适应。换言之,城市的国际化需要城市公共语言服务的国际化的服务和支撑,因此,无论是政府主持的公共服务与城市治理体系下的城市公共"语言景观"的语言设置,还是以私人设计为主体的各类商铺标牌和五花八门的广告语的使用,都应当以"精准语言服务,激发城市活力"为构建原则。公共和私人的城市"语言景观"标识语部分要求与城市形象构建紧密结合,从而提升城市的国际影响力和竞争力。多语种"语言景观"建设和双语"语言景观"建设,例如航贸枢纽指示牌、社区生活服务用语、国际经贸服务用语等,都是青岛市国际化水平的体现形式,直接服务于外籍人士在青岛市的工作和生活,其建设水平的高低、优劣直接关系到人才的吸引和时尚创新等核心模块的发展要求。此外,"语言是人类传播的最重要的符号系统",为了实现中国传统城市文化的对外传播,塑造友好的城市形象,城市建设必然要依托城市"语言景观"这一象征体系。因此,加强青岛城市"语言景观"建设,完善多语种及双语语言服务体系是青岛市"国际化＋"城市建设的必经之路。

5.2.1 青岛市"语言景观"建设现状

我们选取青岛市各个景区的"语言景观"为研究语料素材,研究和分析青岛作为一个国际旅游城市,在城市"语言景观"方面的建设情况和现实问题。青岛市各大景区的"语言景观"包括各类标识牌、警示牌、索引导航图、提示牌、信息牌等。我们收集到:标识牌70个,其中店铺招牌16个,机构名牌6个,建筑牌6个,教室、办公室等空间名称标识牌1个,服务区域名牌13个,各类设施标牌28个。路标导向牌19个,其中包括指向各种设施、空间方位的方向指示牌。广告牌12个,主要取自景区内的商铺牌匾。各类警示提示牌9个,其中安全类提示4个,保护环境类提示3个,车型限行类提示1个,服务项目类提示1个。各类大小信息标识牌44个,其中包括安全信息2个,服务信息3个,各类公告信息2个,说明介绍类标牌5个,游客须知类信息标牌6个,宣传信息标牌28个,其中包括了保护环境类宣传信息标牌13个,城市文明类宣传信息标牌1个,地域文化类宣传信息标牌1个,价值观类宣传信息标牌9个,志愿者行动类宣传信息标牌4个。此外,还有索引导航图10份。各类标牌的英汉双语比例为标识牌占59%,导向牌占84%,广告牌占0%,警示牌占36%,索引导航牌占100%,提示牌占33%,信息牌占28%,根据这组数据,我们分析英汉双语标牌的比例差异表明这些标牌的双语功能旨在向外籍人士传达信息功能上的强度依次为:索引导航牌＞导向牌＞标识牌＞警示牌＞提示牌＞信息牌＞广告牌。

在青岛主要景区空间内,虽然"语言景观"的双语比例仅为49.2%,但多语种覆盖面较广,而且语码转换过程中,语言模式方面信息内容的翻译程度很高,翻译规范性也很高,表现出了很专业的语码转换能力,也展现了青岛城市一定的国际化程度。结合分析不同标牌的双语比例情况,我们认为青岛景区空间内部的"语言景观"有利于帮助外籍人士获取必要的信息内容,但不利于外籍人士获取相关文化信息,因此,在以后的城市景观建设中,要注意提升信息牌的双语比例。

我们同时还对景区内部的"语言景观"使用的词性进行了分析,经过数据收集我们发现在所有词性中,名词的出现频率最高,尤其是普通名词竟然多达68个,其他类型的名词有93个,这些其他类型的名词包括方位名词、地点名词、处所名词、人物名词、表达机构名称的名词、时间名词等。动词以65个的数量位居第二,形容词出现13个,副词10个。通过同字词频率统计,我们发现出现频率最高的词汇是"请",其次为"游泳"和"危险",由此得到的结论是青岛市内绝大多数景区在"语言景观"呈现方面非常重视礼仪,多处使用礼貌用语(譬如"请"),而且作为海滨城市,青岛对游客的人身安全也很重视,希望游客能够在景区活动中远离危险、安全出行。

从句子使用的层面来看,在青岛景区空间中,单句中主谓句和动词性非主谓句的出现频率基本上各占一半,单句中主谓句如"救生器材,禁止挪用"这种表达形式;动词性非主谓句如"当心高空坠物,请走南门"等。复句中因果关系的句子最多,大多数为安全提示,如:"此处危险,请勿进入"等。单句从句子使用的数量上来讲明显少于复句,复句中含祈使意义表达的句子占景区所选标牌标识语的40%,单句中祈使句表达的句子占景区所选标牌的10%,这些祈使句多数为安全性提示,也有环保、设施使用方面的标牌,如:"此海域是非游泳区,严禁下海游泳,危险!!!";"茵茵绿草地,脚下请留情";"请勿将各类宠物带入公厕内,面阻莫怪,谢谢合作!"。

通过上面的数据收集和分析,我们梳理了青岛市内景区中"语言景观"使用的主要问题如下:

(1)青岛城市"语言景观"标牌上使用的语种太少,虽然全部计算在内涉及了12种不同的语言形式,但是构成的主体仍然是汉语和英语,汉、英之外的语言形式占比不足5%。这种状况明显不能够满足外籍人士的基本需求。

(2)青岛城市"语言景观"中使用的双语标牌略少,在除去英、汉两种语言之外的多语标牌几乎为零的情况下,英、汉双语标牌占比仍不足50%。

(3)青岛城市"语言景观"中标识语标牌的双语比例有待提高,从构成来看,标识语标牌上呈现出的信息是显性文化内涵含量最多部分,如果这个部分的双语比例低下,则十分不利于外籍人士获取与青岛传统城市文化相关的信息。

(4)青岛城市"语言景观"中海洋文化、儒家文化和青岛的历史文化表现较为突出,但是啤酒文化、道教文化、茶文化在青岛市区内的各类"语言景观"中表现并不多见。

5.2.1.1 改进和发展双语及多语"语言景观",促进青岛城市国际化进程

通过问卷调查和田野访谈,我们了解到外籍人士在青岛旅居和生活期间会密切接触的五大空间主要包括交通、商业区、景区、医院和校园。五大类别中的交通工具使用中,1/3以上的外籍人士经常使用公共交通系统,如公交车和地铁;商业区中,1/3以上外籍人士经常光顾的商业中心以青岛万象城和台东三路步行街为主;景区中,一半左右的外籍人士经常参观青岛市的地标建筑——五四广场和各个海水浴场;外籍人士在医院的选取方面比较特别,我们在问卷调查现场了解到不少外籍人士会青睐于一些外国人经营的非综合性的医院,虽然无法进行全部充分采样,但是我们仍然发现除了私立医院之外,外籍人士也会选择比较知名的公立医院,譬如首选青岛市市立医院,其次为青岛大学附属医院;高校校园也是外籍人士时常选择参观的场所,在这里,外籍人士通常选择较多的是校园里面的餐厅、便利店和咖啡厅。

通过了解和收集外籍人士在青岛旅居期间的感受方面的数据,我们得出的结论是高校校园的"语言景观"标识给外籍人士带来的理解障碍最小,外籍人士能够轻而易举地适应高校校园的各类"语言景观"。其次就是城市的公共交通指示牌一类的"语言景观",通过调查,我们发现外籍人士对交通空间"语言景观"的适应困难程度要高于对高校内部各类指示牌的适应难度,譬如公交站牌等。接下来就是商业区和景区空间里面的"语言景观",结合我们收集到的具体数据分析,可以看出外籍人士对商业区和景区"语言景观"的适应状况会更加低于对于交通空间和校园内部"语言景观"的适应。在我们选取的五大空间中,医院是普遍被外籍人士认定是最难适应、理解困难最大的区域,外籍人士普遍反映在青岛生活期间,对医院"语言景观"的适应存在的困难特别明显。所以外籍人士对青岛城市五大空间"语言景观"的适应难度排序为:校园＜交通＜商业区＜景区＜医院。

通过考察外籍人士在旅居青岛期间对于青岛市城市"语言景观"适应的具体情况,我们发现外籍人士在青岛旅居期间,实现跨文化适应的困难原因根据困难程度从大到小的排序主要有以下四个方面:翻译内容少、标牌设计元素单一、翻译错误、语种不足导致的汉语识读难度。

结合以上分析，我们又了解了外籍人士对青岛的文化诉求，认为个体适应新文化环境的跨文化适应过程受到个体内部因素和外部环境因素的影响。从影响外籍人士跨文化适应状况的外部环境因素来看，外籍人士对青岛市"语言景观"跨文化适应问题、看法和需求主要有以下八个方面，我们依次可以描述为：

（1）旅居青岛的外籍人士对五大空间"语言景观"跨文化的适应难度排序为：校园＜交通＜商业区＜景区＜医院。

（2）青岛城市"语言景观"发展不完善所导致的困难按照程度从大到小依次为：翻译内容少、标牌设计元素单一、翻译错误、语种不足导致的汉语识读难度。

（3）青岛城市"语言景观"发展不完善的现状中凸显的问题严重程度从大到小依次为：很少有英语以外的其他外语形式、多语语言标牌不常见、外语信息条目相对于汉语信息条目无规律缺失、翻译标准不统一。

（4）外籍人士经常光顾的商业区存在比较多的标牌标识语翻译错误，经常去的景区也较多地存在翻译误用和语种缺失的问题。

（5）语言种类单一或者语言种类不足问题的突出程度从大到小依次为：公交站/地铁站＞经常去的景区＞经常去的医院＞经常去的商业区＞路牌＞校园内经常去的地方。

（6）旅居青岛的外籍人士对英语之外的其他语种的需求量相对较大。

（7）那些文化信息量缺乏的"语言景观"标识语的标牌主要位于外籍人士常去的主要景区、商业区和公交站及地铁站等公共交通体系中。

（8）旅居青岛的外籍人士对青岛城市"语言景观"中所体现的文化内容需求程度依次排列为：历史文化＞海洋文化＞啤酒文化＞儒家文化＞茶文化＞道教文化。

旅居青岛的外籍人士对青岛市城市"语言景观"的改进建议中，增加语种类型为首要建议，所以我们可以采用"语言景观"标识语中文字增添的方式进行改进，也可以采用通过扫描二维码快捷获取相关信息的方式进行提升；其次为增强"语言景观"中标识语语言使用的规范性，包括提高英语翻译的准确性、消除拼写错误以及其他各种语用错误；再次，可以增加"语言景观"中标识语的内容表达，为标牌阅读者提供更为详细的解释和介绍。在使旅居青岛的外籍人士方便利用标牌了解确切的语言含义和语言表达方面，外籍人士的建议有下面三个方面:一是要保证提供的标识语翻译都是准确无误的,二是多设立一些双语甚至多语形式的标识语,三是能提供标识语的识读软件,方便快捷地获取相关信息。

旅居青岛的外籍人士是代表国际关系的一类人群,他们对青岛"语言景观"的需求也反映了对青岛国际化发展的需求,所以要提高青岛城市的国际化程度,我们需要改善那部分外籍人跨文化适应东道国文化环境的"语言景观",基于此,我们可以从以下几个方面进行相关的调整和改进:

(1)增加外语语种在城市"语言景观"中的保有量,丰富外语语种数量,可以考虑增加除英语之外的日语、韩语、法语、德语和俄语等外语语种。在跨文化发展的背景下,语言代表了文化身份的认同,所以增加语种数量不仅可以为外籍人士在青岛的日常生活提供语言上的便利,也展示出青岛这座城市对不同文化的包容性,让城市"语言景观"更加丰富多彩、更富有表现力,有利于青岛城市的国际化建设。问卷调查和访谈过程中我们发现除英语之外,需求最大的是日语、韩语、法语、德语和俄语,虽然可能是因为参加问卷调查的旅居青岛的外籍人士中日本、韩国、法国、德国和俄国的数量最多,但也反映了旅居青岛的外籍人士中这几个国家在人数上占据优势,因此可以适当地将这几种外语形式添加到"语言景观"的标识语上。具体操作的方法,结合旅居青岛的外籍人士推荐的方式,扫描使用二维码不失为一种方便快捷的好方法。

(2)增加翻译内容,尤其是增加对文化部分内容的翻译。目前青岛市的城市"语言景观"标识语中有些含有文化类内容,比如对青岛传统历史文化的介绍等,但由于无法提供相关内容的外语译文,外籍人士无法接收此部分信息,或者在阅读过程中困难重重,这种状况严重阻碍了青岛传统文化的传播,也不利于展现青岛国际化城市应有的兼收并蓄的文化包容的态度。因而,在青岛城市国际化建设进程中,增加对"语言景观"文化内容的多语种类型的翻译非常必要,而且应该尽可能多地提供多种外文翻译,对不能提供多语翻译的标识语,尽可能完善和丰富汉、英翻译内容,尽可能对此部分的汉语内容进行原汁原味的翻译,最大可能地还原该文化内容的内涵。此外,我们注意到医院的导医台、就诊流程、退款流程等关键部分均缺少外文翻译,这种语言上的障碍增加了旅居青岛的外籍人士在青岛生活期间的就医困难,访谈中旅居青岛的外籍人士也表示了该方面的感受,他们绝大多数都觉得青岛医院就医流程复杂,所以医院标识语需要增加对含有就医流程信息部分的翻译和注释。

(3)增加标牌的文化信息含量,改善文化信息展示方式,丰富城市"语言景观"的设计元素,更多地利用和展示青岛传统文化内容。在对于各种文化的获取中,旅居青岛的外籍人士认为城市"语言景观"中的标识语部分对了解汉语的社交文化最有帮助,他们认为包括海洋文化、茶文化在内的地域特色文化比历史文化信息更加容易获取和理解;我们在于外籍人士的访谈中发现,即时交流的外籍人士给出的第一反应是社交文化,其次是海洋文化和茶文化,而且海洋文化的表现多是以餐馆的图片、店名等形式呈现,而历史文化则是外籍人士有了一定的知识储备或心理准备之后再去阅读"语言景观"的标识语部分才能够了解到的信息。

结合这种情况,我们认识到社交文化是最有表现力的文化形式,在各种空间中,"语言景观"是作为交流的媒介出现的,所以"语言景观"中的语言一定反映了其所处的社交文化,因此带有中国特色的社交文化更是蕴含在内。相对于那些可能需要特殊设计的其他文化形式,社交文化更容易通过"语言景观"这一形式展示出来。其次为包含海洋文化、茶文化在内的地域文化形式,这些在与日常生活息息相关的各行各业设立的标识语中都有所反映和体现。最后才是历史文化,从所采集的数据分析来看,绝大多数含有历史文化信息的"语言景观"没有以双语的方式呈现出来,还有一些表现方式比较简单和委婉,外籍人士很难通过阅读自行领略其深藏其中的文化信息。

青岛市的城市"语言景观"显然在历史文化信息方面欠缺一定的表现力。在中国文化或青岛传统文化的表现力度上,青岛城市"语言景观"中或者没有足够的相关文化信息,或者难以准确直观地传达文化信息,总之增加了旅居青岛的外籍人士获取这部分文化信息的难度。针对这一问题,除了完善此部分的翻译,青岛市可以在"语言景观"的文字内容和其他设计元素上多加提升。此外,国际化城市不可能忽视他国文化的展现,所以青岛市"语言景观"还要欢迎和包容各种他国元素的加入,丰富和发展其文化内涵和层次。

(4)增强青岛城市"语言景观"语言表达的规范性,提高翻译水准,避免拼写错误、翻译错误,统一翻译标准,此外还要注意避免其他各种低级错误。建议负责人士认真借鉴国家官方规则和其中的参考提示内容提高或完善语言使用的规范程度,同时对城市"语言景观"做好后期维护,避免作为城市"语言景观"物质载体的标牌磨损导致的信息缺失。

5.2.1.2 结语

人类对于海洋文化意义的重新认识和深刻理解是 21 世纪一个重要特点,在这种思想潮流的引领之下,海洋文化产业正在经历着突飞猛进的发展。现如今,海洋文化及其带动的海洋文化周边产业对于海洋开发产生了重要影响,推动了海洋开发产业的深入发展。青岛是我国"一带一路"倡议的重要地理节点,也是深化与世界各地海洋国家合作水准的具有战略性意义的城市,青岛海洋文化的发展和推进不仅能够为保护国内的传统海洋文化遗产助力,而且能够促进中国的传统海洋文化的对外传播。

为了能够促进中国的海洋文化走出去,从国家政府层面上应当出台相关政策,并且制定相关发展规划。青岛市海洋文化"语言景观"研究的核心作用在于向全世界介绍能够体现中国特色、展现中国精神的特色中国海洋文化和中国传统文化,与此同时,在这个过程中,还能够提高我国人民与其他国家人民之间的人文交流,使中国与世界增进彼此的理解、认同彼此的文化、尊重彼此的差异,进而使中国能向世界展现我们作为一个具有高度文明水平的国家形象。与此同时,与世界各国之间的海洋文化的交流互鉴,有助于推动青岛的经济发展水平,使青岛能够在较短时间内,在经济的跨越性发展方面达到一个新的高度,促使青岛能够又快又好地发展蓝色海洋经济,梳理和打造出全新的智慧城市形象。

此外,青岛这座城市的旅游特性中同样蕴含了海洋文化特色,各个研究方向的研究者们针对青岛的海洋文化旅游产业展开进行了相应的研究,在"一带一路"的背景助力之下,我国的传统海洋文化被传播到世界的各个角落。通过前面的分析,我们已经十分明晰青岛海洋文化的特点,我们认为青岛海洋文化的重要载体是语言,青岛海洋文化涉及的领域包括海洋民俗、海洋考古以及城市人文"语言景观"等等。针对以呈现海洋文化为主体的"语言景观"展开相应的研究具有十分重要的历史和现实意义,一方面有助于对青岛海洋文化旅游进行深入探讨,另一方面还有助于挖掘出隐藏在旅游产业之后的政策目标、权利关系以及文化认同。所以,针对青岛这座城市的海洋文化"语言景观"进行深入的研究和分析,既有助于我们对青岛海洋文化旅游产业形成正确的认知,也有助于通过青岛海洋文化旅游产业的深入发展落实好"一带一路"的经济发展战略。

5.2.2 促进青岛城市国际化建设背景下城市"语言景观"建设的对策与建议

基于上文针对国际化城市"语言景观"建设的现状和未来发展的探讨和分析,为了达成完善国际化城市语言服务体系的目标,结合青岛市"国际化＋"城市建设的基本需求,我们从以下五个方面提出了青岛市城市"语言景观"建设的对策和建议。

1. 给予多元文化以充分的尊重,努力丰富和发展语言生态环境。在青岛城市"语言景观"建设过程中,为了努力实现青岛城市的国际化进程,我们必须要充分尊重多元文化,多元文化的主体不能简单停留在政府等官方层面上,多元文化研究必须要求向下渗透到各级组织、社会群体甚至个人等微观层面,这是因为对于多元文化的研究将影响到自下而上的语言标识语所采用的语言模式能否为个体语言社群提供贴近个体本族文化的高质量语言服务。语言生态学(ecology of language)的主要研究内容是将语言与环境结合起来,通过二者的整合看待语言多样性问题。我们选取了青岛市韩国人聚居区的部分"语言景观"进行考察和分析,以此来了解青岛市的国际化语言服务状况,所以该区域的语言多样性主要体现在中文、英文、韩文这三种语言形式的建构方式上。但是,我们必须认识到的是城市语言服务国际化不仅仅是面向某个特定的种群社区,而是需要把研究视野放大到全球范围,因此,城市"语言景观"中涉及的多元化语言系统的复杂性应当成为"语言景观"构建必须关注的重点问题。与此同时,青岛城市"语言景观"建设还务必要将服务拓展到"上合"峰会以及"一带一路"策略沿线涉及的国家和群体,只有这样,才能使青岛城市"语言景观"建设通过丰富语言生态环境更好地服务于国家的总体战略。

2. 尽可能提供精准的语言服务,将青岛城市"语言景观"建设对标城市整体政治和经济建设。一座城市在其国际化进程中往往伴随着不同规模的多处外侨聚居社区的出现和形成,这些外侨聚居社区中的人口在特定空间中时常处于流动状态。所谓提供精准的语言服务,首先我们急需通过调研取证找出目前青岛市外侨活动的主要地理范围所在,这里涉及外侨的工作场所、生活场所、时常光顾的娱乐场所、日常出行使用到的主要交通路线等;其次,我们还必须准确掌握外籍人士的外语类型使用情况,明确某个特定的地理范围内的语种使用频率。由此,在特定的地理范围内设置准确、高效、便捷的契合实际使用要求的语言标识,使语言标识能够全方位深入外籍人士的工作和生活当中,增强语言服务的有效性。城市国际化必定带来城市综合吸引力的快速提升,伴生着城市各项其他辅助功能的不断完善和提升。城市管理、城市基础设施建设、城市公共服务设施建设以及城市中社区治理等城市建设所包含的各个层面中都需要被多语种"语言景观"建设所覆盖,城市多语"语言景观"建设需要对标城市建设的各项要求,充分发挥出多元信息传播和多元社会文化建构的积极作用,努力打造兼具内涵与活力的国际化城市新形象,塑造出友好的适应国际投资的多语种语言环境。

3. 在城市"语言景观"建设中尽可能做到规范"语言景观"中的语言使用,加强对标识语言的管理。经过我们多年的调查发现,青岛市最为凸显的外侨社区为韩国外侨社区,在青岛,中韩两国文化交融互动的态势良好,除了在青岛居住的韩国人会选择使用中文翻译标牌外,许多中国人经营的商铺标牌上的标识语以及很多官方标牌标识语也会采用韩文进行注释,这就需要在城市"语言景观"建设中对外语语言,尤其是韩国语的使用规范和准确。在外语的具体使用上,要能够使用外语准确地翻译店铺标牌上的标识语、宣传标语、广告语等,双语之间的翻译方法包括直译法、意译法、音译法等我们常见的翻译方法。另一方面,在城市"语言景观"中所呈现出来的中文词语的选择上,除了要适应时代变化特征,追求词汇使用的新颖和时髦,也必须符合中文的语法规范要求。政府在进行城市"语言景观"中的语言管理时,理想性和现实性之间的关系应当被纳入其考虑范围内,同时还要顾及外侨价值观念下的接受程度;另外,明晰语言管理的责权范围,政府部门要管理的应当是自上而下的"语言景观",而其他功能型的、私人层次的语言标牌是否应当纳入政府的管理范围则需要根据具体的情况来决定。城市"语言景观"建设过程中的语言规范性和政府管理所起到的监督作用,都会从不同层面上优化"语言景观"中的语言使用,进而提升"语言景观"的交际效率,为提供高质量的国际化语言服务奠定坚实的语言基础。

4. 在城市"语言景观"建设过程中要始终凸显中国语境特色,展现青岛传统文化特色。在青岛地方政策取向的影响下，中文始终处于强势地位。众多研究者们的多项研究也从不同的研究视角表明了中文在中国语言环境下的外侨聚居区的强势地位，但中文所承担的中国传统文化的传播功能却未能得到充分发挥。城市"语言景观"既是信息传播的媒介也兼具了象征功能，所以"语言景观"设计应当将汉语和中国文化传播紧密结合起来，比如在标识语使用中引用中国古典诗词和成语等，这种应用既能灵活生动地传递信息，又能适时地展现中国传统文化特色。同时，在官方"语言景观"建设中还要着重考虑官方宣传标语的国际化传播，这样将会帮助外侨充分了解中国社会，理解中国传统文化特色的深刻内涵和底蕴。城市"语言景观"建设在跨文化传播中为中国国家整体形象的建设做出重要贡献，在对外传播时，城市和地区应该因地制宜、特色鲜明，同时充分利用本地的社会发展特色和历史文化资源进行宣传。具体到青岛市，作为著名的海洋城市，青岛城市"语言景观"建设必须要结合海洋文化开展，传递开放、包容、活力、时尚的海洋文化城市建设理念，向全世界展示青岛的城市特色和风采。

5. 在城市"语言景观"建设过程中增强多模态、立体化"语言景观"建设。所谓"语言景观"的多模态、立体化指的是除了公共空间语言标识语的实体存在之外，还应该包括新媒体、网站、电视等现代信息化传播手段。比较好的实例就是青岛市政府创设的外文网站，在该网站上，上合峰会期间青岛市使用俄文进行报道等。无论使用哪一维度的"语言景观"，在语言形式的选择和文字的使用上都务必遵循城市"语言景观"建设的基本原则和要求。

城市"语言景观"反映了一个城市的权势地位、族群活力、文化认同，加强城市"语言景观"建设是完善城市国际化语言服务体系的重要手段和方法。国际化城市进程带给城市"语言景观"建设中的文字工作新的挑战，构建完善的国际化语言管理服务体系、加强多语种"语言景观"建设离不开政府、社会群体以及个体的共同努力。我们当前的核心任务就是结合当下青岛市"语言景观"建设的现状，尽可能全面而深入地提出与多语语言服务相结合，并能够促进青岛城市文化交流的"语言景观"建设的高效而实用的策略。事实上，在目前"国际化＋"的城市建设大背景下、大方向之下的城市"语言景观"建设，除了可以通过针对公共空间的动态"语言景观"研究，譬如流动标识语的语言模式及语言服务，入手之外，我们还可以从城市"语言景观"所体现出来的语言法规的制定与实施的视角进行深入研究。

5.3 青岛城市"语言景观"之著名景区中英双语案例分析
——青岛崂山风景名胜区景区导览"语言景观"

5.3.1 太清游览区

太清游览区汉语文本介绍：

太清游览区的主要景点有太清宫、明霞洞、上清宫和龙潭瀑等。崂山因仙而名,太清游览区也正是道教文化的核心所在,仙山的本源。来太清游览区着重的看点在于道教文化,且古树名木林立。身处景区可闻仙道神话的传闻逸事,观瞻文物古迹,品味古韵沧桑。

游览太清游览区需在崂山游客服务中心购票换乘观光车进入,八水河广场——龙潭瀑——上清宫——明霞洞——太清索道(或步行)——太清宫(反向也可),游览时间大约 4 个小时。

太清游览区内主要有三大游览区域：八水河区域、太清宫区域、海上游览区域。

八水河区域为爬山线路,沿八水河而上,观龙潭瀑水库,游千年上清宫,沿小径穿林登山,能到达的终点为崂山著名道观：明霞洞,整个路程需时 1 至 1.5 个小时。感觉较累的话可选择爬到龙潭瀑或上清宫后原路返回,爬到此处需时约为 40 分钟。另外也可选择在太清索道下站乘坐太清索道直达明霞洞。

太清宫坐落在海边,参观下来需 1 个小时左右。

若想真正领略"海上名山第一",还可以在太清红码头乘游艇体验崂山的山海景观。钓鱼台、八仙墩、崂山头只能乘船游览。

导览图：

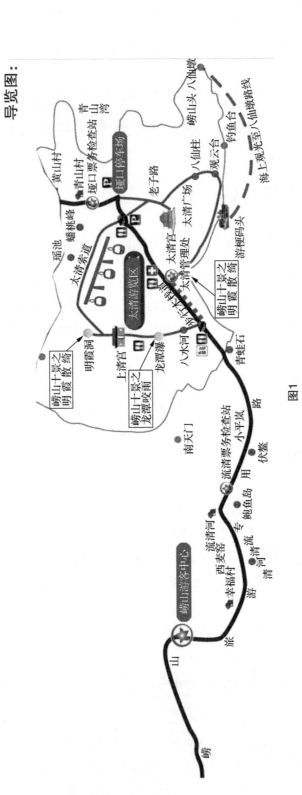

图1

太清游览区英语文本介绍：

This route is themed visiting ancient and secluded places to enlighten the way of life and the way of heaven and earth.

Main attractions of Taiqing scenic spot are Taiqing Palace, Mingxia Cave, Shangqing Palace and Longtan Waterfall. Laoshan is famous for its connections to the divines. And the Taiqing scenic spot is the core of Taoist culture and the origin of the immortal mountain. Tourists' focus in Taiqing scenic spot is the Taoist culture and the many ancient and famous trees. In the scenic spot, tourists can hear the myth and fairy tales, see the cultural relics and historical sites, and feel the antique beauty.

Main attractions:

Longtan Waterfall: Eight streams converge into the Bashui River (eight waters) that rushes down from high cliffs and steep walls, forming a waterfall. The cliff is high and the river flows fast, so, the waterfall rushes out of the cliff and flies in the air and, like a white dragon rising from the clouds, crushes into the pool, giving itself the name "Longtan Waterfall".

Shangqing Palace: It was first built in the Song Dynasty, rebuilt in the Yuan Dynasty, and repaired in the successive dynasties. In the Yuan Dynasty, Taoist priest Qiu Chuji lived here and left his inscriptions. Among them, his one Song poetry and 10 four-line poems are the most famous. The main hall in the palace is dedicated to the Jade Emperor, which is called the Jade Emperor's Hall. About 250 meters in front of the palace, lay Qiu's cenotaph, formerly known as the Qiu's ancestral grave. The biggest attraction here is the two Song Dynasty maidenhair trees in the courtyard.

Mingxia Cave: A cave built of boulders. It is the founding place of the Jinshan Sect. Masters such as Qiu Chuji, Hao Taigu, Sun Bu'er, Zhang Sanfeng and Sun Xuanqing studied here. The word "Mingxia Cave" inscribed inside the cave was made in the 3rd year of Da'an in the Jin

Dynasty (1211 Ad) by QiuChuji.

Taiqing Palace: The oldest and largest Taoist temple in Laoshan Mountain. It has a history of more than 2,160 years. It has the most valuable religious buildings in Laoshan Scenic Spot including the Sanguan Hall, Sanqing Hall and Sanhuang Hall as well as ancient and magical trees such as Han cypress, Tang elm and Jiangxue. There are also the walls through which Taoist priests have been crossing in the legends, the Fengxian Bridge priests have been crossing without traces and the study Pu Songling wrote his masterpiece. Tourists come to visit this ancient and secluded place seeking truth and enlightenment and in turn enriched its history.

Tourists need to buy tickets at the Laoshan Tourist Service Center and take the sightseeing bus to enter the Taiqing scenic spot. The tour route is: Bashui River Plaza—Longtan Waterfall—Shangqing Palace—Mingxia Cave—Taiqing Cableway (or on foot)—Taiqing Palace (reversible). The tour takes about four hours.

There are three main scenic areas in the Taiqing scenic spot: Bashui River, Taiqing Palace and marine tourist area.

The Bashui River area is a mountain climbing route. Up the Bashui River is the Longtan Waterfall Reservoir, thousand-year old Taiqing Palace. Trailing through the forest, tourists can reach the end point at Laoshan's famous Taoist temple: Mingxia Cave. The entire journey takes 1 to 1.5 hours. If feeling tired, tourists can choose to turn back from the Longtan Waterfall or Shangqing Palace, cutting the tour uphill down to about 40 minutes. In addition, tourists can choose to take the Taiqing Cableway to Mingxia Cave at the lower Taiqing Cableway station.

It takes about an hour to tour the Taiqing Palace because it is situated at the seaside.

If tourists want to truly appreciate the "No. 1 Famous Mountains on the Sea", they can also experience Laoshan's mountain and sea landscape by yacht at Taiqing Red Wharf. Diaoyutai, Baxiandun and Laoshantou can only be visited by boat.

Sightseeing route

太清游览区地图

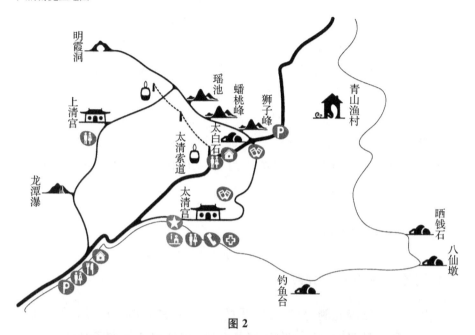

图 2

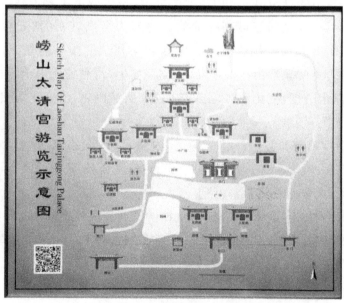

图 3

比较青岛崂山风景名胜区官方网站上对太清游览区的汉英介绍,发现在对景区的总体介绍、游览路线及游览耗费时长介绍时汉英介绍相一致。英语介绍中增加了对"太清宫""明霞洞""上清宫"和"龙潭瀑"的单独讲解,有助于以英语为目标语受众的国外游客了解太清游览景区的著名景点。对比汉英介绍中的导览图发现,汉语介绍里的导览图(图1)语言标识为汉语单语,英语介绍里的导览图为两幅(图2和图3),其中一幅(图2)的语言标示为汉语单语,另一幅(图3)的语言标识为汉英双语。语言标识为汉英双语的导览图(图3)上仅有"崂山太清宫游览示意图"的英语标识为"Sketch Map Of LaoshanTaiqinggong Palace"。太清游览区英语介绍中的导览图无法为以英语为目标语受众的国外游客提供可利用的有效信息。

5.3.2 九水游览区

九水游览区汉语文本介绍:

九水源自巨峰北侧海拔1100米的天乙泉,是崂山海拔最高的泉眼。九水还是崂山的母亲河——白沙河的上游,该区域负氧离子高达每立方厘米42 000个,是国家最高标准的20倍,为名副其实的"天然氧吧"。九水以其丽山秀水绘就的天然画廊驰名中外,"五步一换景,十步一重天",随处可见的象形山石惟妙惟肖、栩栩如生,清澈的流水千回百转,浪花飞雪,潭水透彻,变化无穷。当步入这幅天然画廊,游客也自然而然成了"画中人"。

路线:观崂停车场——木栈道——内三水——无极潭——冷翠峡——七水垂帘——观瀑亭——潮音瀑——蔚竹观,主要景点"九水十八潭"以及各种象形石大多集中在这条线路上。

在行程安排上,若体力不佳,可选择游览到潮音瀑后原路返回,即走线路内三水至潮音瀑,往返时间为1.5个小时左右;若体力充沛,可选择游览循环线,全程需要2.5个小时左右。

导览图

图 4

九水游览区英语文本介绍：

This tour rout is themed abandoning oneself to nature and seeking the wisdom of life.

Jiushui originates from the Tianyi Spring north of the Jufeng Peak at a hight of 1,100 meters, making it the highest spring in Laoshan Mountain. Jiushui is also the upper reach of the mother river of the Laoshan District, the Baisha River. The area has 42,000 negative oxygen ions per cubic centimeter, 20 times the highest national standard, which is worthy of the name of "Natural Oxygen Bar". Jiushui is famous at home and abroad for its beautiful natural gallery. "Five steps, a change of scenery; ten steps, a change of sky". The picturesque rocks everywhere are vivid and lifelike.

The clear water turns a thousand times, the spoondrift flies like snow, the lake is clear as jade, and the changes are endless. Walking into this natural gallery, tourists naturally become "people in the picture".

Main attractions:

Tidal Sound Falls: Tidal Sound Falls originates from the Tianyi Spring north of Jufeng Peak atop Laoshan Mountain. Tidal Sound Falls crushes down from the sky with twists and turns. The sound of the waterfall falling is like the surging tide, thus the waterfall is known as the "tidal sound waterfall". In dry seasons, the waterfall appears gentle and graceful; while in wet season, it is surging, imposing and sounds like a rolling tide of anger.

Weizhu (Luxuriant Bamboo) Taoist Temple: Originally named "Weizhu Temple", it was renamed "Weizhu Taoist Temple" in 2006. This scenic spot is elegant and is known as "a place with luxuriant bamboo and singing spring". Weizhu Temple was built in the 17th year of Wanli in the Ming Dynasty (1589). At that time, Song Chongru, a Taoist priest of Quanzhen Huashan Sect, came here and saw the green hills and singing rivers, a place that is quiet and elegant, a place that is ideal for studying Taoism. So he bore the hardships and built the Taoist temple here. The whole temple covers an area of 2.6 mu, with a construction area of more than 150 square meters. It is divided into two courts, three main halls and more than ten houses. When first built, the temple was called Sanyuan Temple. The main hall is dedicated to Zhenwu Emperor, Guanyin and Three Great Emperor-Officials. The Weizhu Taoist Temple today is rebuilt as it was. There are rare flowers and trees such as white lilac, Japanese red pine and camellia planted in the courtyard.

Route: Guanlao Parking Lot—Wooden Plank Roads—Neisanshui (Inner Three Waters)—Wuji Lake—Lengcui Gorge—Seven Waters Curtain—Guanpu Pavilion—Tidal Sound Falls—Weizhu Taoist Temple. Main scenic spots: "nine waters and eighteen lakes" and various picturesque stones along this route.

In terms of tour plan, if not physically fit, tourists can choose to backtrack after visiting Tidal Sound Falls, taking the route from Neisanshui to Tidal Sound Falls. The round trip time is about one and a half hours; If physically strong, tourists can choose to take the circular line, which takes about two and a half hours.

Sightseeing route

图 5

比较青岛崂山风景名胜区官方网站上对九水游览区的汉英介绍,发现在对九水景区的总体介绍、游览路线及游览耗费时长介绍时汉英介绍相一致。英语介绍中增加了对"潮音瀑"和"蔚竹观"的单独讲解,有助于以英语为目标语受众的国外游客了解九水游览景区的著名景点。对比汉英介绍中的导览图发现,汉语介绍里的导览图(图4)和英语介绍里的导览图(图5)的语言标识均为汉语单语。英语介绍里的游览路线为"Route: Guanlao

Parking Lot—Wooden Plank Roads—Neisanshui (Inner Three Waters)—Wuji Lake—Lengcui Gorge—Seven Waters Curtain—Guanpu Pavilion—Tidal Sound Falls—Weizhu Taoist Temple.",英语介绍里的导览图(图5)仅表示有"冷翠峡、潮音瀑、蔚竹观(庵)"且都为汉语单语。九水游览区英语介绍中的导览图无法为以英语为目标语受众的国外游客提供可利用的有效信息。

5.3.3 巨峰游览区

巨峰游览区汉语文本介绍：

巨峰俗称"崂顶"，海拔1132.7米，是我国大陆约18 000公里海岸线上最高的山峰，一山镇海，万象归怀。在巨峰四周800～900米的海拔线上，有一条环山游览路，站在多数路段上能远眺大海、极目天海一色。环线上有根据易经八卦命名的八个山门，对应周边八个山口，是自然伟大创造与古代先贤思想的妙合之笔。崂山巨峰是登高望远、强身健体、祈佑平安的最佳选择。

到巨峰游览须乘观光车上山，自驾车辆需停放在崂山游客服务中心停车场。下了观光车，此时可有两种上山途径，一是乘坐索道，一是步行上山。这段路程，乘索道需时约为十几分钟，步行大约要1.5个小时，且临近索道上站铁瓦殿遗址附近比较陡峭，步行上山的话需注意安全。

到了索道上站(海拔大约700米)后即巨峰游览区的核心游览线：环行游览线，沿线依方位设八卦门。

在行程安排上，若体力不佳，可选择沿右侧线路登高直上最高点"灵旗峰"，往返需要1个半小时左右；若体力充沛，可选择沿左侧线路游览至五峰仙馆，往返需要2个半小时左右。

巨峰全线游下来需时较长，需要根据体力合理安排游览线路，欲坐索道下山要留意索道的运营时间，若有老人孩子一起登山更需注意安全。

导览图

图 6

巨峰游览区英语文本介绍：

This route is themed climbing high and gazing far, building up fitness and praying for peace.

Jufeng Peak, commonly known as Laoshan Mountain top, is 1,132.7 meters above sea level. It is the highest peak on the about 18,000 kilometers long coastline of mainland China. It stands like a giant guarding the sea and taking everything in the eyes. Along the 800～900 meters elevation line of the Jufneg Peak, there is a mountain tour road. Standing at almost any part of this road, tourists can see as far as the sea and the sky meet. Also along the road, there are eight mountain gates named according to the Eight Diagrams of the *Book of Changes*, corresponding to the eight surrounding mountain passes, which are truly a wonderful combination of the great creation of nature and the thought of ancient sages. Laoshan Jufeng Peak is the perfect choice for climbing high and gazing far, building up fitness and praying for peace.

Main attractions:

The "No. 1 Famous Mountains on the Sea" Stone Carvings: The stone carvings of "No. 1 Famous Mountains on the Sea" were inscribed by Mr. Wu Zhongqi, a famous calligrapher in China, for Laoshan at the age of 95. His brushwork is vigorous, just like swimming dragons and flying phoenixes. Starting from the top, the left part of the first character resembles a magpie, representing good luck; and the right part resembles a fox full of spirituality, which means Laoshan is a place propitious for giving birth to great men. The second character resembles a greeting Taoist monk, which embodies the Taoism cultural characteristics of Laoshan. The third character resembles a peacock standing on a stone, which coincides with the Zhuque Stone on the right. The fourth character resembles a person rowing a boat, riding the wind and waves, representing the mountain and sea characteristics of Laoshan. The fifth character clearly resembles two birds in the tree. The last character resembles a shoe-shaped gold ingot, implying that Laoshan is a rare geomantic treasure land.

Lingqi Peak: The peak in the east was originally called "Xiantai Peak". Because the peak's beautiful and narrow shape is like a flag waving in the wind, it was renamed "Lingqi Peak".

Liuhe Pavilion: The pavilion on the top of the mountain is called "Liuhe Pavilion", also known as "Star-picking Pavilion". The pavilion is exquisite with an antique flavor. The couplets in the pavilion read "leaning out of the pavilion to pick stars for a game of go", and "stepping on the cloud and visit divines over a pot of green tea". Step into the pavilion and look up, tourists can see all the Laoshan peaks and all islands scattered in the sea. With clouds floating around, birds singing in the woods, tourists have the feeling of "seeing the vast universe, and taking in tremendous vigor".

To visit Jufeng Peak, tourists must take a sightseeing bus up the hill. Self-driving travelers should park their vehicles in the parking lot of Laoshan Tourist Service Center. The lacing road is 8 kilometers long with a large number of cultural sculptures along both sides. It takes the bus 15 minutes to reach the entrance of the sightseeing route, which is also the lower cableway station. The elevation here is about 400 meters.

Getting off the sightseeing bus, tourists can either take the cableway or walk up the mountain. It takes about 10 minutes uphill by cableway, while more than an hour and a half to walk. Also, it is quite steep near the Tiewadian ruins and the cableway boarding station. So, take extra caution if walking uphill.

After arriving at the upper cableway station (about 700 meters above sea level), tourists can start touring the core tour route of the Jufeng scenic spot, which is a circular route along which the Eight Diagrams gates are set according to their orientation.

In terms of tour plan, if not physically fit, tourists can choose to take the right route up the Lingqi Peak, which takes about one and a half hours; If physically strong, tourists can choose to take the left route to the Five Peaks Pavilion, which takes about two and a half hours.

It takes a long time to tour all the Jufeng scenic routes. So, tourists need to plan their routes according their physical strength. If taking the cableway downhill, tourists should pay attention to the operation time of the cableway. Tourists should also take extra care if traveling with senior citizens or children.

Sightseeing route

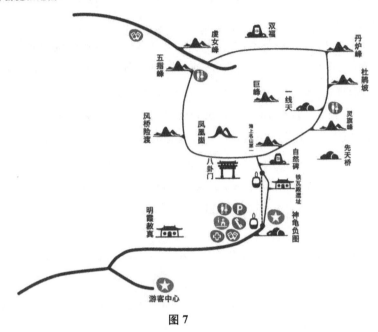

图 7

  比较青岛崂山风景名胜区官方网站上对巨峰游览区的汉英介绍,发现在对巨峰景区的总体介绍、游览路线及游览耗费时长介绍时汉英介绍相一致。英语介绍中增加了"海上名山第一石刻""灵旗峰"及"六合亭"(又名"摘星亭")的单独讲解,有助于以英语为目标语受众的国外游客了解巨峰游览景区的著名景点。但是在巨峰游览景区的英语介绍中出现了拼写错误,在"Along the 800～900 meter elevation line of the Jufneg Peak, there is a mountain tour road."这句中"Jufeng"写成了"Jufneg",崂山景区作为国家级 5A 景区,风景区的英语介绍应避免出现类似的拼写错误。巨峰游览区的汉英介绍里都提到了五峰仙馆(the Five Peaks Pavilion),但在游览导图里都没有标识,这样让游客无法确定此景点的具体位置,无法有效发挥景区"语言景观"的信息服务功能。对比汉英介绍中的导览图发现,汉语介绍里的导览图(图 6)和英语介绍里的导览图(图 7)的语言标识均为汉语单语。巨峰游览区英语介绍中的导览图无法为以英语为目标语受众的国外游客提供可利用的有效信息。

5.3.4 仰口游览区

仰口游览区汉语文本介绍：

仰口游览区位于崂山风景名胜区的东北部，背依群峰仙山，面朝碧波荡漾的黄海，风光特色以太平宫道观、海湾沙滩为主。自然景观奇特、人文景观荟萃，历史文化悠久，自古就有仙山胜境、洞天福地的美誉。景区以华盖迎宾、海上宫殿、太平晓钟、狮峰宾日、犹龙道经、仙山寿峰、奇洞觅天、天苑览胜八景而闻名，又以休闲、避暑、度假、娱乐圣地而闻名天下。

进入景区后，左侧是索道（建议腿脚不太好或者赶时间的话乘坐，索道上站在寿字峰附近。如果是坐单程，建议徒步上，索道下，可以在索道上看海景）；右侧为徒步游览线路，全线路为：太平宫——狮子峰——犹龙洞——仙桃——寿字峰——觅天洞——天苑，全程游览时间 2～3 个小时。

导览图

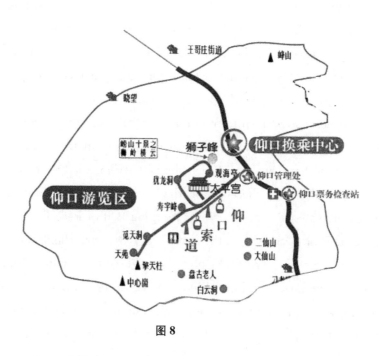

图 8

仰口游览区英语文本介绍：

This route is themed studying nature and achieving longevity.

Yangkou scenic spot is located in the northeast of Laoshan Scenic Spot. It is backed up by the divine peaks and faced by the Yellow Sea. Its main attractions include Taiping Palace Taoist Temple and Bay Beach. With peculiar natural landscapes, rich culture and long history, Yangkou has the reputation of divine mountain and blessed spot. The scenic spot is famous for eight scenic spots: Huagai Welcoming Guests, Sea Palace, Morning Bell of Peace, Lion Peak Reaching the Sun, Julong Road Sutra, Celestial Mountain and Shouzi Peak, Heaven-seeking Cave and Tianyuan Peak. It is also famous for its role as a place of leisure, summer resort and entertainment.

Main attractions:

Taiping Palace: It was built in the first year of Jianlong in Song Dynasty (960 AD). It was funded by Zhao Kuangxu, the founding emperor of Song Dynasty, after he dubbed Liu Ruozhuo, a Taoist priest in Laoshan Mountain, the "Huagai Immortal". Originally named "Taiping Xingguo Court" in the hope of world peace and national prosperity, it is a treasure land for men and women to pray for good fortune. The antique bronze bell in the pavilion of the east courtyard was recast in the eighteenth year of Guangxu in Qing Dynasty. When the bell strikes in the morning, its echo lasts for quite long because of the silence in the mountains and the resonating valleys. This is called "Morning Bell of Peace".

Lion Peak: "Sunrise in the east sea is red as fire, lion roar in the valley echoes the waves." The peak on the east side of the Taiping Palace is called Lion Peak because it is formed like a powerful lion proudly gazing the sea. Lion Peak is high into the clouds, backed up by the mountains and faced by the sea. The open mouth of the lion can hold a dozen people at the same time. The erosion of wind and rain has made jagged bulges inside the jaws of the lion. This is known as rolling cloud of the lion mountain, one of the 12 famous landscapes of Laoshan.

Shouzi Peak: "Happiness—as immense as the eastern sea; Longevity—as vast as the south mountain". The stone walls of Shou Character Peak are engraved with the large and small characters in different fonts by nearly 100 calligraphers in ancient and modern China. The Chinese character "longevity" was written in all kinds of fonts such as official script, seal script, running script, cursive script and regular script. Together, they form a spectacular picture on the large rock walls, which gave the Peak its name of Shouzi Peak. It is also a calligraphy exhibition. Among them, the largest one was written by Ouyang Xun, which is thick and dignified. It is 20 meters high and 16 meters wide. Its mere size added meanings high, long, large and many to the word longevity. Thus, it was praised as the No. 1 in the world by Mr. Shen Peng, a famous contemporary calligrapher. Tourists like to take pictures here and pray for longevity.

Heaven-seeking Cave: Heaven-seeking Cave is made of many huge stones in the cracks between two large cliffs, forming a natural wonder cave from bottom to top. Its skillfulness beats nature. The cave is over 100 meters high and has its unique features. The cave is divided into five layers from bottom to top. It is winding, strange and even dangerous inside the cave. The inscription outside the cave is inscribed by the famous sculptor Mr. Liu Kaiqu.

Tianyuan: Tianyuan means the Garden of Heaven in the heavenly realm. Tianyuan is the main peak of Shangyuan Mountain. Atop Tianyuan, one can see all of the Yangkou scenic spot at a glance.

After entering the scenic spot, there is a cableway on the left (preferable for tourists in hurry or those with weaker physical strength) that takes 25 minutes per round trip and stop near Shouzi Peak. If it's a one-way trip, it's recommended to walk up and then take the cableway down, you can see the sea view on the cableway; on the right side, it's a walking tour route, the whole route is: Taiping Palace—Lion Peak—

Youlong Cave—Xiantao—Shouzi Peak—Heaven-seeking Peak—Tianyuan. The whole tour lasts about 2~3 hours.

In the colored mist and haze of the Yangkou scenic spot, the peaks stand steep as if contending for beauty. Under the cover of green pines and bamboos, Taiping Palace and Guandi Temple, the "sea palace", hide themselves in the embrace of waters and plants. There are manyunique stone caves hidden beneath the cliffs, including the Bailong Cave, which contains poems written by QiuChuji, a famous Taoist priest of the Yuan Dynasty; the Youlong Cave, a place where Taoist priests practiced meritorious deeds in past dynasties; and Baiyun Cave, which is composed of four huge stones: Qinglong, Baihu, Zhuque and Xuanwu. Appreciate the spectacle of "Lion Peak Reaching the Sun" atop the Lion Peak and the fascinating "rolling cloud of the lion mountain" below. The distant Yangkou Bay's golden beach is like a golden "crescent moon", which is more brilliant against the blue sea and sky. It is winding, strange and even dangerous inside the Heaven-seeking Cave, truly a place of wander, secludedness, adventurousness and fun. Atop Tianyuan, one can see all of the Yangkou scenic spot at a glance. Looking around the Shangyuan Mountain, it has PingdingGu to the east; the Buddha and Bajie Stone to the south; the Dhatarattha from the east guard here; and it has the Yangkou Bay to the north, the crescent golden beach is as dreamy as a fairyland. By now, we have no regret for our first trip to the No. 1 Famous Mountains on the Sea.

Sightseeing route

仰口游览区地图

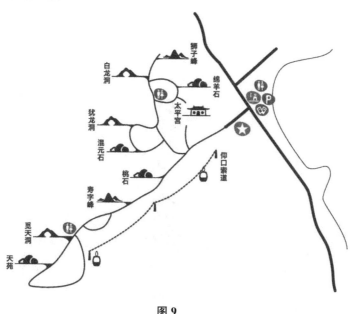

图 9

  比较青岛崂山风景名胜区官方网站上对仰口游览区的汉英介绍，发现在对仰口景区的总体介绍、游览路线及游览耗费时长介绍时汉英介绍相一致。英语介绍中增加了太平宫、狮子峰、寿字峰、觅天洞及天苑的单独讲解，且对仰口游览区进行了详细描述，有助于以英语为目标语受众的国外游客了解仰口游览景区的著名景点及景区特色。对比汉英介绍中的导览图发现，汉语介绍里的导览图（图8）和英语介绍里的导览图（图9）的语言标识均为汉语单语。仰口游览区英语介绍中的导览图无法为以英语为目标语受众的国外游客提供可利用的有效信息。汉英的介绍里都提到了"仙桃（Xiantao）"，但是汉语介绍里的导览图（图8）和英语介绍里的导览图（图9）都未标识此景点，景区"语言景观"的信息服务功能未能有效实现。

参考文献

[1] 吕云涛,赵芙蓉. 青岛市城市文化特色凝练与城市精神塑造理路[J]. 经济研究导刊,2016,22:116-117.

[2] 尹海良. 城市公共空间语言标识的规范化与国际化问题[J]. 语文学刊,2019,12:57-62.

[3] 章柏成. 国内"语言景观"研究的进展与前瞻[J]. 当代外语研究,2015,12:14-17.

[4] 李丽生. 国外"语言景观"研究评述及其启示[J]. 北京第二外国语学院学报,2015,4:1-7.

[5] 田飞洋,张维佳. 全球化社会语言学:"语言景观"研究的新理论[J]. 语言文字应用,2014,5(2):38-45.

[6] 杨永林,丁韬,张彩霞. 双语公共标识文本的跨文化研究[J]. 外语研究. 2008,1:35-40.

[7] 程江霞. 文化自信视域下的青岛主城区和近郊区"语言景观"对比研究[J]. 语言文字学术研究,2020(2):21-24.

[8] 尚国文,赵守辉. "语言景观"的分析维度与理论构建[J]. 外国语,2014,11:81-89.

[9] 金怡. "语言景观"理论框架研究[J]. 皖西学院学报,2017,8,16(6):106-109.

[10] 尚国文,赵守辉. "语言景观"研究的视角、理论与方法[J]. 外语教学与研究,2014,3:214-223.

[11] 于之蒙,刘珊珊,杨换丽. "语言景观"研究综述[J],西部皮革,2018,2:134-135.

[12] 韩艳梅,陈建平. "语言景观"之跨文化互文现象研究[J]. 中国外语,2018,15(2):31-40.

[13] 黄秀英. 城市文化功能品质提升[J]. 城市文化研究,2021,1:106-107.

[14] 姜飞,黄廓. 对跨文化传播理论两类、四种理论研究分野的廓清尝试[J]. 新闻与传播研究,2016,16(6):53-63.

[15] 朱翔宇. 关于跨文化传播研究综述[J]. 声屏世界,2021,12:17-19.

[16] 于洋,姜飞. 国际跨文化传播研究新特征和新趋势[J]. 国际新闻界,2021,1:67-84.

[17] 孔珍. 国际"语言景观"研究现状与发展趋势分析[J]. 中南大学学报(社会科学版),2018,24(2):192-200.

[18] 唐东旭,刘倩,纪小清. 国内城市"语言景观"研究二十年[J]. 商丘职业技术学院学报,2021,3(20):44-51.

[19] 李宝贵,王丽青. 国内"语言景观"研究述评(2013-2018)[J]. 喀什大学学报,2018,24(2):34-40.

[20] 吴剑锋,章近勇. 国内"语言景观"研究现状、热点及趋势[J]. 宁波大学学报(人文科学版),2019,32(6):50-56.

[21] 刘希瑞. 国外跨文化交际研究:范式、方法与启示[J]. 外语教学理论与实践,2022,2:61-68.

[22] 邓佳英. 跨文化传播解读[J]. 新闻研究导刊,2019,10(24):66-67.

[23] 孟建. 跨文化传播理念与方法的嬗变[J]. 对外传播,2021,7:20-23.

[24] 赵启正. 跨文化传播中的话语力问题[J]. 甘肃社会科学,2020,5:1-6.

[25] 赵莲花. 跨文化视域下文化自信研究[J]. 边疆经济与文化,2022,10(226):118-120.

[26] 蔡达峰. 提高城市文化建设的能力[J]. 民主,2022,6:4-6.

[27] 郑慧子. 文化与文明的划界[J]. 内蒙古社会科学(汉文版),2016,37(1):48-56.

[28] 启良,尹江铖. 文化与文明之辨[J]. 湘潭大学学报(哲学社会科学版),2016,40(1):107-112.

[29] 江晶鑫. "语言景观"研究述评:现状、问题及建议[J]. 湖北开放职业学院学报,2019,32(20):131-132.

[30] 关世杰. 中国跨文化传播研究十年回顾与反思[J]. 对外大传媒,2006,12:32-36.

[31] 张袁月,陈纪宁. "国际化+"城市建设背景下的"语言景观"研究[J]. 安阳工学院学报,2022,21(5):111-115.

[32] 范林波,林希玲. 保护传承崂山道教文化遗产的思考和建议[J]. 邢台职业技术学院学报,2017,34(4):89-92.

[33] 王青. 跨文化视角下的青岛民俗文化对外传播策略的研究[J]. 青岛农业大学学报(社会科学版),2017,29(2):85-89.

[34] 刘怀荣,苑秀丽. 崂山道教文化与青岛发展研究[J]. 青岛大学师范学

院学报,2004,21(1):99-107.

[35] 董玉明,董径青. 论青岛与海洋文化[J]. 青岛海洋大学学报,1998,1: 55-56.

[36] 郭泮溪,李萌. 劈柴院市井民俗文化传承与"文化青岛"建设[J]. 东方论坛,2011,3:48-53.

[37] 颜炳呈,孟德. 凯齐文化的特征旨归与本质[J]. 管子学刊,2003,1: 36-43.

[38] 林荣芳. 浅析齐文化与鲁文化的碰撞与融合[J]. 内蒙古民族大学学报(社会科学版),2015,41(3):36-40.

[39] 孙恺翊,田原. 青岛里院建筑艺术的保护与更新探究[J]. 艺术教育,2019,6:193-194.

[40] 冉文伟. 青岛民俗文化保护与发展研究[J]. 中共青岛市委党校青岛行政学院学报,2012,3:114-119.

[41] 卫鑫迪,唐顺英. 青岛啤酒文化旅游竞争力开发研究[J]. 青岛职业技术学院学报,2021,34(2):14-17.

[42] 童乔慧,张洁茹. 青岛平民文化的博物馆——里院建筑研究[J]. 建筑实践,2011,8:41-45.

[43] 柳宾. 青岛市海洋文化旅游发展对策研究[J]. 产业发展,2020,3(57):91-96.

[44] 马庚存. 青岛与海洋文化[J]. 城市问题,2004,4(120):56-57.

[45] 郭振栋,张轶西. 深入挖掘中华优秀传统文化价值增进文化自信[J]. 中国发展,2017,17(4):76-82.

[46] 丁安英,程永淳. 文化传承视域下青岛"语言景观"的时代价值与发展路径[J]. 青岛职业技术学院学报,2022,35(3):79-82.

[47] 程江霞. 文化自信视域下的青岛主城区和近郊区"语言景观"对比研究[J]. 语言文字学术研究,2020,2(248):21-23.

[48] 李丹丹,公静. 文旅融合背景下青岛国际时尚城形象传播力提升研究[J]. 中共青岛市委党校青岛行政学院学报,2020,5:102-104.

[49] 巩湘红,李爱晶. 新时代青岛海洋文化"语言景观"研究[J]. 盐城工学院学报(社会科学版).,2020,33(3):84-87.

[50] 陈红美. 以"中英双语"语言景观""为媒介提升宁波城市国际化形象的

路径研究[J]. 吉林广播电视大学学报,2020,5(221):26-27.

[51] 李宇明. 语言在全球治理中的重要作用[J]. 外语界,2018,5:2-10.

[52] 巫喜丽,战菊,刘晓波."语言景观"研究的理论视角、问题取向及研究方法—国内"语言景观"研究十年综述[J]. 学术研究,2017,7:170-174.

[53] 尚国文."语言景观"与语言教学—从资源到工具[J]. 语言研究战略,2017,2:11-19.

[54] 张静."语言景观"个案研究——以上海市淮海路为例[J]. 语言政策与语言教育,2019,1:12-17,116.

[55] 王宗英,郭高攀. 世界地质公园"语言景观"汉译英策略研究[J]. 豫章师范学院学报,2020,3:18-22,49.

[56] 金怡. 地铁"语言景观"的场所符号学分析以合肥地铁为例[J]. 牡丹江大学学报,2018,3:80-83.

[57] 金怡."语言景观"发展与旅游资源开发—以皖南国际文化旅游示范区为例[J]. 重庆交通大学学报(社会版),2018,18:128-133.

[58] 刘慧. 城中村"语言景观"与农民工身份认同研究—以广州石牌村为例[J]. 语言战略研究,2020,6:61-73.

[59] 张天伟."语言景观"研究的新路径、新方法与理论进展[J]. 语言战略研究,2020,4:48-60.

[60] 王丽颖. 国内外"语言景观"研究述评[J]. 滨州学院学报,2018,5:70-75.

[61] 穆亚格等."语言景观"在对外汉语教学中的作用调查与研究—以韩国留学生为主要调查对象[J]. 现代语文,2018,8:170-177.

[62] 唐静. 国内"语言景观"热点问题分析[J]. 开封教育学院学报,2018,8:63-64.

[63] 徐红罡,任燕. 旅游对纳西东巴文"语言景观"的影响[J]. 旅游学刊,2015,1:102-110.

[64] 徐欣路."语言景观"标记论—以北京798艺术区为例[J]. 语言战略研究,2020,4:12,74-82.

[65] 俞玮奇,王婷婷,孙亚楠. 国际化大都市外侨聚居区的多语景观实态—以北京望京和上海古北为例[J]. 语言文字应用,2016,1:36-44.

[66] 赵中枢. 再议历史文化街区保护[J]. 小城镇建设,2012,11:31-34.

[67] 吴会娟. 语言标牌的社会功能分析[J]. 大众文艺, 2018, 14: 158 - 159.

[68] 李文娟. 乌鲁木齐市标牌用字调查研究[J]. 湖南大众传媒职业技术学院学报, 2014, 5: 67 - 69.

[69] 翟香荔. 重庆城市"语言景观"的现状与问题研究[J]. 文学教育(下), 2022, 8: 97 - 99.

[70] 任晓彤. 规范标牌用字, 建设和谐首府—呼和浩特市区标牌用字用语调查[J]. 内蒙古电大学刊, 2010, 1: 50 - 51.

[71] 尚国文. "语言景观"的语言经济学分析—以新马泰为例[J]. 语言战略研究, 2016, 4: 84.

[72] 郑梦娟. 当代商业店名的社会语言学分析[J]. 语言文字应用, 2006, 3: 11 - 19.

[73] 黄斌兰, 李亮, 刘儒清. 区域性国际城市多语景观实态文化研究—以南宁市为例[J]. 广西民族大学学报(哲学社会科学版), 2018, 4: 120 - 125.

[74] 郭建忠. 再谈街道名称的书写法[J]. 中国翻译, 2005, 11: 34 - 37.

[75] 张媛媛, 张斌华. "语言景观"中的澳门多语状况[J]. 语言文字应用, 2016, 1: 45 - 54.

[76] 伍莹. 长沙市"语言景观"调查研究[J]. 长沙大学学报, 2020, 1: 28 - 32.

[77] 吕彦霏. 乌鲁木齐红山公园"语言景观"浅析[J]. 青年文学家, 2019, 29: 185 - 187.

[78] 孙畅. 成都"语言景观"调查研究[J]. 开封教育学院学报, 2018, 11: 37 - 39.

[79] 隽娅玮. 西安回坊风情街"语言景观"考察[J]. 汉字文化, 2018, 18: 7 - 9.

[80] 李丽生, 夏娜. 少数民族地区城市"语言景观"中的语言使用情况—以丽江古城区为例[J]. 语言战略研究, 2017, 2: 35 - 42.

[81] 倪传斌, 刘治. 标记语的英译原则及实例分析[J]. 科技翻译, 1998, 2: 18 - 20.

[82] 包萨如拉, 合其乐图. 边境地区"语言景观"探析—以满洲里市"语言景观"为例[J]. 呼伦贝尔学院学报, 2017, 8: 12 - 14.

[83] 周玉品. 广州市上下九步行街"语言景观"研究[J]. 语言政策与语言教育, 2019, 1: 18 - 30.

[84] 闫亚平,李胜利."语言景观"建设与城市形象[J].石家庄学院学报,2019,3:50-54.

[85] 邓煜.城市"语言景观"的文化价值研究——以陕北地区为例[J].传播力研究,2019,29:35-37.

[86] 徐茗,卢松.城市"语言景观"研究进展及展望[J].人文地理,2015,1:21-25.

[87] 关英明.语言服务视角下丹东城市"语言景观"研究[J].辽东学院学报(社会科学版),2022,5:85-91.

[88] 毛力群,朱赟昕.义乌淘宝村"语言景观"的多模态分析[J].浙江师范大学学报(社会科学版),2020,6:44-50.

[89] 王伟.西咸新区新农村"语言景观"建设探析与应对策略[J].农家参谋,2020,33:10,32.

[90] 王铁樵.百年满洲里[M].呼伦贝尔:内蒙古文化出版社,2011.

[91] 赵英爱.店名的语言特征及其历史文化分析[D].武汉:华中师范大学,2006.

[92] Landry R, Bourhis R Y. Linguistic landscape and ethnolinguistic vitality: An empirical study[J]. Journal of Language and Social Psychology,1997,16:23-49.

[93] Cenoz J, Gorter Durk. Linguistic Landscape and Minority Languages[J]. International Journal of Multilingualism,2006,3:67-80.

[94] Gorter D. Linguistic Landscape: A New Approach to Multilingualism[M]. Clevedon: Multilingual Matters,2006.

[95] Backhaus Peter. Multilingualism in Tokyo: A Look into the Linguistic Landscape[J]. International Journal of Multilingualism,2006,1:52-66.

[96] Ben-Rafeal E., Shohamy E, Amara M H, et al. Linguistic Landscape as Symbolic Constuction of the Public Scape: The Case of Israel[J]. International Journal of Multilingualism,2004,3:7-30.

[97] Scollon R, Scollon S W. Discourses in Place: Language in the Material World[M]. London and New York: Routledge,2003.